知覚を清め、洞察力を培う

ボームの思考論

コスモス・ライブラリー

目次

諸言

本書において理論物理学者デヴィッド・ボームは、個々人のアイデンティティについての内省から、許容可能な文明を形作るための集合的努力まで、人間の営為のあらゆるレベルでの思考と知識の役割を主題として取り上げている。最初に *Wholeness and the Implicate Order*（全体性と暗在秩序：邦訳『全体性と内蔵秩序』新版、青土社、二〇〇五年）中で提起された精神と物質の諸原理について詳しく述べたボームは、思考過程は外界の中の〝あそこにある〟事物について中立的に報告するという考えを退ける。彼は、その中で思考がわれわれの知覚形成、われわれの意味の感覚およびわれわれの日常的行為に能動的に関与する仕方を探査する。彼は、集合的思考と知識があまりにも自動化されてしまったので、われわれはそれらによって大部分コントロールされており、その結果真正さ、自由および秩序を喪失するに至っている、と示唆している。

カリフォルニアのオーハイでの五十名のセミナー参加者たちとの三日間にわたる会話（conversation）の中で、ボームは人間の葛藤の根本原因についての透徹した見方を提供し、そして個人的および集合的な変容（transformation）の可能性を模索している。

ボームの見解では、われわれは精神（または思考）は物質よりも本質的により高い秩序に属しているという信念を受け継いできた。この信念は、われわれが**客観性**（objectivity）と呼んでいるもの——何らかの客体または出来事を、われわれが見つめていることにいかなる影響も与えることなく、またはそれによって影響されることなく、中立的に観察し、そして報告する能力——への信頼（faith）を培ってきた。歴史的に、この見方は、その中では孤立した、断片的な部分同士が相互に機械的に作用し合うという科学的および文化的な世界観をわれわれに与えてきた。ボームは、この断片的なものの観方はいくつかの重要な点で〝現実〟（reality）に符合していると指摘しているが、しかしわれわれは客観主義的な見方への信頼を拡張しすぎてきたと示唆している。いったんわれわれが、思考と知識はわれわれの現実についての意識に関与しておらず、ただそれについて報告しているだけだという危険な（そして誤った）思い込みをしてしまうと、われわれは、自分が経験するものとしての世界の根底にある複雑で、途切れのない過程を考慮に入れないものの観方へと傾斜していく。

思考の関与的性質を明確にするため、ボームは思考（thought）それ自体の広範囲にわたる再定義に着手する。まず第一に、思考は新鮮でも直接的でもない知覚である。それは、字義通りには〝**思考された**〟**ところのもの**——現在へと繰り越された過去——である。それは即座的な記憶の表出、能動的な、生きている現在の上に重ねられるイメージである。一方では、この記憶は、朝身繕いをするなどの最も単純な仕事をわれわれがこなすことを可能にする。他方では、この記憶はまた、恐怖、心配または不安、およびこれらの記憶から発せられる行為の原因である。思考は、それから、潜在的な情動的（emotional）経験の形での、**感情**（feeling）を含んでいる。否定的な、苦痛を与える情動が思考の中にたたみ込まれているだけでなく、快感を与える情動もまた同様にたたみ込まれている。実際、われわれが一般に経験するものとしての全範囲の情動がボームによって思考に関係していると見なされている。

感情と思考が互いに浸透し合っている仕方は、意識の機能（働き方）についてのボームの観方にとって中心的である。精神と身体全体にわたって、それらは神経生理的**反射**（reflexes）の構造を形成している。反復、情動の強さおよび防御性を通して、これらの反射は、それらがわれわれの意識的選択から独立して応答する程度まで、意識の中に〝物理的に組み込まれて〟いく。例えば、もしも誰かがあなたに、あなたの家族の一員が醜くて愚かであると告げれば、「彼は間違っている！　そんなことを言うとは、なんと無礼で悪意に満ちていることか！」というあなたの思考から分離できないアドレナリンと血圧の高まりを直ちに味わう可能性がきわめて高いであろう。「彼は間違っている！」という思考は、身体的動揺を正当化し、永らえさせる傾向がある。同様にして、それらの動揺はその思考が正しいことを証明する傾向があるであろう。その経験はやがては薄れていくであろうが、しかし記憶の中に有効に保存されて、〝思考〟（thought）になる。そこで、それは、次に似たような状況に遭遇するときに直ちに思い出されるべく待機している。

情動（感情）と反射に加えて、ボームは人工物（artifact）を彼の思考の定義の中に含める。コンピュータシステム、楽器、自動車、ビル——これらはすべて、その固定した、具体的な形態における思考の実例である。ボームのものの見方からすれば、思考とその産物を根本的に分離することは、一人の人が男性であるか女性であるかは、始めに性別を決定した遺伝的過程から分離した現象であると示唆することに等しいであろう。そのような分離は、事実、調査中の断片化の格好の例証となるであろう。最後に、ボームは思考と知識は主として集合的な現象であると仮定する。われわれの共通の経験は、われわれは自分の個人的な〝自己〟から来る私的な思考を持つということである。ボームは、これは孤立した部分を過度に強調する、文化的に受け継いできた感受性であると示唆している。彼はこの観方を逆転させ、人々の間の〝意味の流れ〟のほうが、個々人の特定の思考よりもずっと根本的であると指摘している。個人は、かくして、諸々の価値、意味および意図の集合的運動の独特の**複合体**（idiosyncrasy：字義的には、〝私的混合物〟）と見なされる。

ボームによる思考の再定義の本質的妥当性はいまや、**身体、情動（感情）、知性、反射および人工物は相互に知らせ合う思考の途切れのない場**として理解されるという提案である。これらの成分のすべては、われわれが――具体的ならびに抽象的、能動的ならびに受動的、集合的ならびに個的な――〝システムとしての思考〟(thought as a system) を見ることを余儀なくされる程度まで、互いに浸透し合っている、とボームは言う。

われわれの伝統的な世界観は、単純で整然とした原因と結果のイメージを維持すべく企てるため、思考の活動のより微妙な側面を考慮していない。これは、思考全体の中の〝システミックな欠陥〟(systemic fault) とボームが呼んでいるものに帰着していく。ここで問題になるのは、〝思考は自分が何かをしていることを知らず、そしてそれから自分がしていることに対して抗う〟ということだ、とボームは言う。例えば、お世辞は心地よい経験であり、通常、それはお世辞を言う人を受容するという反射を築き上げる。

もしもジェーンが、ジョンが彼女がお世辞を言うことを期待しているときにそれを言い損なうか、または何らかの不愉快な仕方で彼を利用するなら、ジョンはその後の彼の悪感情をジェーンがした何かのせいにするであろう。ジョンは、好感情だけでなく、悪感情をも生じさせる反射を築き上げることに自分が関与したことを見損なっている。同様の首尾一貫性を欠いた過程が国民国家の中で働いている。米国が、石油への容易な接近を妨害している中東諸国に極悪非道のレッテルを貼るとき、それはごく当然ながら原油を所有している国々に法外なパワーを与えている、石油に基づいた国際経済にそれ自体が中心的に関わり合っているということを考慮していない。この場合、反射的反応は戦争かもしれない。

これら二つの例に共通の特徴は、独立した応答でもってコントロールしているという意識である——「わたしは彼女に仕返ししてやるぞ。」または「われわれは真のパワーがどこにあるのか見せつけてやらねばならない。」ボームの見解では、真のパワーは思考の活動の中にある。独立と選択がわれわれの行動に内在しているように思われるのとは裏腹に、われわれは、実際には、われわれの意識的選択とは無関係に、それよりずっと素早く作用する行動計画（agenda）によって駆り立てられる。ボームは、それ自体の創造物に抗うという広く行き渡っている思考の傾向を、われわれの時代の中心的ジレンマと見なしている。その結果、われわれはいまや思考を**用いる**べく努めるだけでなく、われわれの中および周囲でのその即座的活動の意義を把握するために、それが何で**ある**のかを理解すべく努めねばならなくなっている。

では、新たな行動計画、すなわち思考を〝明確にしようとする〟意図なしに、思考の活動に気づくことはできるのだろうか？　われわれは、問題を明確にして、それらを解決するというわれわれの習慣を一時停止して、思考に注意を、初めてそうするかのように、向けることができるだろうか？　そのような開かれた学びは**自己知覚**（proprioception）［医学などの領域では、固有受容性感覚、自己受容性感覚などと訳されている］を探査するための土台を据える、とボームは言う。自己知覚（字義通りには、self-perception）は、自分が何をしているかをわれわれが絶えず監視することを必要とせずに、歩いたり、坐ったり、食べたり、またはその他の日常的活動に携わることを可能にするところのものである。即時フィードバック系は身体に通知して、それが意識的なコントロールなしに行為することができるようにする。もしもわれわれが脚の裏側の蚊に刺された跡を掻きたいと思えば、（a）われわれの手を見つめたり、（b）われわれの脚を見つめたりすることなしに、または（c）他の誰かがわれわれの脚を引っ掻いているという間違った印象を持つことなしに、われわれに刺された跡を掻くようにさせるのが自己知覚である。

身体の自己知覚が自然に起こるのに反して、われわれは思考の自己知覚を持っていないように思われる、とボームは指摘する。しかしながら、もしも精神と物質が実際には一つの連続体であるなら、より微妙な思考の物質的活動へと生理的自己知覚が延長される可能性を探査することは道理にかなっている。身体の自己知覚の即応性と正確さは、〝思考者〟――世界を傍観し、ならびに内面にある情動（感情）、思考、等々を見つめているように思われる、内なる存在――の中に人格化されている、無数の反射の粗大な蓄積物のせいで、思考のレベルで阻止されてしまう、とボームは言う。彼は、この思考者は、超越的な存在というよりはむしろ思考の産物であると言う。また、思考者は、何らかの種類のそれ自身の反射的構造を維持することにしっかり打ち込んでいる。ここにおいて、開かれた学びの状態が新しい理解のために決定的に重要になる。もしも反射的構造が、**働きかけられる**（思考者は働きかけたがるが）よりはむしろ、単に**注意を払われる**だけであることが可能になれば、そのときには反射を駆り立てるはずみ（momentum）がすでに消散され始める。これに関連して、ボームは、反射の形成における言葉と感情の相互作用を気づきの俎上に載せるための一連の実際的実験のあらましを述べる。この、開かれた学びと思考‐感情力動《ダイナミック》についての具体的な実験の連結は、思考の自己知覚の端緒を示唆している。

　そのような自己知覚は、ボームが〝洞察〟(insight) として言及しているものに密接に関わっている。われわれは、しばしば洞察を、何らかの難問奇問の意味を突然把握したという〝はは！、わかった！〟(a-ha!) 現象と連想させてしまう。ボームの洞察観はそのような特定の例を含んでいるが、しかしそれよりもはるかに一般的で、生成力のあるレベルへと及んでいる。彼は洞察を**能動的エネルギー**（active energy）、宇宙全体の中にある微妙なレベルの英知（intelligence）――われわれが精神／物質の領域で普通経験するそれとは異なった次元にあるそれ――と見なしている。そのような洞察は脳の構造に直接影響を及ぼして、蓄積されてきた〝電気化学スモッグ〟を消散させる力を持っている、と彼は示唆している。記憶を積み込まれた〝思考者〟が思考に働きかけるのとはまったく異なって、自己知覚はそのような洞察の活動のためにふさわしい微妙さの媒体を提供する。このようにして、学び、自己知覚および洞察は一緒になって働き、われわれの思考過程を整理し直す潜在能力を掘り起こして、思考だけではもたらすことができない、一般的な首尾一貫性のレベルをもたらす。

　これらすべての実験が個々人によって企てられることはできるが、ボームはグループの**ダイアローグ**過程を通しての補足的な探究モードを指し示す。彼は、そのような会合は、思考を探査する意図以外のいかなる事前の予定表や協議事項も持っていないと示唆する。初めのうちはファシリテーターが役立つかもしれないが、人々が互いに直接話し合うようにさせるため、それらの会合は権威から自由であるべきである。二十ないし四十名のグループの中では、思考のシステミックで反射的な性質が明瞭に焦点の中に入ってきて、参加者たちからの広範囲にわたる応答を誘い出すことができる。自己イメージ、思い込みおよび偏見のすべてが、しばしばそれらに付随する情動（感情）――防衛性、怒り、恐怖、およびその他多くのもの――とともに現われ出てくるかもしれない。そのようなアプローチの長所は、グループが、その成員の間を通過している**意味の流れ**（flow of meaning）を発見することができるということにある、とボームは言う。この意味は、何らかの特定の主題の内容かもしれない。または、グループの二名以上の成員間の葛藤の結果としてグループを通過する、速められた脈動かもしれない。そのようなダイアローグは、特定の個人の中での洞察の表出を促すというよりはむしろ、思考の**集合的**運動への直接の洞察をもたらす可能性を提供する。そのようなグループの中に内在している集合的英知への潜在能力は、新しい、創造的な芸術形式――かなりの数の人々を巻き込んで、われわれの現在の文明の軌道に有益な影響を与えるかもしれないそれ――を導き出すことができるであろうとボームは示唆している。

本書『ボームの思考論』全体を通して、ボームは、彼が提唱している思考のモデルはあくまでも一つの案であると強調している。彼自身は、これらの事柄についての最終的な知識を否定しているだけではない。そのようないかなる知識もありえないとさえ彼は主張している。そのような知識は、おおよその表象しか形成することができない思考であるだろう。ボームは、しばしば、思考の対象（ボームの場合は思考それ自体を含んでいる）は「われわれが考えている以上のものであり、かつ異なっている。」という、アルフレッド・コージブスキーの観察を引き合いに出した。それでもなお、われわれがかなりの程度までイメージと表象に頼っている以上、明確な観察と健全な推断に基づいた、思考過程についての比較的正確な地図のほうが、欠点のある地図よりもずっと望ましいことは明らかである。『ボームの思考論』がそのような暫定的な地図として受けとめられ、直接的経験に照らして吟味され、そして世界全体に見られる葛藤と悲しみを減じさせる点での適切さと有用性によって評価されること、それがボームの意図であった。

一九九三年九月
カリフォルニア、オーハイにて

リー・ニコル

謝辞

一九八六年以来、デヴィッド・ボームは毎年カリフォルニアのオーハイに出かけて、「デヴィッド・ボーム・セミナー」として知られるようになったものを主催してきました。これらのセミナーは小グループの人々によって手配されましたので、一九九〇年のセミナーをまとめたものである本書は、これらの方々のおかげで刊行の運びに至ったと言えるでしょう。デヴィッドは彼らの助けと友情を高く評価していましたので、わたしは彼に代わって彼らに謝意を表したいと思います。その方々とはマイケル・フレデリック、ブース・ハリス、デヴィッド・ムーディー、リー・ニコル［本書「諸言」の執筆者］、およびジョー・ゾースキーです。また、録音を転写し、転写したものを編集した上で印刷し、セミナーに参加した方々全員にそれらを利用できるようにしてくれたフィルデア・フレミングとジェームズ・ブロツキーに特に感謝します。彼らはデヴィッドと電話で絶えず連絡し合い、オーディオテープの編集のすべての側面に関わり、デヴィッドが最終的編集を行なうことができるようにしてくれました。

こうしたことのどれも、年ごとに友情を深めていったセミナー参加者全員およびその他の関係者の方々なしには起こらなかったでしょう。これらの皆様にも深謝いたします。また、オーハイのオークグローブ・スクールの校長および事務局の皆様にも謝意を表します。同校の図書館はセミナーにとって理想的な環境を提供してくれました。

最後に、ルートレッジ社のデヴィッド・ストーンストリートに、デヴィッド・ボームの仕事に一貫して関心を持ち、温かい支援の手を差し伸べ続けてくれたことに対して謝意を表したいと思います。

サラル・ボーム

第1セッション——1990年11月30日（金曜日）夕方

◎ 風土病としてのさまざまな敵対　◎ すべてのトラブルの元凶としての思考　◎ 断片化　◎ 思考の難点としての〝参加的〟性質　◎ 現在の思考と過去の思考／現在の感情と過去の感情　◎ 首尾一貫していない意図　◎ 思考はそれ自体を感情と身体から区別する　◎ 思考は常に不完全　◎ より深い、隠れた意図　◎ 反射　◎ 脳の挙動としての事物の分割　◎ 世界の大混乱と思考の大混乱　◎ 反復と習慣化　◎ ピーター・センゲの *The Fifth Discipline*　◎ 思考の〝自己知覚〟　◎ システムとしての思考　◎ システミックな欠陥　◎ 最も汚染された思考への依存　◎ 過去の思考はそれがシステムであることを知らない　◎ 首尾一貫性のなさを見ることができる、ある種のより深い知覚または英知　◎ 洞察　◎ 直観　◎ 非利己的な思考の中にある慈悲心や愛の要素　◎ 思考の欺瞞的特徴　◎ 科学的知識と洞察　◎ 古い思考様式を打破することができる洞察　◎ ガリレオ　◎ 質問に隠れた思い込みとパターンの打破　◎ 思考は常に悪者であるわけではなく、技術等々のエリアでは適切でありえる　◎ 思考は答えと説明を性急に得ることを好む　◎ 〝不知〟の状態　◎ 不愉快な感情と混乱　◎ システムは敏感ではなく、感受性に干渉する　◎ システムは一枚岩の壁ではない　◎ 学ぶためのチャンス　◎ クリシュナムルティ　◎ ハンセン病　◎ ポリグラフ

［読者の便宜のため、第1〜5セッションの各扉裏に、議論されている主なトピックを列挙しておいた――訳者］

デヴィッド・ボーム（以下ボーム）：このセミナーにはいままでより多くの方々がいらしてくださっており、中には初参加の方もおられます。ですから、なるべく繰り返しを避けつつも、いままでに見出してきたことのエッセンスをおさらいしておきます。中には新しい所見も含まれているのではないかと思います。

いままでの会合は〝思考〟(thought) と、それが世界で何をしてきたかという問題に関わってきました。よく調べることによって、わたしたちはみんな、世界が困難な状態にあること、そして基本的に長い間そうだったこと、また、世界の様々な部分で人間が多くの危機に直面していることを知っています。わたしたちは、いたるところにナショナリズムがあるという事実を目のあたりにしています。人々は、宗教的、民族的、等々の憎悪を抱いているように思われます。後回しにされている生態的危機があり、そして募り続けている経済的危機があります。人々は、生態的または経済的問題などの、共通の問題に直面するために結集することができないでいるように思われます。あらゆるものは相互に依存しています。にもかかわらず、相互依存すればするほど、それだけわたしたちは、互いに気に入らず、闘い合ったり、殺し合ったりするか、または少なくとも協力する気がない小さなグループへと分断していっているように思われます。

ですから、人類に何が起こりつつあるのか、わたしたちは疑問を感じ始めています。科学は、良いことまたは破壊に資する、ますます大きなパワーで前進し続けています。そして常にこの破壊の危険性があるように思われます。西洋と東洋の間の敵対が解消するやいなや、他のどこかで衝突が突然起こってきます。そして、多分、次々に他のそれらが頭をもたげてくる、といった具合です。それは風土病のようなものです。それは単に偶発的に起こる何かではなく、全状況に内在しているのです。

わたしたちはみんなこの状況に精通している、とわたしは思います。そして急速な技術進歩のおかげで、核爆弾が、多分、あらゆる種類の独裁者によって——比較的小国においてさえ——間もなく利用できるようになるでしょう。生物兵器と化学兵器があり、そしてまだ発明されていないが、しかし確実に発明されるであろう他の種類の兵器があります。さらに、憂慮すべき経済があります。わたしたちは、生態系への負荷を軽減させる不景気に陥るか、または一時的にわたしたちを幸福にするが、結局は生態系を荒廃させてしまうにわか景気に見舞われます。つまり、わたしたちが急速に繁栄を謳歌すればするほど、それだけ急速に生態系の破壊などの他のあらゆる問題を引き起こしてしまうということです。

いずれの方向に向かおうと、実際はうまくいかないように思われます。なぜうまくいかないのでしょう？　いまのような事態が百年、二百年または五百年続いても、生態系における、または他の何らかの仕方での大破局に行き着かないと想像することができますか？　多分、より多くの戦争が起こるかもしれません。そんなことはないと誰が知っているでしょう？　人々はこの事態にまちまちに——いろいろな徴候のどれかを見て、まずはこの、その、またはあの問題を解決しなければならない、というように——対処してきました。が、より深い何か、人々が考慮してこなかった何か、絶えずこれらの問題を生じさせてきた何かがあるのです。わたしたちは、流れのアナロジー、人々が上流で汚染物質を投棄していると同時に、下流でそれを除去すべく努力しているというそれ、を用いることができます。が、彼らがそれを除去しているそばから、それとは別種のより多くの汚染物質を追加していくかもしれません。

こういったすべてのトラブルの元凶は何なのでしょう？　それが、実は、過去数年間におけるすべてのダイアローグにおいてわたしたちが関心を払ってきたことです。わたしは、その源は、根本的に、思考の中にあると申し上げています。多くの人は、そのような発言は気違いじみている、なぜなら、思考は、わたしたちが問題を解決するために持ち合わせている当のものだからだ、と思うことでしょう。そういう思い込み（assumption）はわたしたちの伝統の一部なのです。けれども、わたしたちが自分たちの問題を解決するために用いる当のものが、それらの問題の元凶であるように思われるのです。それは、医師に診てもらいに行って、かえって彼にあなたを病気にさせるようにするようなものです。事実、診療例の二〇パーセントにおいて、わたしたちはどうやらそういう目に遭うようなのです。が、思考の場合には、それは二〇パーセントを優に超えているのです。

わたしたちの問題の原因がわたしたちに見えない理由は、それらを解決するためにわたしたちが用いる手段がそれらの原因だからだ、とわたしは言っているのです。それが初耳である人にとっては、それは奇妙に聞こえるかもしれません。なぜなら、わたしたちの全文化は思考をその最高の達成物として誇りにしているからです。わたしは、思考の達成物が取るに足りないと示唆しているわけではありません。技術、文化、およびその他の様々な仕方で非常に偉大な達成物があることは確かです。が、それには、わたしたちの破壊に行き着く他の側面があり、わたしたちはそれを調べてみなければなりません。

では、思考のどこが問題かについてお話したいと思います。わたしは簡潔な要約だけを与えますので、それから、もし皆さんがお望みなら、それについて話し合いたいと思います。

思考の明白な問題の一つは**断片化**（fragmentation）です。思考は、ばらばらにされるべきではないものを粉々に分解してしまいます。わたしたちはこれが現に起こっているのを見ることができます。わたしたちは、世界が複数の国家――ますます多くの国家――へと分解されているのを見ます。ロシアが共産主義的独裁制を取り除くやいなや、それは明らかに収拾をつけがたい多数の小部分へと分解し始め、そしてそれらは互いに争い始めました。それは悩みの種、全世界にとっての悩みの種になっています。新しい国家が世界中で誕生しています。第二次世界大戦中に、ナショナリズムがラトビア、リトアニア、エストニアで発展しました。彼らは、「リトアニアはリトアニア人のために、ラトビアはラトビア人のために、アルメニアはアルメニア人にために」等々と言ったのです。

ナショナリズムはものごとをばらばらにしてきましたが、しかし世界は一体です。技術が発達すればするほど、それだけ多く人々は互いに依存し合うようになります。が、人々は偽って、それは事実ではないと言い張ろうとします。彼らは、国家は主権を有しており、何でも思いどおりにすることができると言います。にもかかわらず、それは不可能です。合衆国は思いどおりにすることはできません。なぜなら、それはあらゆる種類のことについて他の国々に依存しているからです――中東に石油を、そして日本にはどうやらお金を、というふうに。そして、明らかに、日本もまた思いどおりにすることはできません。これらはごくわずかな例にすぎません。

人間が、この断片化の影響についての単純な事実を真摯に受けとめることは非常に困難であるように思われます。国家は互いに争い合い、国民は互いに殺し合います。

言い換えれば、わたしたちがしていることは、実際には密接な結びつきがあるところに境界を築き上げることです――それが断片化の問題点なのです。そして同時に、わたしたちは結束を、それがないかまたはあまりないところに築き上げるべく努めています。わたしたちは、自分たちが全員、境界内で一体になっていると言います。が、これらの集団を調べてみれば、それらが実際には一体になっていないことがわかります。それらは、境界内で、その外側においてと同じくらい、互いに争い合っているのです。

わたしたちはまた、専門家集団について考慮してみることができます。例えば科学においては、小さなあらゆる専門分野が他のあらゆるそれらから断片化されています。人々は、やや異なった分野で何が起こっているかをほとんど知りません。そしてこの事態が延々と続いていくのです。知識が断片化されているのです。あらゆるものが分断されていくのです。

このようにして、わたしたちは偽りの区別と偽りの結束を持つに至るのです。思考は、外部には鋭い区別があり、そして内部ではあらゆるものが結束していると、実際にはそうでないのに、偽って主張するのです。これは作り事的あるいは虚構的な考え方です。が、このような考え方をし続けることが非常に重要だと思われるようになり、それは間違っているという実際の事実、それはまったく不適切だという事実が無視されるほど重要になるのです。

それは奇妙に思われます。なぜ人々はそのような奇妙なことをしでかしてしまうのでしょう？　それは、実際には、少なくとも不合理、または多分気違いじみていると思われてしかるべきだというのに。そのようにして、わたしたちの存続を妨げさえするかもしれないほど多くのトラブルが、そうした小さなことがらから作り出されるのです。

思考のより一般的な難点は、それが非常に能動的で、**参加的**（participatory）だということです。そして断片化は、それ自体がより一般的な困難の徴候なのです。思考は常に多くのことをしでかしているのですが、しかしそれは、自分は何もしてこなかった、ただあなたにものごとについてありのままに告げているだけだと言う傾向があります。が、思考はあらゆるものに影響を及ぼしているのです。それは、このビル内でわたしたちが見るあらゆるものを作り上げました。それはすべての樹木に影響を与え、山々、平野、農地、工場、そして科学技術に影響を与えてきました。南極でさえ、オゾン層破壊の影響を受けてきましたが、それは基本的に思考のせいなのです。人々は冷媒――より安全な冷媒――を入手したいと思い、それについてますます多く考え続けることによって、それを作り上げてきました。そしてとうとう、わたしたちはオゾン層の破壊をもたらすようになったのです。

思考は、外面的にとてつもない結果を生じさせてきました。そして、後で話し合うであろうように、それは各人の中に内面的にとてつもない結果を生じさせるのです。けれども、思考内にある一般的な暗黙の思い込み（assumption）は、それはものごとについてあなたにありのままに告げているだけで、自分は何もしていない――〝あなた〟がその内側にいて、情報の扱い方を決めている――ということです。が、わたしは、あなたが情報の扱い方を決めているのではない、と言いたいのです。情報が引き継ぐのです。〝それ〟があなたを〝駆り立てる〟のです。思考があなたを駆り立てるのです。思考は、しかしながら、〝あなた〟がそれを駆り立てている、あなたが思考をコントロールしている当事者だという偽りの情報を与えるのですが、実は、思考がわたしたちの各々をコントロールしている当事者なのです。思考が理解されるまでは、――できたら、理解されるよりは**知覚される**（perceived）までは、――それは実際にわたしたちをコントロールするでしょう。が、思考はそれがわたしたちの僕《サーバント》であり、ただわたしたちがそれにしてもらいたいことをしているだけだという印象を生じさせるでしょう。

それが厄介なのです。思考は参加しているのですが、にもかかわらず自分は参加していないと言うのです。が、実際には、それはあらゆるものに関与しているのです。

断片化は、その特定のケースです。思考はそれ自体から様々な区別を引き起こし、それから、それらの区別は自然にそこにあると言い出すのです。諸国家間の区別は、〝ただそこにある〟と見なされるのですが、しかし明らかにそれらは人々によって案出されたのです。人々がそれらの区別を受け容れるようになったがために、それらはそこにあるのです。同じことが諸宗教間の区別にも言えます。あらゆる宗教は、正しくかつ真実である一定の神観念を持ったという、特定の誰かの考えによって案出されたのです。やがて、人々は他の宗教は正しくなく、劣っており、多分異端的または邪悪または間違ってさえいるので、それらと闘い、それらを抑圧し、滅ぼしてかまわないと考えるようになっていきました。かくして大規模な宗教戦争が何度も起こったのです。そしてわたしたちは、すべての合理主義的啓蒙運動、知識、科学技術の発展にもかかわらず、今後もさらに多くのそれをしでかすかもしれません。事実、科学技術は、自分自身のことをより進歩的だと見なしている人々に仕えるのと同じくらい、より中世的［古い］段階にある人々に仕えているように思われます。誰もが、科学技術を、それらの使い方を左右する彼自身の精神の枠組を根本的に改変することなしに、使用することができるのです。

わたしは、思考には、自分が何かをしているにもかかわらず、自分はそれをしていないと言う性格が備わっていると言っているのです。ですからわたしたちは思考をより詳しく調べ、それについて多々議論してみなければなりません。なぜなら、思考が実際にしていることは、わたしが述べたこと——それは発端にすぎません——よりもずっとずっと微妙だからです。

断片化の他の問題は、思考がそれ自体を感情（feeling）と身体（body）から区別するということです。思考は精神（mind）だと言われています。わたしたちは、それは抽象的（abstract）または霊的（spiritual）または非物質的（immaterial）な何かだという観念を持っています。それから身体という、非常に物質／物理的（physical）なものがあります。さらにわたしたちは、多分、思考と身体の間のどこかにある情動（emotion）を持っています。それらはすべて異なっているという見方です。すなわち、わたしたちは、それらは異なったものだと**思い込んでいる**のです。そしてわたしたちは、それらは異なっていると思い込んでいるがゆえに、それらを異なったものとして経験するのです。

が、思考は情動と異なったものではありません。これについては後ほどより詳しく議論することになるでしょうが、しかしごく初歩的な例として、ある特定の人があなたにひどい仕打をしたので、あなたが立腹するかもしれないというケースを想定してみましょう。かりに誰かがあなたを二時間も待たせ続けているとします。「わたしにこんな仕打をするというのは、いったいどういうつもりなんだ？　彼はわたしへの何の配慮も考慮も持っていない。」と考えて、あなたは立腹することができます。あなたは様々なことを考えることができます。「彼はいつもこういうことをしている。彼はわたしをぞんざいに扱う。」、等々。

そのように考えることによって、あなたはひどく腹を立てることができます。が、もしもそこに彼がやって来て、電車が遅れたと説明すれば、怒りは収まります。これは、情動が思考によって影響されたことを示しています。あなたの思考を変えることによって、怒りは消え去るのです。

そういうわけで、思考は、少なくとも、これらの感情を維持することができます。何か心地よいものについての思考は、あなたを気分良く感じさせます。あなたが偉大なことをしているという思考は、あなたを内面で気分良く感じさせます——すべての良い感情が出て来るでしょう。または、あなたが何か悪いことをしてしまったという思考はアドレナリンを流れさせ、あなたに罪悪感を感じさせるかもしれません。もしも誰かがあなたに、あなたにはやましいところがあると言えば、それは一つの思考なのですが、あなたは非常に惨めに感じることができます。感情は、とてつもない程度まで思考によって影響されるのです。また、明らかに、思考は、とてつもない程度まで感情によって影響されます。なぜなら、もしもあなたが腹を立てると、明晰に考えなくなるからです。同様にして、もしもあなたが何かへの快感を持てば、あなたは、それがあなたに快感を与えてくれるという観念を、たとえそれが間違っているとしても、それを放棄することをあなたが嫌がっていることに気づくかもしれません——あなたは自己欺瞞に陥るのです。

感情と思考が互いに影響を与え合っていることを示す、格好の物理的理由があります。あなたはそれを脳の構造の中に見ることができるのです。脳の外側の層、大脳皮質内には知能中枢があります。また、より奥の方には感情中枢があります。それら二つの中枢の間には非常に厚い神経束があり、それを通してそれらは非常に緊密に意思疎通し合っています。そのようにして、それらは関わり合っているのです。十九世紀に、爆発によって脳内に鉄のピンが突き刺さってしまったある男性の有名な事例がありました。彼は、見たところでは、これから回復し、身体的には多かれ少なかれ正常になっていました。が、彼は非常に頭のしっかりした、冷静な人だったのですが、回復した後、感情的にすっかりアンバランスになり、また知的には、非常に首尾一貫した思考経路を維持することができなくなってしまいました。感情および知能中枢間の結びつきの断絶が、システムが正常に機能するのを妨げたのです。

知能中枢は、通常、ある感情が適切か否かを告げるでしょう。それが、二時間も待たせた誰かにあなたが腹を立てていたら、当人がやって来て「電車が遅れてしまった」せいだと言う事例において起こることです。もしもあなたが彼を信じれば、そのときには知能中枢は「腹を立てるだけの理由はもはやない。」と言います。そして感情中枢は「わかった、理由はない、わたしの怒りを放棄しよう。」と、正当にも言います。および、その逆の場合もあります——感情中枢が、何らかの危険がある、またはこういうあるいはそういう危険があると告げる情報を送り、そして知能中枢がそれを受け取って、何が危険なのかを見出すべく努めるという。それは**考える**のです。

これら二中枢は緊密かつ密接に関わり合っています。まさに思考しようという願いが、思考しようという感情または衝動から起きているにちがいありません。それらは、実は、同じ過程のほぼ二つの側面なのです。が、わたしたちの言語はそれらを切り離し、そしてわたしたちの思考はそれらを断片へと切り離すのです。わたしは、感情と知能は密接に結びついているのですが、しかしわたしたちは、自分の思考の中に、非常に鮮明な区別——ちょうど国家間のそれのような、実際にはない区別——を導入してしまう、と言っているのです。わたしたちは、この状況についての虚構的な考え方を導入しているのです。もしもわたしたちの考え方が虚構的なら、それはわたしたちを誤って導くでしょう。

ここで、わたしが数年前に言ったことを繰り返して言うだけの価値があると思います。それは、わたしたちの言語では'thinking'と'thought'を区別している、ということです。'Thinking'は現在時制——間違った方向に進む可能性のあるものへのきわめて重要な感受性を含んでいるかもしれない何らかの活動——を含意しています。また、新しい着想、および多分、何らかの種類の内的知覚が時々あるかもしれません。'Thought'はその過去分詞です。わたしたちは、何かを考えた後、それはただ消え失せてしまうという考えを持っています。が、現在思考していることは消滅しません。それは何らかの仕方で脳内に入っていき、何か——痕跡——を残し、それは過去の思考になります。そして過去の思考は、それから、自動的に作用します。あなたを待たせ続けた人についてのわたしが与えた事例は、いかにして過去の思考が怒りを強化し、維持するかを示しています。あなたがしばらくの間「わたしは怒るためのもっともな理由を持っている。」と考えていたとき、そこには情動があり、そしてあなたは怒ったままです。このときの思考は記憶から——過去から、すでになされたことから——の応答です。そういうわけで、わたしたちはthinkingとthoughtを持っているのです。

わたしたちはまた'feeling'という言葉を持っています。その現在時制は能動的な現在、現在の感情が現実と直接触れ合っていることを示唆しています。が、現在の感情と過去の感情があると言うために、'felt'という言葉を導入することが役立つかもしれません。すなわち、'felts'とは記録された感情のことです。

あなたは、かつて味わった快楽を思い出すかもしれませんが、するとあなたは快楽の感覚を手に入れます。過去の精神的外傷を与えられた経験は、思い出されたとき、あなたに非常に不愉快な感情を味わわせることができます。懐郷的《ノスタルジック》な感情もまた過去からのものです。沸き起こってくる多くの感情は、実際には過去からのもので、それらは‘felts’です。この区別をしそこなうことによって、わたしたちは、実際はたいした意義を持っていないなんらかの感情をしばしば過度に重視してしまいます。もしもそれらが、単に再生されつつある記録にすぎなかったら、それらは、現在目の前にある状況に対する応答に等しいほどの意義を持つことはないでしょう。

しばしばあなたは、あなたがずっと以前に感じたような仕方で、または過去に慣れっこになった感じ方で、応答するかもしれません。要するに、あなたは「わたしが子供だったとき、ある一定の状況がわたしを不愉快にさせた。」と言い、それから同様の状況が現在起こるときあなたは不愉快に感じる、と言っているようなものです。あなたがその不快感を抱くのは、それには何の意味もないということを見抜かないからです。が、それには確かに大きな意味があるように思われ、そしてそれがあなたを左右するのです。

そのように、現在の思考と感情（thining and feeling）との間にだけでなく、現在の感情と過去の感情（feelings and ‘felts’）の間にも、身体全体の状態にも偽りの区別があるのです。あなたが思考する仕方がアドレナリンを流させることができるということを、あなたは確認できます。あなたは、身体全体に神経化学的影響を与えることができるのです。例えば、もしもあなたが、危険だとあなたが思っているエリア内にいるときに影を見れば、あなたの思考が、あなたを攻撃するかもしれない人々があたりに潜んでいると言います。するとあなたは直ちに恐怖感を抱きます。あなたのアドレナリンが流れ始め、あなたの筋肉が張りつめ、あなたの心臓がドキドキします――付近に攻撃者たちがいるかもしれないという単なる知識から。あなたが正視して、「それは影だ。」と言うやいなや、それらの身体症状は和らぎます。身体の状態とあなたの考え方との間には深い結びつきがあるのです。もしも人々が彼らの定職等々について絶えず心配したり、ストレスにさらされていれば、彼らは自分の胃を過度に刺激して、潰瘍やその他様々なものを誘発させてしまうかもしれません。それはよく知られています。身体の状態は思考に非常に深く結びついており、思考によって影響され、そして逆も然りです。それは、わたしたちが警戒しなければならない他の種類の断片化なのです。

　このすべては、かなり多くの混乱、またはわたしが〝首尾一貫性のなさ〟（incoherence）と呼んでいるものを、現在の思考または行為に導入する傾向があるでしょう。なぜなら、期待している結果をあなたが手に入れないであろうからです。それは、首尾一貫性のなさの主要な徴候です。あなたは何かをしたいのですが、しかしそれはあなたが意図している仕方では成就しません。それは、普通、あなたがどこかで間違った情報を得ていることの徴候です。適切な取り組み方《アプローチ》は、「そうだ、それは首尾一貫していない。間違った情報を見つけ出して、それを変えることにしよう。」と言うことでしょう。が、厄介なのは、人々がそのように取り組まない多くの首尾一貫性のなさがあるということです。

　例えば、多分誰かがお世辞を言われることを好み、それから彼にお世辞を言う人が彼を利用することができることを見出します。それが再三再四起こります。彼はそれを望まないのですが、しかしそれは起こります。そこには首尾一貫性のなさがあります。なぜなら、利用されることは彼の意図ではないからです。が、彼は，お世辞から来る感情の心地よい満悦を欲しているという、思い及んでいない他の意図を持っています。一方の意図が他方の意図を含意していることをあなたは見ることができます。なぜなら、もしも彼がお世辞を受け容れれば、そのときには彼は相手が言ったりしたりする他の多くのことも受け容れてしまうであろうからです。彼は利用される可能性があるのです。それゆえ、彼は、意識的な意図だけでなく、それに反している他の意図も持っているのです。それは非常にありふれた状況です。

同じことがナショナリズムにも言えます。人々が国家を建設したのは、ずっと苦しめられてきたこと——果てしない戦争、憎悪、飢餓、病気、全滅、隷従、等々——を再び繰り返すためではありません。彼らが国家を建設したときは、そうすることは彼らの意図ではありませんでした。が、まさにそれが起こってきたことなのです。そしてそれは必然的に起こることでしょう。要点は、人々が国家を見つめて、「それは一体どういうものなのだろう？」と訊ねることが滅多にないということです。むしろ、彼らは「是が非でもわれわれはそれを存続させねばならない、が、これらの必然的結果は望まない。」と言うのです。そして彼らはそれらの必然的結果に抗うのですが、その間中ずっとそれらは状況を生じさせ続けるのです。

これは思考のもう一つの主要な特徴です。つまり、**思考は自分が何かをしていることを知らず、それからそれは自分がしていることに抗う**ということです。それは、自分がそれをしているということを知ることを欲しません。そして、それは自分がしていることの結果に抗い、これらの不愉快な結果を回避すべく努めるのですが、その間中ずっとそのような結果を招く考え方を続けていきます。それが、わたしが**持続**

的な首尾一貫性のなさと呼んでいるものです。また、**単純な**首尾一貫性のなさがあり、それを避けることはわたしたちにはできません。なぜなら、思考は常に不完全だからです——思考はけっして完全にはなれないのです。それについては後ほど議論することになるでしょう。が、現に起こっていることが矛盾撞着していたり、混乱していたり、わたしたちが期待していることをしていないことをわたしたちが見出すとき、わたしたちは自分の思考を変えて、起こっていることを反映するようにさせるべきです。そして単純な状況においては、わたしたちはそのようにします。けれども、わたしたちにとって重要なことになると、わたしたちは概してそのようにしないように思われます。さて、これはかなり奇妙です。なぜなら、重要な事物は、その中では特にわたしたちが首尾一貫しているべきだからです。しかしながら、わたしたちは、あまり重要でない事物の中でのみ、余裕をもって首尾一貫していることができると感じます——これもまた別種の首尾一貫性のなさなのです。

誰もこの種の状況を生じさせようとする意図を持っているわけではありません。わたしたちはこれらの状況を自分の意識的意図に反して生じさせています。なぜなら、わたしたちがあまり意識していない他の抵抗が進行しているからです。ですから、わたしたちが何かを意図的にしようとするときはいつでも、わたしたちは、自分がそれをするのを妨げようとする抵抗を、しばしば、無意識的に持つのです。それは明らかに大きなエネルギーの浪費であり、また、それは非常に破壊的です。それは、わたしたちが、解決の見込みのない問題を果てしなく生じさせていくことを意味しています。

しばらく以前、東洋と西洋が様々な理由のために結束したことがあります。が、他の様々な理由のため、過去数年間にわたり、人々は大量の武器を中東に送り込みました。イラクとの収拾しようのない状況を生じさせることは彼らの意図ではありませんでした。彼らは言いました。「確かに、わたしたちは武器を中東に送り込んでいます。それで一儲けしたいのです。また、維持すべき一定の国策を持っています。多くの理由があるのです。もしもそこに武器が送り込まれなかったら、あれほど深刻な事態にはならなかったでしょう。また、非常に危険な状況に行き着いたのです。」そしてそれから、それらすべてが合わさって、非常に危険な状況に行き着いたのです。一九七三年に、西洋は、非常に不安定な地域である中東からの石油に大きく依存しているということが明るみに出されました。しばらくの間は、人々は彼らの石油とエネルギーをより効率的に使用しました。が、次第に、彼らはそうすることに関心がなくなっていきました。そしてしばらく後に彼らは言います。「なんということだ！　驚いたことに、わたしたちはそれらに依存しているのです。世界の石油の半分は彼らのものです。もしもそれがなくなったら、万事休すです。」

明らかに、これらの状況を生じさせることは人々の意図ではありません。むしろ、彼らはこう言うかもしれません。「わたしたちはこのような状況を望んではいませんが、しかし持たねばならない他の多くのものがあるのです。」が、それらのものがこれらの状況を生じさせるでしょう。そこには首尾一貫性が欠けているのです。

わたしたちは、意図していない様々な状況や事物を絶えず生じさせており、それから言います。「やれやれ、問題を持てしまった。」わたしたちは、それを生じさせたのはわたしたちのより深い、隠れた意図だということに気づいておらず、その結果としてわたしたちは問題を永らえさせ続けるのです。いま現在も、わたしがわかっているかぎりでは、エネルギーをより効率的に用い、それによって中東石油への依存度を減らす――そうすればすべての問題の多くが取り除かれるでしょう――ためにごくわずかなことしかなされていません。ですからわたしたちはこう問わねばなりません。「なぜわれわれは、このように、首尾一貫性に欠けているのだろう？」誰もこのような状況を望んでいないにもかかわらず、自分が欲していると人々が考えている事物が、必然的にそれらの状況を生じさせてしまうでしょう。「それは必要だ。」と人々に言わせるのは思考です。それゆえ、思考がこの種の首尾一貫性のなさに行き着いたのです。

さて、以上は、実は一種の序言です。それについてしばらくの間話し合ったらいかがでしょう？

質問者：現在の思考と過去の思考（thinking and thought）の相違についての要点がよくわからないのですが。わたしたちは、現在の思考から過去の思考へと滑り込んでいく――自分がそうしていることに気づかないいままそうしていく――とおっしゃりたいのですか？

ボーム：ええ。それは自動的なのです。なぜなら、わたしたちが考えていたとき、その現在の思考は脳内に記録され、そして過去の思考になるからです。わたしは、後ほど、思考がどのようにして一組の能動的な運動、反射（reflex）、を成しているかを議論するつもりです。が、さしあたりあなたが非常に幼い子供に、一定のグループの人々は能なしだ、能なしだ、能なしだと告げ続けるとします。しばらく経つと、それは思考――「彼らは能なしだ。」という、ただ飛び出してくる思考――になります。事実、子供たちは自分が考えていること、思考があることにさえ、ほとんど気づかないのです。

質問者：たったいま、このグループとの会話の中で、あなたが話しかけている間に、あなたが説明されたように、現在においてより生きいきしている現在の思考のプロセスがあります。そしてそれから、過去の思考という他の代物があるわけです。わたしたちはそれら二つのものを識別する能力を持っていないように思われます。

ボーム：ええ。わたしたちはそれら二つを識別しないように思われます。けれども、時々はします。なぜなら、時々わたしたちはこう言うからです。「わたしは、以前、そう考えたことがある。」が、一般的に、わたしたちは区別しそこなうかもしれません。そして感情の場合は、わたしが「felt」と呼んでいる、浮上してくる過去の感情と、能動的な現在の感情と見なされる何かとの間の区別を見ることは、より一層困難です。

質問者：ニュートンおよびキリスト教的モデルにおいて、分割するというやり方はどの程度まで教えられるのでしょうか？　事物を分割するというのは、脳の挙動、その正常で自然な挙動なのでしょうか？　わたしは、小学校で、事物を分割し、分類し、解体し、ばらばらにする仕方を教わったことを覚えています。そしてわたしの内面はそれに対して猛反発しました。なぜなら、この節くれだった全体をもたらしたのは、無学な人間のせいだと見なしたからです。脳は自然に分割したり分析したりすることを望んでいるのでしょうか、それともそれは部分的にわたしたちの教育のせいなのでしょうか？

ボーム：それは、ある程度まで、部分的には、わたしたちが受けた教育の結果です。が、思考の中にはこれを絶えず募らせていく傾向がある、とわたしは思います。

質問者：それは部分的に脳の性質に本来備わっているとあなたは思っておられるのですか？

ボーム：脳にではなく、思考が発達させてきた仕方に。思考の明晰のためには一定量の分析が必要です。ある程度の区別がなされねばなりません。が、わたしたちは、知らないうちにそれをやり過ぎてしまいます。度を超してしまうのです。いったんやり過ぎてしまうと、わたしたちはそれらが〝現にあるもの〟(what is) だと思い込み始め、そしてそれがわたしたちの習慣の一部になるのです。

質問者：度を超してしまう前に境目《エッジ》がどこにあるかを認識するにはどうしたらいいのでしょう？

ボーム：それは非常に微妙な質問ですので、今回のセミナー全体を通してそれに慎重に入っていきたいと思います。それを脱することは、単にその相違を認識するよりもずっと大仕事です。より深い何かが含まれているからです。わたしたちがまずしなければならないことは、わたしたちがいまどんな種類の困難に陥っているかについての何らかの観念を掴んでおくことです。

わたしたちは、皮切りに、厄介は、世界が大混乱に陥っていることだと言いましたが、しかしわたしは、締めくくりに、**思考**が大混乱に陥っていると申し上げたいと思います。それはわたしたち各々の中にあります。そしてそれこそが、世界が大混乱に陥っていることの原因です。それから世界の大混乱が押し寄せてきて、思考の大混乱を募らせるのです。

質問者：あなたは、思考には一種の憑依的（possessive）性質、留まり、固定し、それから習慣的になる傾向があると言っておられるのですか？　そして、われわれにはこのことが見えていないのだ、と？

ボーム：わたしたちが何かを反復するときはいつでも、それは次第に習慣になり、そしてわたしたちはそれにますます気づかなくなっていくのだと思います。もしもあなたが毎朝歯を磨けば、あなたは、多分、どのようにそれをしているかにほとんど気づかなくなります。それはただ勝手に進行していくのです。わたしたちの思考は同じことをしており、そしてわたしたちの感情も同様です。それがキーポイントです。

質問者：思考を心理的な意味で用いることは、腐敗（corruption）と同義ですか？

ボーム：なぜそうおっしゃるのですか？

質問者：腐敗と無垢（innocence）という二つの状態しかないのではないでしょうか？

ボーム：思考は本来的に無垢であることはできないとおっしゃっているのですか？

質問者：心理的な意味ではそのように思われるのですが。

ボーム：そのように思われるかもしれません。が、問題は、それが実際にそうかどうかです。それが、わたしたちが探査すべく試みている問題なのです。そのように思われるという事実を認めることにしましょう。それはそのような外見を持っています。さて、質問はこうです。実際はどうなのだろう？　わたしたちはこれを探査してみなければならないのですが、それはかなりの掘り下げを必要とするでしょう。わたしたちは、単に事物の外見を真に受けて、それに取り組むことはできません。なぜなら、それは思考が犯す別種の間違い——表面を捉えて、それを現実と呼ぶという——になるでしょうから。

質問者：あなたがおっしゃったことはとてもおもしろいとわたしは思います。もしもわたしがどこかに行くという意図を持っているが、しかし間違った道を辿ってしまう場合、それは何ら問題ではないということがわかります。次回には正しい道を見出し、情報を変更し、そして違う道を辿ればいいのですから。が、しばしばわたしは個人的および集団的に何かをしようとする意図を持つものの、それがうまくいかないことがあります。が、わたしはどこが間違っているかわからず、情報を変更することができないように思われるのです。

わたしが特に関心があるのは、どういうわけで情報および意図から別個の〝わたしに〟(me) という気持ちがあるのかということです。わたしは、自分があたかも情報および意図を変えることができる主体的存在であるかのように感じるにもかかわらず、変えることができないように思われるのです。この、情報から別個の〝わたしに〟という気持ち——それは探査するに値するほど興味深い何かなのでしょうか?

ボーム：それもまた微妙な問題であり、わたしたちはそれをこのセミナー全体を通して調べてみることにしましょう。

わたしたちは、あなたがおっしゃるような感情を抱きます。が、〝そのように思われるもの〟(what seems to be) を無批判に受け容れるべきではありません。もしもわたしたちがそれを〝現実のもの〟(what is) として受け容れれば、探求することができなくなります。つまり、〝そのように思われるもの〟が完璧に首尾一貫しているなら、わたしは「けっこうです、なぜそれを疑うのですか?」と言うでしょう。が、それはきわめて首尾一貫していないので、それを疑うに足るだけの理由があるとわたしなら言うでしょう。それは、人生の通常の場面では常識ということになるでしょう。わたしたちはみんな何かをすることを欲しているのだが、しかし思いどおりにすることができない——それが実際に起こっていることのように思われます。わたしたちを阻む何か他のことが起こるように思われます。

企業を経営している人々の何人かは、この問題にますます関心を持つようになっています。なぜなら、彼らも同様の問題を抱えているからです。わたしはこの分野を研究している何人かの人を知っていますが、彼らは、重役たちが寄り合うとき、彼らの意見は一致せず、意図している結果を得ることができないということを見出します。これが、企業が衰退していく理由の一つです。

ピーター・センゲという〔アメリカの経営〕学者が、*The Fifth Discipline*〔訳註1〕という本を書きました。彼は、これらの問題のいくつかを研究したのです。わたしは、彼がその真相を極め尽くしたとは言いませんが、しかしそれは興味深い本です。彼の分析は、非常にしばしば、問題が起こるのは人々が彼らの思考の結果をフォローしていかないからだ——彼らが何かを考え、そして何かが実行されるとき、それはやがて他の会社へと波及していきますが、それからしばらく経つと、それは、あたかも独立した何か他のものであるかのように舞い戻ってくる——ということを示しています。彼らはそれを一個の独立した問題として扱い、維持させ、それによってそれを悪化させてしまいます。なぜなら、彼らは同じことを維持し続けるからです。ですから、彼らの考え方が問題を引き起こしているのです。その問題が彼らのもとに戻ってくる

〔訳註〕

1　以下の二つの邦訳書がある。『最強組織の法則——新時代のチームワークとは何か』徳間書店、一九九六年／『学習する組織——システム思考で未来を創造する』英治出版、二〇一一年。

までにそれなりの時間がかかります。そしてそのときまでには、彼らはその跡を見失ってしまっているので、「また問題が起こった。」と言うのです。それから彼らはその問題についてより多く考え、それを増大させてしまうか、またはその問題をなおいっそう悪いそれへと変えてしまいます。要点は、彼らが自分の思考の結果をフォローしていかないということです。彼らは、思考が盛んに働き、参加しているということに気づいていないのです。

あなたが何かを考えているとき、あなたは、思考は事物についてありのままにあなたに知らせる以外何もしていないという感情を抱いており、それから〝あなた〟は何かをすることを選び、そしてそれを実行します。それが、人々が一般に思い込んでいることです。が、実際には、あなたの考え方が、事物についてのあなたの扱い方を決めるのです。しかし、それから戻ってくる結果にあなたは気づかなかったり、それをあなたが行なったことの結果と見なさなかったり、ましてや、あなたの思考プロセスの結果と見なしたりしません。それがおわかりでしょうか？

そういうわけで、わたしが述べてきたこれらすべての問題——一連の気の滅入る問題の全体——は、わたしたちが考えてきたことの結果なのです。が、人々はそれが見えません。彼らは言います。「わたしはただ考えているだけです。向こうのほうに問題があります。現在の思考はわたしたちにそれらの問題を告げています——それらが何であるかを。」

質問者：かりにわたしが、グループの全員がきわめて首尾一貫しない仕方で行動していることが非常に明白だと思われる状況を見ているとします。彼らが首尾一貫していないということをわたしが非常に明瞭に見ているとわたしが考え、それからそれを是正し始めます。が、わたし自身の現在の思考に首尾一貫していない部分があることにもしもわたしが気づかなければ、わたしの行動は首尾一貫したものにならないでしょう。

ボーム：あなたは同じことに陥るかもしれません。また、たとえそうでなくても、どのようにして実際にそれを是正するつもりですか？　彼らの現在の思考が変わらないかぎり、彼らの行動は是正されないでしょう。さて、彼らが首尾一貫していないということを彼らに告げる、彼らへの意思疎通――彼らが理解し、受け容れる意思疎通――以外のいかなるものも、彼らの現在の思考を変えることはできません。さもなければ、あなたは力づくで思考に立ち向かうことになり、それは実際は一種の暴力です。もしもあなたが「あそこに首尾一貫していない行動をしている人々がいるので、彼らが首尾一貫した行動をするように仕向けてみる。」と言えば、そのときにはあなたは力を行使しようとしているのです。もしもあなたのほうが彼らより多くのパワーを持っていれば、彼らはしばらくの間あなたの思いどおりにするでしょう――あなたのほうが弱体化すれば、そのときには彼らはあなたに仕返しするでしょうが。

質問者：わたしは次のことを探査してみたいのです。思考は、外部からやって来て、わたしたちの意識に入り、引き継ぎ、憑依し――そして、多分、集団的に憑依し、わたしたちは戦争に行く。が、わたしたちにはこれが見えない。なぜなら、思考は、マジックのように憑依するからです。それは引き継ぐのです。

ボーム：ええ、それは引き継ぎます。では、なぜそれは引き継ぐのでしょう？　このポイントには二つのレベルがあります。一番目は、何が起こるのかを、わたしたちが外側まで見ることができるかぎり述べることです。二番目は、その源を見極めることです。なぜなら、わたしたちが源を見極めないかぎり、それはけっして変わらないでしょうから。

質問者：どうすれば源を突き止めることができるのですか？

ボーム：それが、この週末に目論まれていることです。が、何が問題かを見てみることが重要だと思います。まず第一に、探査される必要がある問題があるということを見ることです。

質問者：思考はそれ自身に気づくことができるのですか？

ボーム：それもまた微妙な質問です。表面では、思考は、もしもそれが単なる記憶なら、それ自身に気づいていないように見えます。

しかしながら、わたしたちは、思考が何をしているかについての一種の気づきを必要としており、それは明白のように思われますが、しかしわたしたちは、一般的に言えば、それを持っていないと言っておきましょう。わたしは、以前のいくつかのセミナーで、思考の〝自己知覚〟(self-perception)を意味していると「proprioception」(自己受容性感覚)という言葉を用いましたが、先に進むにつれて、それに触れることになるでしょう。思考がそれ自身に気づくことができる、ということはありうるかもしれません。が、それに詳しく立ち入ることは今晩は時間的に難しいと思いますので、当座は一般的なやり方でその可能性を調べることに留めておきましょう。

わたしたちがこの問題に取り組むことがまったく不可能だとは思われませんが、しかしそれは非常に困難な問題です。それが困難である一つの理由は、思考の過程に内在している〝欠陥〟(fault)のせいだと示唆したいと思います。

わたしが〝思考〟によって意味しているのは、過去の思考、過去の感情(felts)、身体、様々な思考をともにしている全社会などの全部のものであり、それらはすべて一つの過程です。それらはすべて一つの過程なので、わたしがそれをばらばらにしないことが肝要です。他の誰かの思考がわたしの思考になり、そして逆もまた同様です。ですから、それをわたしの思考、あなたの思考、わたしの感情、これらの感情、それらの感情へと分割することは間違いであり、人を誤らせるでしょう。ある種の目的のためにはそれでかまいませんが、いまわたしたちが話し合っている目的のためには適切ではありません。

わたしは、思考は、おそらく、現代の言語で**システム**と呼ばれているものを構成していると見なしています。システムは、一組の関連し合った事物または部分を意味しています。が、今日人々がこの言葉を用いる場合、それは、普通、その諸部分のすべてが相互に依存し合っている——それらの相互作用のためだけでなく、それらの意味および存在のためにそうしている——何かを意味しています。

会社は一つのシステムとして組織されます——それはA部、B部、C部を持っています。これらの部は、個別には何の意味も持っていません。それらは、一緒になってしか機能することができません。身体もまた一つのシステムです。社会もある意味で一つのシステムです。

同様にして、思考もまた一つのシステムです。そのシステムは諸々の過去の思考、過去の感情および現在の感情を含んでいるだけでなく、身体の状態をも含んでいます。それは、また、社会の全部を含んでいます——なぜなら、思考は、大昔からその中でそれが進化してきた一つの過程の中で、人々の間を行ったり来たりしているからです。

システムは絶えず発達、変化、進化、構造変化、等々の過程に携わっていますが、しかしシステムは、比較的固定したものとなる一定の特徴を持っています。わたしたちはこれを**構造**と呼んでいます。あなたは、一つの組織の中には一定の構造があることを見ることができます。それから、時々それはいままでどおり働かなくなり、がたつき始めます。すると、人々はそれを改変するかもしれません。

同様に、思考にもいくつかの比較的固定した特徴があります。思考は絶えず進化してきたので、わたしたちは、いつその構造が始まったかを特定することはできません。が、文明の成長とともに、それは多大な発達を遂げました。それは、多分、文明の成長以前には非常に単純だったのですが、いまやそれは非常に複雑になり、分岐し、そして以前よりもずっと多くの首尾一貫性のなさを持っています。

このようにしてわたしたちは、この思考のシステムを抱えるに至っています。さてわたしは、このシステムは欠陥――**システミックな欠陥**（systemic fault）を持っている、と申し上げます。それはここあるいはそこといった特定の箇所の欠陥ではなく、システム全体に行き渡っている欠陥です。それを思い描くことができますか？　それはあらゆるところにあり、また特定のどこにもないのです。あなたはこう言うかもしれません。「わたしはここに問題を見つけたので、自分の思考をこの問題に集中させることにしよう。」が、〝わたしの〟思考はシステムの一部です。それは、わたしが調べようとしている欠陥と同じ、または同様の欠陥を持っているのです。

わたしたちの思考はこのようなシステミックな欠陥を持っており、そしてこれが、様々な国家への断片化が生じさせてきた諸問題等々の、世界のすべての問題の中にあり続けてきたということを、あなたは見ることができます。わたしたちは言います。「ここに欠陥がある。何かが間違ってしまったのだ。」が、それに対処するために、わたしたちは同じ種類の断片的思考を用いるのですが、それはバージョンがやや異なっているだけなので助けにはならず、かえって事態を悪化させてしまうかもしれません。これらすべてのことが進行しているのを見て、あなたは「どうしたらいいのだろう？」と訊ねるかもしれません。あなたはそれについて考えますが、しかしすでにあなたの思考の中にはこのシステミックな欠陥が充満しています。では、何をそれは必要としているのでしょう？

質問者：それは、全システムが汚染されているということですか？

ボーム：それが、それを見る一つのやり方です、ええ。システム全体の中に、思考を間違ったものにさせる何かが起こった――システム内の全過程がまっすぐ《ストレート》でなくなった――のです。申し分のないいくつかの小片はあるかもしれませんが、しかしそれらはそのままでいることはありません。それは、部分的に腐っている卵について話すときのよくある仕方のようなものです。まだ腐っていないいくつかの部分があるかもしれませんが、しかし腐敗は広がっていくでしょう。

わたしたちは、科学においては比較的すっきりした思考を持つことができます。が、そこにおいてもそれは完全にすっきりしているわけではありません。なぜなら、科学者たちが彼らの威信、地位、等々をしきりに気にかけるからです。時々彼らは、彼らの理論または偏見とそりが合っていない着想《アイデア》を考慮しようとしないことがあります。にもかかわらず、科学は事実を、科学者が自分が見るものを好もうと好むまいと、見ること――理論を客観的に、冷静に、かつ偏見を交えずに調べること――を目ざしています。ある程度まで、比較的首尾一貫した思考が、科学において、人生の他のいくつかの分野におけるよりもずっと良好に成し遂げられてきました。いくつかの極めて感動的な結果が科学技術から流れ出てきました――大きなパワーが解放されたのです。

が、いまやわたしたちは、科学を**用いる**ときが来るときはいつでも、科学的方法をすっかり忘れてしまうということを発見します。わたしたちは、なぜか、科学者たちが発見してきたものの使用は、自国の必要によって、または金儲けをしたいという自分の欲求によって、またはあの宗教を打倒したいという自分の欲求によって、または単に、いかに自分が偉大な力強い人間であるかを見せびらかしたいという欲求によって、決定されるであろうと言うのです。そういうわけでわたしたちは、比較的汚染されていない思考が一定の事物を開発するために用いられてきたが、それからわたしたちは、それらの事物をどうするかを決めるためには、常に、最も汚染された思考に頼るということを目のあたりにします。それは首尾一貫性のなさの一部です。

質問者：われわれはこの汚染の中におり、そして自分の本当の意図を見ることができない、とあなたはおっしゃっているのですか？

ボーム：わたしたちは、自分の意図が首尾一貫していないということを見ていないのです――それは、多分、汚染の中から起こってくるのです。

質問者：わたしは、個人として、わたしたちがこれらのことを自分自身の中で解決すべく努めていると思います。何が個人としてのわたしたちの意図なのでしょう？　何がわたしたちをいまわたしたちがしているような仕方で行動させるのでしょう？　そして同時にわたしは、あなたが述べたグローバルな諸問題の一部は、個人が直面したことのない、異なった種類の問題だとわかります。例えば、個人は生き残り、繁殖することを欲しています。が、それは、過去のものだという意味で、もはや不可能です。なぜなら、わたしたちの問題の多くは人口過剰のせいだからです。わたしたちは個人としてこれに取り組んでいることになっていますが、かつて個人がすることを必要としていたのと同じ基本的なことをすることで済ますことはもはや不可能だと集団的に気づいており、何かが変えられなければならないと悟っているのです。

ボーム：ええ、まったくそのとおりですが、しかしわたしたちはそうすることができないでいるように思われます。これらのことに対処すべく結集しようと努めている人々が、あまりうまくいくことができそうにないように思われます。例えば、生態系（環境）汚染または気候変動。これらの問題に対処するために、ごくわずかのことしかなされてきませんでした。様々な政府によって多くの耳ざわりの良い言葉が作り出されてきましたが、しかし彼らの言葉の背後に多額の資金を投入する段になると、彼らはあまりうまくいきませんでした。それらの非常によい意図は、他の一組の意図または数組全部の意図——われわれはこれまたはそれに干渉することはできない、これまたはそれを許容しなければならない、等々——によって妨害されてしまいます。そして結局、〝大山鳴動して鼠一匹〟に終わるのです。

それもまた同じ首尾一貫性のなさです。わたしたちが公言する意図は、わたしたちが公言していないだけでなく、わたしたちが持っていることを充分に知らないかもしれない他の一組の意図によって阻止されてしまうのです。わたしたちは知りたくないのかもしれません。

質問者：わたしたちは、自分が持っていることに気づいてさえいない一定の思い込みに気づかねばならないと思われます。わたしたちは、自分がシステムの中のどの思い込みを当然のことと思い、それらをいつもどのように働かせているかを問い質す必要があります。なぜなら、わたしたちの意図を個人的および集団的に表出させる能力を制限しているのだが、わたしたちが気づいていない何かがあるからです。

ボーム：このシステムの中で、わたしが〝過去の思考〟と呼んできたものに何が起きているかに、わたしたちは実は気づいていないのだとわたしは思います。わたしたちは、それがどのように働いているか知らないのです。それがシステムであることを、わたしたちはほとんど知りません。それが単一のシステムであることを認めさえすることは、わたしたちの文化の一部ではありません。

質問者：システムについて再度説明していただけますか？　あなたは、思考はシステミックな欠陥を持っているとおっしゃいました。が、あなたはまた感情（情動）も含めていらっしゃる。他に何を含めていらっしゃるのですか？

ボーム：感情に加えて、身体の状態を、さらに全社会――文化、わたしたち相互間の情報伝達の仕方、等々――を。

質問者：〝身体の状態〟とおしゃるとき、あなたは身体の器官も含めていらっしゃるのですか？

ボーム：ええ、器官はそれによって影響されますから。

質問者：そういった全部が閉鎖系だと、あなたは言っておられるのですか？

ボーム：いいえ、それが完全に閉鎖していると言っているわけではありません。システムは必ずしも閉鎖しているわけではありません。それは、出入りしている事物の様々な影響に対して開かれていることができます。それがシステムという観念の全体です。それは必ずしも閉鎖しているわけではありませんが、しかしその構造には一定の安定性があります。それはその構造を維持し、持続させ、それによって、何かが外部から入ってくるときに、変化を回避するような仕方で反応する傾向があります。

質問者：が、あなたは、その構造がこじ開けられ、中が見られるようになる可能性があるとおっしゃろうとしているのではないかと期待しているのですが。

ボーム：その可能性はあります、ええ。わたしは、あるのはシステムだけだと言っているわけではありません。システムがわたしたちの全活動に浸透しているとわたしは言っているのです。それはわたしたちの活動に浸透している何かのように思われますが、しかしそれは、それ以外何もないという意味ではありません。相違がおわかりですか？　しかしながら、システムがあまりにも浸透してしまっているので、それは、わたしたちがたいていの場合に見ることができるほぼ全部であるかもしれません。

質問者：何がシステムの部分ではないか、示していただくことはできますか？

ボーム：一つには、多分、この首尾一貫性のなさを見ることができる、ある種のより深い知覚（perception）または英知（intelligence）があると言うことができるでしょう。システムそれ自体はその首尾一貫性のなさをあまりしっかり見ることはできないでしょう。なぜなら、それはそれを歪曲してしまうでしょうから。が、わたしは、首尾一貫性のなさを見るための能力はあると示唆しているのです。

すでに言いましたように、ある程度までシステムは必要です。わたしたちは、あらゆる種類の目的のためにこの思考のシステムを必要としています。が、それは欠陥を大きくしてしまいました。さて、そこで、記憶を超越した英知または知覚があると、わたしは言いました。このシステムを超えた多くのものがあります。システムは、実は、現実のごく小さな部分にすぎません。が、それはぼうっと大きく見えるのです。わたしが話しているものをあなたが実際に**見**ないかぎり、わたしが言っていることはシステムの中にイメージとして組み込まれてしまうでしょう。何が問題かおわかりですか？　このシステムはあらゆるものを組み込んでしまう傾向があります。何であれ、数回反復されるものは、システムの一部になってしまいます。また、誰かが洞察（insight）を持つかもしれませんが、その後、それは容易にシステムの一部になってしまうかもしれません。

質問者：あなたは直観（intuition）をシステムから除外しますか？

ボーム：それはあなたが〝直観〟によって何を意味しているかにかかっています。わたしは、システムは一種の直観を模倣することができると思います。それは、多少直観のように感じられる、直観の記憶を与えることができるのです。

質問者：が、直観はシステムの一部ではないように思われるのですが。ちがいますか？

ボーム：そうです。もしもそれが本物のそれであるなら。わたしは、システムの一部ではないかもしれない〝知覚〟または〝洞察〟または〝英知〟があると申し上げているのです。特定の名前で呼ぶことができる様々なものがあり、先に進むにつれてそれらを明らかにすべく試みることにしましょう。それをどう呼ぶにしろ、さしあたり、それはシステムの一部だとわたしは思わないと言っておくことにしましょう。そうすれば、わたしたちは自分の可能性を開け放したままにし、それによってシステムがすべてではないということを示す何らかの証拠をやがて見出せるかもしれませんから。

質問者：非利己的な思考の結果として行為が起こるときがあり、自分を他の誰かに押し付けようとしたりしないその特定の思考の中には、慈悲心（compassion）や愛（love）の強い要素があるのではないでしょうか？　そのときには、思考の断片化は必然的にその活動の一部ではなくなります。

ボーム：もしもそのような慈悲心と愛があれば、それは明らかにシステムの一部ではないとわたしは言うでしょう。が、もちろん、慈悲心と愛だと感じられるものの多くは実際にはシステムの一部です。なぜなら、そのような経験は、反復されるとき、またもや習慣になってしまうからです。思考は様々な経験を、それらが思考によって生じさせられているということをわたしたちに気づかれることなく、生じさせることができます。わたしたちが警戒しなければならないのは、思考のこの欺瞞的特徴です。最悪の混乱は、何がシステムの一部ではないかという問題の中で起こります。なぜなら、もしもあなたがシステムの一部をその一部ではないものと混同すれば、あなたは道に迷ってしまうからです。ですから、あなたはそれについて非常に注意深くしなければなりません。単に「愛はあらゆるものの面倒をみてくれるでしょう。」と言うことは、まったくの無駄です。人々はずいぶん長いことそう言ってきましたが、しかしそれは実現しませんでした。キリスト教は、神は愛であるという観念に基づいています。彼らは、純粋な愛である唯一神、キリスト、等々がいると言いました。にもかかわらず、キリスト教徒たちは他の宗教と戦っただけでなく、互いに激しく戦い合いました。彼らは何世紀にもわたり非常に暴力的な戦争を遂行し、酷いことをしでかしました。さて、これらの人々にそんなことをする意図がなかったことは確かです。彼らは他の意図を持っていたのです。が、自分たちの宗教についての彼らの考え方のゆえに、彼らはそうせざるをえなかったのです。例えば、神の観念は愛の観念を引き継いだものです。または、君主制、権力、等々と結びついた宗教の問題がありました。ですから、単に「わたしたちは愛に基づいて行動するでしょう。」と言うことによって暴力が止むことはないのです。なぜなら、それは、システムの中に吸収されてしまう、単なる観念になり下がる可能性があるからです。

質問者：もしもわたしの全人生でわたしがいままで知ってきたすべてのものがシステムの内側にあるなら、その外側にあるものについてのいかなる観念も、単にシステムの観念にすぎません。そしてわたしは、それが何を意味しているかを思い浮かべることができないままです。

ボーム：それが何を意味しているかをわたしたちは知りませんが、しかしわたしたちはその観念を抱かなければなりません。わたしたちはここで自分自身を追い詰めたりしないよう、——あらゆるものはシステムの中にあり、それからの出口はないと言ったりしないよう、——気をつけなければならないとわたしは思います。

質問者：わたしはただ、外側にある何かを思い描くことができるような気がすると言っているだけです。

ボーム：それは依然として内側にあるでしょう。それは最も危険な混乱の源になります。なぜなら、そのときあなたは「それは外側にある、間違いない。」と言うからです。そのようにして、思考は外側にあるように思われる何かを生じさせるのですが、そうしているのは自分だということに気づかないのです。それは根本的な間違いの一つです。思考は何かを生じさせ、そして言います。「それを生じさせたのはわたしではない。それは本当にそこにあるのだ。」

質問者：あなたは、境界を確立するために思考を用いることは断片化に行き着くとおっしゃっているのですか？　それよりはむしろ、わたしたちは何がシステムで、何がシステムではないか、相違を見極めるべきだということですか？

ボーム：それを見極めることが**できる**なら。が、問題はどのようにしてそれを見極めたらいいか、です。

質問者：人々が特定のシステムへの洞察を持ったり、何かについて気づくようになって、大きな変化を起こしたときが何度もありました。科学が確立される以前に、人々が魔術を信じていたときがあり、それから科学がやって来たわけです。人々が限られた分野で根本的な変化を起こしたという事例が多々あります。彼らが特定の分野でいかにしてそれを成し遂げたかを調べてみることは、この全システムのルーツを探り当てるために役立つ、または適切だと思われるのですが。

ボーム：あなたは何か思い当たることをお持ちなのですか？

質問者：ええ、一つには、いかにして人間は科学が皆無の段階から科学を持つ段階へと至ったのか、ということです。

ボーム：それは興味深いポイントです。科学的知識という、以前の文化とまったく対照的なものがいかにして発達したのでしょう？　それは、わたしが**洞察**と呼ぶことを好んでいるものを必要としました。わたしはいくつかの例を挙げることができます。古代ギリシャの時代から中世まで、人々は地球が宇宙の中心にあり、そして完成度の高くなる七つの透明な天体があると信じていました。七番目が完全なそれでした。基本的な考えは完成度の高さの順番で、各々の事物はその適所に至るべく奮闘しているということでした。それはきわめて有機体的な宇宙観でした。従って、彼らは言いました。「天体は、完全なので、完全な軌道をとって動いているはずである。唯一の完全な軌道は真円であり、それゆえこれらの天体は円軌道をとって動いているはずである。」それから、惑星がそのとおりにしていないことを彼らが見出したとき、彼らは体裁を繕おうとして、言いました。「確かに実際には円ではないが、しかし大きな円（従円）の円周を中心とする小さな円（周転円）の円周上を運動していると見なすことができる。」すなわち、彼らは、信念があまり有効ではなくなったことを見出したとき、それを真剣に疑うよりはむしろ、繕おうとする傾向があったのです。

徐々に、天上の物質と地上の物質との間には大差はないという証拠が、特に中世の終り頃から蓄積していきました。例えば、月は、その上に多くの不規則な特徴を持っていました。それはあまり完全ではなかったのです。地球だけでなく、その他の惑星もまた衛星を持っていた、等々。天上の物質と地上の物質は大きく異なっているという証拠はあまりありませんでした。にもかかわらず、天上の物質は根本的に異なっているという観念が依然として存続していました。「それは天上的であり、完全であり、天上に属している。それは、それが属している天上に留まっている。」そしてしばらくの間、誰もがそれで満足していたのです。

ニュートンの時代までに、またはその以前でさえ、それを本気で疑問視するのに充分が証拠があり、そして何人かの人はそうしたかもしれません。が、「なぜ月は上空に留まっているのだろう？　それがごく自然なことだからだ。それは天体であり、それが属しているところに留まっているのだ。」と言う、それが依然として働いている無意識のレベルがあるのです。なぜそれが落下していないかについて、誰も気にしないのです。さて、その説明は古い時代には意味をなしたかもしれませんし、また、精神の中にはそれを疑問視せず、――ただそれをあたりまえのことと思う、――古い習慣があったのです。しかしながら、ニュートンの時代までには、それを疑問視するに足る充分な証拠が出てきました。

ニュートンはリンゴが落下しているのを見守っているうちに洞察を持ったという、本当かどうかわたしにはわからない話があります。「なぜ月は落下していかないのだろう?」という疑問が彼の精神の中に浮かんでいたのかもしれません。そして彼は突然答えを持ったのです。「月は、実は落下しているのだ。それは万有引力のせいだ。あらゆるものはあらゆるものに向かって落下しているのだ。」そしてそれから彼は、なぜ月は地上に到達しないのかを説明しなければなりませんでしたが、後に、それもまた外側に向かって動いているということを示すある種の計算によって果たすことができました。それはずっと遠くに離れていたので、それは、それが依然として落下している間中、地上から遠く離れた速い軌道に沿って、地球から離れて行ったのです。

そのようにして彼は、その瞬間、古い思考の枠組を打破した洞察を持ったにちがいありません。以前は、なぜ月は落下しないのかという問題を誰も気にしませんでした。なぜなら、天体はそれが属している場所に留まるということはごく自然に思われたからです。洞察のキーポイントは古い思考の枠を打破することでした。そこから先は、新しい思考に至ることはさほど困難ではありませんでした。なぜなら、もしも月が落下しているなら、万有引力がある――あらゆるものは落下している――と言うことができたからです。そしてあなたは、そこから先に進むことができるようになったのです。

その種の他のいくつかの事例があり、合わさって、わたしたちのより現代的な観方《ビュー》に帰着したのです。が、いまや、このより現代的な観方もまた、古代の観方と同じくらい硬直化してしまったので、またもや、それを打破するための何かが必要となるでしょう。人々は、いま、これは絶対的、最終的真理であり、現代科学の根底にある全枠組に――数世紀前に、より古いギリシャおよび中世の枠組について起こったような――懐疑を多分投げかけるような、真により根本的な質問をする必要はないと言う傾向があります。もちろん、ニュートンの洞察はある限られた領域におけるパターンを打破しただけです。それは、わたしたちが話し合ってきたこの広大なエリアの中にあるパターンを打破したわけではありません。言い換えれば、科学におけるこれらすべての洞察は、結局は思考の一般的なシステム内に吸収同化されてしまいました。

わたしが示唆しているのは、古い思考様式を打破することができるかなり一**般的な洞察**が起こる可能性があるということです。これにはいずれまた戻ることにしましょう。わたしたちはそれを本当に調べてみなければなりません。わたしたちはまずエリアについて考え、それからわたしたちが何を見ることができるか確かめなければなりません。それが何か他のものへの道を開くのです。

質問者：わたしたちはそれについて考えてみなければならない、とあなたがおっしゃるとき、現在の思考をしているのはシステムなのではありませんか？

ボーム：そうかもしれないし、そうでないかもしれません。これについて先入見を持たないようにすべきだとわたしは思います。何らかの真の現在の思考が突然、瞬時に起こることがありうるかもしれないとわたしは言っているのです。それは時々起こらなければなりません。さもなければ、わたしたちはどういうことになるでしょう？　どこにも行き着かなかったかもしれません。もしもわたしたちが、実際的問題に対処するためにナショナリズムにおいて用いるような種類の思考を常に用いていたら、ずっと以前に死んでいたでしょう。

質問者：ニュートンの洞察は、万物の自然な状態は静止していないと見極めていた、と言うことは適切でしょうか？

ボーム：ええ。しかし、引力への洞察以前でさえ、事物の自然な状態は運動しているという、ガリレオも寄与した他の洞察がすでにあったのです。わたしはその所説全体には入ることなく、引力の一つの面に焦点を絞りました。

質問者：あなたのお話は、ニュートンは彼がすることになっていなかった疑問を提出することができたという点で、非常に興味深いです。それから思考のパターンが打破されたのですから。

ボーム：それは、人々が概して間違った質問をしているところに誰かがやって来て、正しい質問をするときに起こりうることです。間違った質問とは、まさに問われるべきものを正しいとすでに思い込んでいるそれのことです。それは〝論点の巧みな回避〟と呼ばれています。ニュートン以前には、物理学者たちは概して間違った質問をしていました。なぜなら、彼らは、なぜ月は落ちていかないのかという質問の重要性に気づかなかったからです。彼らはこう訊ねたかもしれません。「なぜ月はここからそこへ動いて行くのだろう？　なぜこの惑星はこの特定の一組の周転円の中を動いているのだろう？」等々。それらは間違った質問になったでしょう。なぜなら、それらは、それらが属している天体内を動くと暗々裡に思い込んでいたと思われるからです。こうすることは、もちろん、実際の状況に対して適切ではありませんでした。かくして彼らは、その全構造を問わなかったがゆえに、大した意味を持っていない他の多くの疑問を提出するように導かれ、かくしてより深い混乱に陥らせられたかもしれません。あなたの質問は隠れた思い込みを持っているということ――それがポイントです。それゆえ、あなたが質問それ自体を問うとき、あなたはより深い思い込みを問題にしているかもしれません。が、それは言葉なしでおこなわれます。わたしが何を言いたいかおわかりですか？　質問を問うことは、結局、言葉なしの行為でなければならず、あなたはそれを記述できないのです。

質問者：そして、それはすべてのパターンを打破するかもしれないのですか？

ボーム：ええ、なぜかそれはパターンを打破するのです。さて、ここで示唆されていることは、このシステムのパターンはわたしたちに押しつけられる何かではないということです。それは、絶対的に不可避ではないかもしれません。それが打破されうるという徴候があるのです。

質問者：質問を問うことは言葉なしにおこなわれねばならない、とあなたがおっしゃるとき、それによってあなたは何を意味しておられるのですか？

ボーム：もしもわたしが、問われるべき思い込みを含んでいるかもしれない質問をわたしが持っていると言うなら、わたしはそれらを言葉を用いて問うことができるでしょう。が、何がわたしを自分の質問を問うことへと導くのでしょう？　結局は、わたしはそれを言葉で言い表わすことができるでしょう。

しかしわたしは、その第一歩、洞察の最初のひらめきは言葉なしだと言っているのです。

質問者：知覚は思考の非存在下で起こり、それから思考はその産物になるのですか？

ボーム：ええ、思考は知覚によって影響されます。それは、それらの知覚によって新局面を開くのです。

質問者：もしも洞察が思考ではないなら、それは何なのですか？

ボーム：わたしたちは、実は、それに慎重に入っていかねばなりません。それにどう答えたらいいでしょう？　思考はそれに適切に答えることはできません。にもかかわらず、他方では、思考は、わたしたちが質問に立ち向かう助けになるかもしれない何かを言うことができるかもしれません。わたしたちは、思考は常に犯人または悪者だと言おうとしているのではありません。それはまた、多くの場合に、技術のエリアだけでなく、他の多くのエリアで、適切でありえるのです。しかしながら、この場合に起こるであろうような種類の思考は、突然の覚醒のような感情だとわたしは思います。

質問者：内側には、わたしたちの誰もが接触することができる、限りない洞察のプールがあるのでしょうか？

ボーム：再び、わたしはそれにどう答えたらいいのでしょう？　わたしは「その質問を点検してごらんなさい。」と言おうとしているのです。つまり、これは質問の問い方についての学びの問題だと、わたしは言っているのです。あなたは、わたしがあなたに「ええ」または「いいえ」と告げることができるという思い込みを持っていらしゃいますか？　もしわたしがあなたにそう告げることができなければ、わたしたちはどうしたらいいのでしょう？

質問者：自分で質問を点検してみます。

ボーム：ええ。すぐに答えを見つけようとしないことです。ニュートンは、質問するに至る前でさえ、長い時間をかけました。非常に明敏であったにもかかわらず。

質問者：いかにわたしたちがせっかちか、いかに思考が答えと説明を性急に得ることを好むかをわたしたちが見るのを助けるような知覚が起こることはありうるのでしょうか？

ボーム：それもまたわたしたちは調べてみることができます。なぜわたしたちはすぐに答えを欲しがるのでしょう？

質問者：他の質問に取り組むためです。

ボーム：それは本当ですか？　それは、わたしたちが現在の質問に関心がないことを意味しています。もしもわたしたちの真の関心が他の質問に取り組むことにあるなら、そのときには現在の質問にも適切に取り組めないでしょう。

質問者：が、それがわたしたちがすることです。

質問者：多分それは、すぐに情報と結論を入手することを欲しているコンピュータのようなものです。多分それは、思考のメカニズムの性質なのです。

ボーム：なるほど、そうなのかもしれません。が、だとするとわたしたちは、「なぜわたしたちは自分自身をこのメカニズムによって従属させられることを許してしまうのだろう？」と訊ねてみなければなりません。

質問者：もしかしたら、素早く答えを手に入れることはわたしたちに爽快感と安心感を与えるのではないでしょうか？

ボーム：が、あなたは同じことをニュートンの場合にも言うことができたでしょう――彼もまたすぐに答えを得ることを欲していたかもしれない、と。月についての質問は動揺を与えていたかもしれません。科学においてさえ、根本的な質問を提出することは人を非常に動揺させる可能性があります。誰かが「わたしはこれに対する答えをすぐに手に入れて、この不愉快な動揺状態から抜け出したい。」と感じるかもしれません。が、しかし彼はけっしてうまくいかないでしょう。

質問者：一般に、何かを知らないということは不愉快なことなのです。

ボーム：そうです。しかしそのとき、ニュートンは何らかの〝不知の状態〟(state of not knowing) に留まっていたにちがいありません。そしてわたしは、そうしたのはニュートンだけだとは言いません。他の科学者たちも、一時期、何らかの不知の状態、または何らかの混乱あるいは首尾一貫性が欠けた状態、またはおそらく他の何らかの不愉快な感情を覚える状態にいたにちがいありません。が、わたしは、ニュートンはかなり長い間それに取り組んだのだと思います。ニュートンは、必ずしも愉快ではなかったにちがいない長い期間を過ごしたにちがいありません。

質問者：では、首尾一貫性が欠けた状態をすぐに取り除こうとしないで、ある程度までそれを維持しなければならないのですか？

ボーム：首尾一貫性が欠けた状態をあなたが実際に取り除く前に、自分はそれを取り除いたと考えることはまちがいです。さもなければ、システムが、それを取り除いたという見せかけまたはうわべを作り上げることができます。システムは、事の真相を実際に見極めることなく、圧力を追体験する［他人の体験を自分の体験として捉える］ことを望むように思われます。

それは、またもや、わたしたちが話し合ってきたのと同じ問題、同じ欠陥，同じ欠点の、他の仕方での表れです。それはシステムの中に浸透しているのです。システムは、不愉快な感情を生じさせる困難な問題と同居しません。それは、どういうわけか、不愉快な感情を起こさせるものに実際に直面することなく、より愉快な感情にできるだけ速やかにたどりつけるように動くべく条件づけられているのです。

質問者：不愉快な感情と混乱について学ぶべき何かがあるように思われます。わたしが、ある種のパズルに挑んでいる子供を見ていたとき、その子が何の混乱や苦痛の感じも見せず、単にそれに興じており、そしてついにうまくいくまで、何度も何度も挑んでいました。そのように、学びは、即座的な答えを持っているわけではないが、しかし一時停止中の何かに進んで直面することから起こるのです。

ボーム：そのとおりかもしれませんが、しかしわたしたちは、何千年もの間進化してきたシステムの状態を考慮しなければなりません。わたしたちは、答えを持っていないことにいろいろな点で関連している、多くの悪い経験を持っており、その結果、即座に反応が起こります——わたしたちは即答を欲しがるのです。それは、答えを持っていないというすべての不愉快な経験についての記憶です。それらの〝過去の感情〟(felts) が浮上するのです。

質問者：子供たちは正解を持つよう無理強いされます。

ボーム：彼らは、もしも正解を持てば褒められ、そしてもしもそれを持たなければ、一定量の不快感を味わいます。教育制度はそうしますすし、全経済制度もそうしますすし、政治制度も然りです。あらゆるものがそうするようになるまで育ってきたのです。いまや、それはわたしたちが議論してきたこの思考のシステムの一部になっています。それゆえ、わたしたちは「いまやこのシステムの中にいるわれわれは、それにどのように対処したらいいのだろう？」と言わなければなりません。もしも不愉快な感情を持ったら、わたしたちは言うかもしれません。「わたしたちはそれを持つべきではない。それを持たないほうがよいだろう。」が、ただそう言うだけでは何も変わりません。むしろ、わたしたちはこう言う必要があります。「それとどのように関わったらいいのだろう？　それにどのように応じたらいいのだろう？」

質問者：わたしたちは、いまここでそれに対する感受性を持つことができるのでしょうか？

ボーム：できるかどうか調べてみましょう。

質問者：それは単に知的なことがらではないように思われます。ここで自分の声に耳を傾けている最中でさえ、わたしたちが話し合っている仕方の中に、わたしたちが言っていることは観念や抽象物というよりはむしろ、文字どおりそうだということを含意しているトーンがあります。そして子供がそれを拾い上げると、それは「わかる、わかる。」になるのです。

ボーム：では、いまここでそれに直面することができるでしょうか？　不安定さまたは未知のものに直面することに関して、このグループの中に何か不愉快さがあるでしょうか？　皆さんは、多分、とてつもなく大きな遠ざかろうとする動きがあることに気づいておられるでしょう。システムは、その気づきから遠ざかるために築き上げられるのです。さて、推測によって、——ただそれについて明晰に考えることによって、——遠ざかり続けることは無意味であり、そして結果は真の災厄だということをわたしたちは見ることができます。「そうすることはわたしの意図ではない。」とわたしたちは言うことができます。が、あなたは依然としてあなた自身がそうしているのを見出すでしょう。あなたは、何か他のものから——**システム**から——やって来る抵抗を持つのです。

質問者：システムの欠点の一部は、学習およびシステムの中で首尾一貫性のなさがどんな役割を果たしているかをわたしたちが理解していないということでしょうか？　わたしたちは直ちにそれから抜け出そうとするか、さもなければ延々とその中に留まっているかのどちらからです。わたしたちは、何が起こっているかをわたしたちが理解するほど充分に、首尾一貫性のなさにそれ自体を明らかにさせるようにする、中庸の道を見出していないように思われます。

ボーム：時々、わたしたちはそうします。それがどのように働くかを、わたしたちは充分に理解していると思います。なぜなら、誰もが、彼にとってあまり重要ではないエリアではそうしているからです。

質問者：ではわたしたちは、それが意味しているものを見るための感受性を必要とするのですね。

ボーム：ええ。しかしシステムは敏感では**ありません**。システムは感受性に干渉します。それを駄目にしてしまうのです。

質問者：わたしたちにはなぜ首尾一貫性のなさが見えないのか、わたしには理解できません。

ボーム：わたしたちはそれを見ているでしょうか、それとも見ていないでしょうか？　それは少々まごつかせます。ちがいますか？　時々、わたしたちはそれを見ているように思われます。初歩的な技術的意味では、誰かが首尾一貫性のなさを見ても、それが彼を悩ませたり、怖がらせたりしないときは、前に述べたように、彼は実際にそれから学ぶかもしれません。人々は首尾一貫性のなさを確かに利用するのです。

彼らは、自分がそれについてあまり悩まされていないかどうかを調べ始めるのです。が、人々が、それが彼らにとって重要であることを見出すときは、彼らはそうすることができなくなるように思われます。

質問者：要するに、わたしたちがシステムを再教育しなければならないということ、つまり、わたしたちが混乱状態または答えを持っていないことへの不安の状態に陥っているときに、他の可能性があるかもしれないということを理解しなければならない、ということでしょうか？　あたかもわたしたちは、システムについてのその可能性を、それを体験すべく企てる前にさえ、実際に明確に示してみなければならないかのように思われるのですが。

ボーム：どのようにしてそうなさるのですか？

質問者：わたしたちは答えを持つように教え込まれてきました。いままではずっと、教師が質問をするやいなやわたしが答えを出せば、わたしは良い子です。そしてそれから、わたしは初めて、もしもわたしが答えを持たなければ、わたしは良い子だということを聞きます。そのようにシステムが広がって、そんな可能性があるとは思いもよらなかった何か新しいものを含み入れるようになる――混乱することはＯＫであり、それは興味深いことにちがいない、という。もしもわたしが心配しているなら、わたしが答えを見つけることを欲しないことは普通は困難ですが、しかしその心配はＯＫだということを聞くことは、それ自体が心配を減じるかもしれません。

ボーム：それはいくつかの場合には助けになるかもしれません。が、あなたが本当に心配しているとき——例えば、もしもあなたが、あなたまたはあなたの利害に対する真の危険を含んでいる何らかの状況を持っていれば、——それは常に役立つとはわたしは思いません。昨今は、人々は、例えば、失職することについて心配しているかもしれません、そして人々はそれについて非常に心配になる可能性があります。「いや、心配していても大丈夫だ。」と考えることは精神を多少リラックスさせる助けになるかもしれません。が、もしも心配することが必要だと判明したら、多くの人がこれを長い間維持できるかどうか、わたしにはよくわかりません。

要点を押さえておきたいと思います。「これで大丈夫です。」という言葉をあなたが**聞いた**だけでなく、「それで大丈夫だ。」ということをあなたが**見**なければならないのです。もしもあなたが、「それで大丈夫です。」というわたしの言葉を単に受け容れるだけなら、——実際にそれを聞いて、それが意味をなすということをあなたが見ないかぎり、——それは依然としてシステムの一部であるでしょう。

質問者：あなたは、それ、それ——心配をあり続けさせることは首尾一貫した機能または働きの仕方である——が意味をなしていることを**見**なければなりません。もしもあなたが心配しているなら、あなたはこう言う必要があります。「わたしは心配している。それは状況全体の一部だ。」が、それからあなたは、システムはそれから遠ざかるように条件づけられているということに注意しなければなりません。そしてあなたは、それにもまた気づかねばなりません。

それゆえ、このすべてを言うことによって、わたしたちは動き始めたのです。それを**見る**ことによって、――それは意味をなしており、首尾一貫しているということを見ることによって、――一定の運動が始まり、システムを緩めるのです。すると、それは、このシステムは一枚岩の壁ではないことを示します。それは、実は、非常に堅固であるわけではないのです――一見すると非常に堅固であるように思われますが。

質問者：あなたは、わたしたちが、〝わたしは知っている〟志向的（"I know"-oriented）になるよりも、もっと、学習志向的（learning-oriented）になることを学ぶことができるかどうかを訊ねておられるのですか？

ボーム：それは学びの一部です。そして他の部分は、わたしたちをそれから引き離そうとしている衝動、感情および心配を調べることです。「それはとてもつらい、わたしは心配でしかたがない。心配をやわらげるための何らかの思考を至急見出さねばならない。」と言うかわりに、いまやわたしはこう言います。「心配することは完全に正常であり、この状況においては予期されるべきことだ。」

質問者：それは学ぶためのチャンスです。

ボーム：それは学ぶためのチャンスです、ええ。そしてこれはわたしたちの文化のほとんどの逆転です。もしもあなたが、これは意味をなしており、首尾一貫しているということを見れば、それは、それが正しいことを証明するわけではないとしても、しかし少なくともそれは、それが良い取り組み方《アプローチ》であることを示唆しているのです。

質問者：あなたが以前は避けていたものが、突然貴重なものになるわけですね、少なくともチャンスとして。

ボーム：ええ、クリシュナムルティはよくそのような言葉を用い、羨望や悲しみは宝石のようなものだと言っていました。すると人々はよく「どうして彼はそのようなことを言うことができるのですか？ それらはつらいことではないでしょうか？」と訊ねるのです。が、ポイントは、もしもあなたがそれを異なった仕方で調べてみれば、あなたは、これこそはまさにあなたが学ばねばならないことであることを見ることができます――何が実際に起こっているか、何をそれが意味しているかをあなたは学ばねばならないのです。そしてまさにあなたが、起こっているそうしたすべてを持っており、それらをあなたが実は望んでいないという事実が，首尾一貫性が欠けていることの徴候なのです。

質問者：わたしたちは、学ぶ必要があるあらゆるものを自分自身に引き寄せるのでしょうか？

ボーム：というよりはむしろ、わたしたちが取り除くべきだと思っているものが、実際にはわたしたちが学ぶ必要がある物事への手がかりだということを認めるのです。わたしたちの文化およびわたしたちの本能の全部が、これらはわたしたちができるだけ速やかに取り除かねばならないものだとわたしたちに告げてきました。が、いまわたしは、なぜそれらが学びにとっての源、手がかりなのか、その理由を示唆したわけです。言い換えれば、そこからわたしたちは学び始めることができるということです。

質問者：そしてわたしたちは、それらを調べてみないがゆえに、けっして学ぶことがないのでしょうか？

ボーム：それは一つの理由です。多分、数多くの他の理由があるのです。それはシステムの一部です。わたしたちの全文化はシステム――われわれはできるだけ速やかに苦痛や不安感を取り除くべきだと言うシステム――の一部です。それに加えて、なぜかその方向――苦痛を与えるものは何であれ取り除こうとする方向――に向かおうとする何らかの本能的傾向があるのです。

それは、歯痛のような一定のエリアでは意味をなしています。あなたは痛みを止めるために歯に対処しなければなりません。が、そこにおいてさえ、間違う可能性があります。もしもあなたの唯一の意図が痛みを取り除くことであったら、痛みをやわらげるために様々な薬物を用い、とうとう虫歯になってしまうかもしれません。もしも痛みが、何かが間違っていることを表示するものであるなら、それはそのようなもの――首尾一貫していない何かが起こっている――として調べられるべきです。これを正しく理解することは非常に困難ですが、しかし痛みは、ある意味で、ある種の首尾一貫性の欠如の徴候、結果です。肉体的苦痛はまた、非常にしばしばそのような徴候なのかもしれません。歯の中では、細胞を攻撃している何らかの細菌による過程が進行しており、そしてそれは肉体の健全な働きと首尾一貫していません。痛みはそれについての警告です。そのように、痛みは、概して、そのような仕方で調べられることが可能なのです。

痛みを感じることができない人々がおり、そして彼らは実際に絶えず自分自身を傷つけています。彼らの痛覚神経は損傷されているのです。事実、ハンセン病はその一例であるように思われます。痛覚神経が病気によって損傷されているのです。それは、人が痛みを感じるのを妨げる、神経に対する攻撃であり、したがってこれらの人々は、多大な力を用いて彼らの筋肉を破壊してしまいます。ハンセン病における破壊は、自分がするあらゆることに多大な力を用いる人々から起こるということが、慎重に観察され、注視されてきました。彼らはどれくらい多くの力を自分が用いているかを告げることができず、そして彼らが全系統を破壊するほど大量の力を用いていることを観察によって知ることができるのです。

このように、痛みは必要な機能であることをあなたは見ることができます。そして痛みを取り除きたいという本能的願望——動物的レベルで働くもの——は思考には当てはまりません。そのような本能は不適切です。何かずっと深くそして微妙なものが必要になるのです。

質問者：痛みはまた思考になりえます。

ボーム：確かに、思考は苦痛になる可能性があります。なんと馬鹿げたことをしでかしてしまったことかとか、なんと愚かなことをしでかしてしまったことかというような思考は、非常に大きな苦痛を与える可能性があります。

質問者：または、他のいくつかの場合には、痛みはより多く知覚に似ている何か、思考から来ているものではない可能性が高い何かです。

ボーム：が、たとえそうであっても、その痛みは知覚されるべき何かです。たとえそれが思考から出て来るとしても、学ぶために必要とされる知覚があるのです。

質問者：しかし、痛みは思考から出て来るように思われないのですが。痛みは、思考に応答してわたしが自分の中に生じさせる何かなのです。

ボーム：しかしそれは、わたしが用いている意味での一般化された思考（generalized thought）――全身的応答（whole bodily response）――の一部です。

質問者：もしわたしがそれを理解していなかったら、わたしは、自分の現在の思考によって生じさせている痛みの問題を解決するために、自分の思考を用いるべく試みてしまうでしょう。これに反してわたしは、思考に応答して自分自身で痛みを引き起こしているのです――自分自身に知られずに。

ボーム：そうです。あなたはあなた自身を傷つけているのです。それは、その単純な言い表わし方です。

質問者：いったん思考またはイメージが起こると、応答はしばしば即座に起こるのではないでしょうか？　つまり、わたしたちがそれを自分自身に対してしているのではなく、思考それ自体が身体的痛みをもたらしているように思われるのです。

ボーム：それは、この一般化された過程の一部なのです。思考はけっしてただの思考ではなく、それはまた身体の状態、感情、神経でもある、とわたしは言おうとしているのです。知的な部分で起こっていることは、何であれ、他のあらゆるものと結びついています。それはとてつもなく速く流れていくので、あなたはそれを一カ所に留めておくことはできません。一定の種類の思考は、快または痛み――または少なくともこれらの感情のうちの一つについての記憶――を生じさせるでしょう。

質問者：それは即座的なもので、神経系に直接接続されているとあなたはおっしゃいませんでしたか？

ボーム：あなたが痛みを感じるまでに、一、二秒かかる可能性があります。神経インパルスが、その中であなたが痛みを感じるかもしれない太陽神経叢へと降りて行くまでに、一、二秒かかるのです。そしてあなたは、体内であなたが感じているものがあなたの思考によって刺激されたということに気づかないので、あなたは「わたしはみぞおちに恐怖を感じる。」、「わたしの胸が張り裂ける。」等々というのです。

わたしは、これは一つの途切れない過程だという絵を大まかに描き上げようとしているのです。ある意味で、〝わたし〟は何もしていません——それは一人で動いているのです。が、思考の暗々裡の思い込みは、〝わたし〟があらゆることをしていて、思考はただわたしたちに物事についてありのままに告げているだけだということです。

質問者：いや、思考は「痛みはわたしに対して加えられている。」と思い込んでいます。あなたが何かを言い、それゆえわたしは傷つけられる。そしてわたしは実際に負傷させられたと感じるのです。

ボーム：が、この思考は二重になっています。現在の思考が**わたし**によってなされている一方、痛みは**あなた**によってわたしに与えられているのです。

質問者：あなたは、痛みはわたしによって加えられていると言っておられるのですか？

ボーム：まず第一にそのすべてをするのと同じ思考によって。

質問者：それがとても素早いのは、感情がその過程に介入するからですか？

ボーム：感情が非常に素早いというのは本当です。感情中枢は非常に素早く始動されます。が、それから、下方の太陽神経叢の中に、始動により長い時間がかかる他の中枢があります。それは二、三秒かかるかもしれません。

ポリグラフと呼ばれている装置があります。電極があなたの指に取り付けられ、あなたの皮膚灌流圧が測定されます。あなたの自律神経系が働いているとき、機械が振れます。もしも誰かがあなたを動揺させるようなことをあなたに言えば、針は二、三秒後に振れます。インパルスが脊柱を降りるまでに数秒かかります。それは配管《パイプライン》の中に数秒間留まり、それから作用します。が、あなたはそれが配管の中を降りて行くのを見ないので、あなたはそれが独立して働いていると言います――それは内臓感覚《ガッツ・フィーリング》（直観）だ、非常に重要だ、心臓から直接来たものだ、等々。さて、内臓感覚や心臓から直接来たものなどがあるのかもしれませんが、しかし記憶はそれらに非常に似たものを生じさせることができます。そこに困難があるのです。

だいぶ遅くなってきました。夜間、皆さんは以上話し合ってきたことを検証して、それについて考えたり、感じたりすることを望むかもしれません。明日は、何であれ，皆さんがこれから学ぶことができるかもしれないことを議論することによって始めることができるでしょう。

第2セッション——1990年12月1日（土曜日）午前

◎思考、身体、感情（情動）および他の人々はすべて一つのシステムの部分　◎物質への物理的・身体的依存ならびに様々な種類の思考の依存　◎ネガティブ思考とポジティブ思考　◎モルヒネとエンドルフィン　◎思考は神経生理学的過程の中に一定の基盤を持っている　◎システムは狭い隙間を持っている　◎パーソナリティの影の側面　◎現われ出ようとしているものが浮上するのを妨げるためのメカニズム　◎快感―苦痛中枢　◎快感は直接苦痛を含んでおり、苦痛は快感を含んでいる　◎首尾一貫した思考の判定基準　◎システムによってコントロールされていない、覚醒しているレベル　◎思考を一組の反射として調べる　◎反射は条件づけられることができる　◎パブロフ　◎初歩的な思考は記憶の中に反射の形で銘記される　◎われわれが思考をコントロールし、思考を生じさせているという考え方　◎反射は一つの〝構造〟を形成するようになる　◎首尾一貫性のなさ＝不一致、対立、不適切　◎癌は首尾一貫していない腫瘍　◎思考のあらゆる反応は、常に、感情的であると同時に神経生理的、化学的　◯受胎の瞬間に首尾一貫性のなさが思考の中に組み込まれる　◎首尾一貫性と調和、秩序、美、善、真理　◎ヒットラー　◎暴力　◎宇宙論　◎羨望　◎不幸でいることを誇りとする人々　◎学びへの関心を、それ自体のために持つ　◎思考過程が変化してしまうであろうほど深い理解　◎予習　◎注意　◎知能マップ　◎反射の一部としての誘惑　◎思考についての思考　◎必然性と偶然性　◎ホログラム　◎現実、非現実、錯覚　◎情動、反復プラス必然性　◎必然性の観念は化学作用を伴っている　◎分離と識別の相違　◎条件づけられていないものとしての英知の運動　◎創造性　◎石器時代人　◎脳内の電気化学的変化　◎変容についての思い違い　◎フロイト　◎気づき、注意し、学ぶ　◎催眠トランス状態　◎適切な言葉を見出す

デヴィッド・ボーム（以下ボーム）：わたしたちは、昨日、いくつかの要点について議論しました。わたしたちは、気を滅入らせるような世界の状態について、また、個人と社会が直面している多くの問題について話し合いました。わたしたちは、これらすべての問題の源は思考である――それらは、何かより深くにあるもの、全過程の徴候である――という考えに探りを入れました。わたしたちはこう言いました。思考は単に知的な活動だけではない。むしろ、それは感情、身体、等々を含む、一つの関連し合った過程である。また、それは人々の間を通過していく――それは、世界中に行き渡っている、すべて一体の過程である、と。

わたしは、それを〝システム〟――その中ではあらゆる部分が他のあらゆる部分に依存している一つの全システム――と呼ぶことにしていると示唆しました。わたしはまた、広く浸透している一種の**システミックな欠陥**があると示唆しました。問題は、わたしたちがこのシステムの一部に何か間違ったものがあるのを見るとき、その是正の任を担わせるために他のいずれかの部分を持ってくることです。が、そうすることは、単により多くの、非常に類似したトラブルを追加するだけでしょう。そのような仕方でわたしたちの問題を解決することはできない――むしろ、それらはより良くなるかわりに、ますます悪化してしまうかもしれない――そして世界中に見受けられるこれらのトラブルは、数千年間あり続けてきたのです。

また、わたしたちは、あなたが自分の内側で起き続けていることを調べるべく努めるとき、あなたは苦痛や恐怖などの不愉快な感情を味わうかもしれない、また、本能ならびに全文化が、あなたがそれを調べることからあなたを遠ざけるように導く、と言いました。しかし、なんとかそれとともに留まり、それに耐えることが、そうすることの難しさにもかかわらず、必要です。それが、昨日の最後にわたしたちが議論したことです――それは、実はやりがいがあるのです。なぜなら、そうすれば、わたしたちは、それらすべての真相について何かを学べるかもしれないからです。

さて、先に進む前に、わたしたちが話し合ってきたことについて、若干の気がかりな点を、もしあるなら、提起していただくといいのではないかとわたしは思います。

質問者：昨日あなたと話し合っている間は、わたしはあなたがわたしたちに話していることを自分が理解していると思い込んでいました。が、それから無理解の間合いがありました。帰宅したとき、わたしは眠れなくなりました。とうとうわたしはメモ帳と鉛筆を手に取って、十ないし十五ほどの質問を書き連ねました。その後わたしは少し気分が良くなり、そして眠りました。わたしの脳はその秩序と質問、または何であれそれが思いついたものを必要としていたのでしょうか？

ボーム：おそらく、議論全体がいろいろな質問を残し、そして精神がそれらを取り上げるのです。もしもあなたが何かに当惑させられれば、それはあなたを手放さないのでしょう。要点は、現に起こっていることをあなたが調べて、首尾一貫性のなさを知覚するかどうか――それがあなた自身にとって何を意味しているかを見てみるかどうか――です。

質問者：彼女がたったいま言ったことは、これはわたしたちが気づいているよりもずっと心身相関的（psycho-somatic）過程であることを示唆しています。わたしたちはそれを精神的過程であると思い込む傾向がありますが、それに反して、それより多くのものが、多分、それには含まれているのです。多分、わたしたちは、それの持つその他の側面への気づきを維持し続けねばならないのです。

ボーム：昨日わたしが指摘したように、それは一つのシステム――思考、身体、感情（情動）および他の人々はすべて一つのシステムの部分――なのです。で、あなたが知的に質問を提出するとき、それらは非知性的な部分に影響を与えるか、または、あべこべに、その他の要素が知性に影響を与えるのです。それゆえ、あなたはそれを一つのシステムとして見るようにしなければなりません。それが決定的な要点です。なぜなら、さもなければ、あなたはけっしてそれを扱うことができないでしょうから。もしそれが一つのシステムなら、あなたはすべての部分を扱うのです。

質問者：あなたが言っておられたことに依存（addiction）の概念を当てはめることは可能でしょうか？　わたしは依存を、ドラッグやアルコールなどの物質への物理的・身体的依存だけでなく、様々な種類の思考の依存を含むものとして考えています。それらには、おそらく、ネガティブおよびポジティブなものがあります。ネガティブな思考依存の一例は人種主義（差別）かもしれません。ポジティブな依存は、おそらく、〝ポジティブ思考のパワー〟のエリア内で書かれてきた全書物群でしょう。この思考依存は、あなたが話しておられる首尾一貫性のなさの一部なのでしょうか、また、それはポジティブなやり方で巧みに操作されることができるのでしょうか？

ボーム：もしあなたが、ネガティブ思考を克服するために、ポジティブ思考にいま携わっていても、そこには依然としてネガティブ思考が働いています。それは依然として首尾一貫性のなさです。あなたが、記録されたネガティブ思考を持っているときに単にポジティブ思考に携わることは、充分ではありません。なぜなら、それらは働き続け、そして他のどこかでトラブルを起こしてしまうでしょうから。

依存について、わたしは若干のことを言っておきたいと思います。一つの要点は、あなたがモルヒネなどの物質を摂取するとき、それは一定の神経または痛覚受容体をおおいつくすことによって作用し、そのためあなたは痛みを感じなくなってしまうのです。さて、身体は〝エンドルフィン〟と呼ばれている、類似した分子構造を持ち、同じことを——多分、より良く——行なうことができる天然物質を作り出すことができます。事実、時々、戦場で重傷を負った兵士たちが何の痛みも感じなくなることがあると言われています。彼らは一度に多量のエンドルフィンを持ち、後になって初めて痛みを感じるのです。そのように、それは、彼らが生き延びるのを助けるという点で、有用な機能を果たすのです。

が、思考——元気づける思考や愉快な思考——がエンドルフィンを生じさせることもまた可能です。そしてそれからあなたは、ある意味でそれらの思考に依存するようになる可能性があり、こう言います。「わたしはそれを手放したくない。たとえそれらが間違っているとしても、わたしはそれらが真実だと信じるだろう。」あなたは、自分が考えたいと欲していることが真実ではないかもしれないという観念に耐えることができません。なぜなら、それはエンドルフィンを除去してしまい、それから痛みがぶりかえし始めるだろうからです。

ですからあなたは、思考過程の中には一種の依存が生じる可能性があると言うことができます。事実、それはわたしたちを束縛するものの一つです。思考過程は、知的、感情的、ならびに神経生理学的なのです。それは物理的および化学的要素を持っています。医学研究者たちは、彼らが脳スキャンを行なうときにこのことを実証しました。あなたが考えるたびに、血液分布があたり一面にシフトしていき、あらゆる種類の変化が内側で起こります。測定されることができる電気的脳波があるのです。そういうわけで、思考は、何はともあれ、この神経生理学的過程の中に一定の基盤を持っています。それはけっしてその基盤から分離されることはできないのです。それは、心に留めておくべき何かです。そしてその過程は、わたしたちが話しているシステムの一部です。また、もしもあなたがその過程を――あなたの身体の中に薬物を投入することによって――物理的に改変すれば、あなたはシステムを改変したのです。

質問者：条件づけられておらず、わたしたちがダイアローグを持つことを可能にするような新しい思考が生じるような空間があるのでしょうか?

ボーム：ダイアローグについては後で議論するつもりです。さしあたり、そのような空間はあるかもしれませんが、しかしわたしたちはその質問を考慮せずにダイアローグを始め、それからそのような空間があるかどうかを発見することができるだろうとわたしは申し上げておきます。

わたしが昨晩強調したかった一つの要点は、わたしたちはこのシステムを、けっして侵入することができない、絶対的に固定した一枚岩的なものと見なすことを欲していないということです。それは、実際には、それほどまでに強固ではありません。それは狭い隙間を持っているので、それを通していくつかの物を通過させ、それゆえ何かをするためのチャンスがあるのです。あなたがそれをコントロールすることはできませんが、しかしチャンスはきっと訪れます。

質問者：〝ポジティブ思考〟の過程はわたしたちの健康にどのような影響を与えるのでしょう？　そこにはわたしたちのネガティブ思考という事実とポジティブ思考という錯覚との間の精神分裂病的二元性があるのではないでしょうか？

ボーム：もしも誰かがポジティブ思考に携わることを欲するなら、それは単に彼がすでにネガティブ思考に囚われているからです。彼はそれをポジティブ思考で克服することを欲しているのです。が、彼が望むことができることはせいぜい、彼の精神をポジティブ思考でいっぱいにし、それによってネガティブ思考が一時停止し、彼をあまり煩わさせないようにすることです。

質問者：ネガティブ思考は地下室に降りて行き、そこで身を潜めているのですね。

ボーム：ええ、そこに留まって、待機しているのです。そして当人が弱気になったり、何かが起こったりするとき、それらは現われ出てきます。彼は、実は、彼の記憶の中に記録されているそれらのネガティブ思考を片づけていなかったのです。人々は、すでに意気消沈している誰かに向かって「元気を出して！」というようなことを言います。もしも彼が何か些細な理由のために落ち込んでいるのなら、それでかまわないかもしれませんが、しかし彼があまり些細ではない何らかの理由を持っているなら、それは立ち去らないでしょう。彼はしばらくの間は元気を出すかもしれませんが、しかし落ち込みがぶり返すでしょう。いくら良くても、それは真の解決ではなく、まかり間違えば、それは様々なエンドルフィンを導き入れて、彼を偽りの思考に依存させてしまう、等々、ということになりかねません。それは解決にはなりません。わたしたちは、それよりもずっと深くまで達しなければならないのです。

質問者：その中ではわたしたちの幸福な状態が肯定的イメージを持つことに基づいているような、そういう心理状態をわたしたちは持っており、そしてその心理状態は健康な状態のための真の基盤として持ちこたえることはけっしてできない。なぜなら、遅かれ早かれわたしたちはネガティブなイメージを手に入れてしまうだろうから。そう、あなたはおっしゃっているのですか？

ボーム：ええ、わたしたちがこれらのイメージを真に受けているかぎりは。もしもわたしたちがポジティブなイメージによって元気づけられることができるなら、わたしたちはネガティブなそれらによって落ち込まされる可能性があります。わたしたちがイメージを現実のものとして受け容れるかぎり、わたしたちはその罠にはまってしまいます。なぜなら、あなたはイメージをコントロールすることができないからです。あなたは、あなたのまわりの人々からあなたが気にいるようなポジティブなイメージを手に入れるかもしれません。そこに誰かがやって来て、あなたにとてつもなくネガティブなイメージを与えます。すると、ポジティブなイメージのゆえにあなたの気分を良くさせたのとまさに同じチャンネルが、ネガティブなイメージのゆえにあなたの気分を悪くさせる可能性があるのです。

質問者：思考に何が起こっているのかに真に注意深くするためには、人々は徹底的にそうしなければならない。そう、あなたは含意しているように思われるのですが。心理的な世界は、パーソナリティの影の側面、または地下室の中で怒っている犬――心理学で〝罪悪感〟（guilt）と呼ばれているもの――なのでしょう。それは常にすぐ下にうずくまっていて、わたしたちはそれを他の人々の中に見ているのです。

ボーム：わたしたちは、現われ出ようとしているあらゆるものを浮上させるようにしなければなりません。が、問題は、それが浮上するのを妨げるためのメカニズムをわたしたちが持っているということです。脳はすでに、それを抑え込むべく条件づけられています。わたしたちはその過程を理解しなければなりません。

質問者：そして、それは文化的に強められるのですね。

ボーム：ええ、それは常に強められていきます。さもなければ、関連のあるものは意識の中に浮上してくるでしょうが、しかしそれらを抑え込むための全メカニズムがあるのです。

質問者：一種の抑圧が、良いと見なされているいくつかのエリアにおいてさえ起こります。何人かの人々は、彼ら自身のことを良いと見なしていないので、彼らにとって快いことを言われても、それを受け容れようとしません。

ボーム：あなたが、自分は素晴しいと言おうと悪いのは自分だと言おうと、同じことです。それは、ただ一つのイメージであり、それ以外の何ものでもないのです。あなたが「わたしは最も偉大で、最善である。」と言おうと、「わたしは最悪であり、何ごとにつけても悪いのはわたしだ。」と言おうと、根本的な過程は異なっていないのです。それは同じ過程であって、相違はむしろ二義的なのです。もしもあなたが自分は最善だと言えば、誰かがやってきてそれに疑問を呈します。そして人々は、しばしば、彼らの過去におけるあらゆる種類の複雑に入り組んだ理由のために、罪を認めるほうが容易であることを見出すのです。

質問者：いずれの過程も疑うに値するということでしょうか？　その全過程の下に探りを入れて、わたしたちが持っているどのイメージも現実に基づいていないということを確かめねばならないのではないでしょうか？　ですから、それはわたしがネガティブなものまたはポジティブなものを信じるべきかどうかの問題ではないのです。要点は、全部まとめて理解することにあるのです。

ボーム：そのとおりです。それは一つのシステムなのです――ポジティブなものもネガティブなものもひっくるめた。ポジティブなものとネガティブなものはシステムの二つの側面です。ポジティブないかなるものも、暗黙のうちにネガティブであり、逆もまた同様です。それを調べてみることにしましょう。脳の真ん中あたりに快感―苦痛中枢（pleasure-pain centers）があります。研究者たちは、動物の中のこれらの中枢に近づくことができます。わたしは、以前、彼らが電気的または化学的に快感中枢に触れたときに非常に気持ち良さそうな表情をしているネコの写真が載っている記事を見たことがあります。それから、彼らがそれにやや強く触れたとき、ネコはとてもおびえているような表情をしました。彼らがそれにさらに少しだけ強く触れたとき、それは怒り始めたのですが、しかし同時に、かなり喜んでいるように見えました。怒りは快感だったのです。

研究者たちによれば、快感を刺激するたびごとに、周囲にあるすべての苦痛中枢もまた、補償するために働き始めます。また、苦痛を刺激するたびごとに、快楽中枢が働き始めます。常に二つの中枢が混じり合うのです。それは非常に複雑な感覚です。かりにあなたが爪先をぶつけるとします。あなたは苦みを感じますが、しかしそのうちに、それを克服するために快感中枢が始動させられます。そして痛みが消えると、あなたは快感を感じます――それは引き継がれていくのです。言い換えれば、痛みが消え去ると、苦痛中枢は一瞬の間静まります。が、快感中枢は少し後に刺激されるので、静まるまでやや長い時間を要し、そのようにして一方は他方へと転換します。同様にして、恐怖感と安心感は互いに転換していくでしょう。

それから、この過程はより複雑になっていきます。なぜならわたしたちがそれについての言葉を導入して、「これは快感を、それは苦痛を与える。」と言うからです。わたしたちは、このような、ものごとが快感または苦痛を与えると言う言い方を導入してきました。もしも何かが快感を与えなければ、その意味合いは、それは苦痛を与えるかもしれないということです。または、もしもあなたが以前味わった快感を失ってしまえば、そのときには喪失が含まれており、――そこには苦痛があるのです。他方、もしもあなたが苦痛はなくなったと思えば、そのときにはあなたは、それによって快感を与えられます。そのように、快感は直接苦痛を含んでおり、苦痛は快感を含んでいます。その両者を区別することはできないのです――化学的反応のレベルでも、知能のレベルでも、または他のどのレベルでも。

絶えず快感を得ようとする企ては失敗せざるをえません。なぜなら、快感中枢はすり減ってしまうからです。そして苦痛中枢は、それらを均衡させるために刺激されたので、その後力強く働き始めるでしょう。そういうわけで、絶えず快楽を得るためのやり方はないのです。もしもあなたがそうすべく試みるなら、それは苦痛になってしまうということをあなたが発見することになる、とわたしは思います。快感は、常に、過渡的な現象なのです。

快楽―苦痛反応は、概して動物には当てはまりますが、しかし思考にはそうではないということをあなたは見ることができるでしょう。首尾一貫した思考の判定基準は、それが真正（true）かつ適正（correct）であるということです。が、もしもあなたが思考から快感または苦痛を得ることができるなら、そのときには首尾一貫した思考はもはや機能していません。むしろ、判定基準は、その思考が快感または苦痛を与えるかどうかになってしまい、その結果、その思考は破壊的になってしまいます。もしも思考が快感または苦痛によって決められることができるようになれば、それはすでに多くのトラブルの始まりになります。そしてわたしたちは、それによって条件づけられてしまいます。それにはしばらく経ってから戻ることにしましょう。

質問者：エンドルフィン感情は、わたしたちが他の存在状態へと変容することなしに味わうことができる最善のものであるように思われます。わたしたちはその状態におり、そしてエンドルフィンを活発にさせ続けるために自分の人生を費やすほうを好んでいるように思われます。

ボーム：エンドルフィンを与えてくれるいかなるものも、モルヒネを服用することに相当するか、またはそれよりましであることでしょう。あなたは、当分の間幸せな気持ちでいることでしょう。が、あなたはエンドルフィンを永久に維持することはできません。例えば、心配を生じさせることができる他の化学物質があり、また他の反応を起こさせるさらに他の化学物質があります。それらはすべて、あなたがコントロールすることができない仕方で受容体の中に入っていきます。それゆえ、その、絶え間ない快感を追求する過程は、実際にはずっと働いていくことはないのです。もしもあなたがそれを調べてみれば、エンドルフィンをコントロールするための企ては首尾一貫していないことを見出すでしょう。

質問者：それはわかります。が、それでもなお、それを超えた他の状態が到来することはないように思われます。

ボーム：その〝他の状態〟は、このシステムによって投影されるのです。もしもわたしたちが、他の状態があると思い込むことによって始めるなら、そのときにはわたしたちはすでにシステムの中に入り込んでいるのです。なぜなら、他の状態についてのイメージもまたエンドルフィンを生じさせているからです。わたしたちは、それを行なうための唯一の正しいやり方は、わたしたちが現に**ある**もの――真正なもの、適正なもの、首尾一貫したもの――を見ることを欲することであると言うことだ、ということを納得しなければなりません。

質問者：それは、快感を追求することと同じことではないのですね？

ボーム：ええ。が、たとえあなたがそれから快感を得るとしても、あなたの見るという行為が歪曲されないかぎり、かまいません。わたしが言っているのは、キーポイントは、この過程が首尾一貫していないということだということです。そのどれもが何の意味も持っていないのです——あなたが快感を味わおうと苦痛を味わおうと、恐怖、等々を味わおうと。その過程が首尾一貫性のなさを維持したときには、そのすべては何の意味も持っていないのです。誰かが、「わたしは神だ。」「わたしはナポレオンだ。」と言うというような極端な事例の場合のように、彼自身を騙すことによって大きな快感を得るかもしれません。そして、もしも彼が充分に彼自身を騙していれば、多分彼は、それと反対のすべての証拠を閉め出してしまう可能性があります。しかし、破壊的な帰結なしにそうし続けることはできません。

ですから、快感またはエンドルフィンを糧にして生きようとする企ては首尾一貫していないのです。わたしたちは、意味を成していない過程、システムの中に囚われてしまうのです。それが、注意すべき第一のことです。それから何をわたしたちはするのでしょう？　わたしたちはこの過程をより良く理解しなければならないとわたしは思います。

質問者：システムに気づくことはすでに化学的反応を迂回し、それゆえ思考はエンドルフィンの化学的反応の中に絡み込まれなくなるということでしょうか？

ボーム：ある程度までは。しかし、多分、あなたは、にもかかわらず、それは後で絡み込まれてしまうということを見出すでしょう。なぜなら、何かが、あまりにも素早くまたは力強く働き出し始めるからです。

質問者：永久にそこに絡み込まれているとは思いません。この過程が展開していくのを見守っているうちに、ある瞬間、不意にあなたは裏口から外に出る——苦痛への恐れやエンドルフィンへの欲求から遠ざかる——かもしれません。

ボーム：あなたは他のレベルへと移行し始めたのかもしれませんし、またはシステムによってコントロールされていない、覚醒している（awakening）他のレベルにあるのかもしれません。それは一つの可能性ですが。

質問者：この探究の出発点は、〝わたし〟が探究している、〝わたし〟は〝わたしの〟エンドルフィンを持っている、等々、という観念ではないでしょうか？　まさしくそこにはとてつもなく大きな思い込みがあるかもしれません。

ボーム：ええ、そうです。が、わたしたちはそういったすべてのことを言わねばなりません。わたしはシステムのすべての中身ですが、しかし同時に、わたしはそれ以上のものへの潜在可能性（potential）を持っているかもしれません。それが、わたしたちが言うことができるすべてです。わたしたちは思い込みをしている（何かを想定している）のではありません。わたしたちは探究しているのです——システムの中身より以上のものへの潜在可能性をわたしたちが持っているかどうかを。

質問者：本当に必要な〝何か〟はエンドルフィンとは無関係なのかもしれません。

ボーム：システムを超えた潜在可能性があるかもしれません。もしもそれが真の探究なら、そのときには、多分、それはシステムを超えています。が、そうだと思い込んではいけません。なぜなら、そのときには、それはシステムの部分になってしまうからです。あらゆる思い込みはシステムの中に取り込まれてしまうのです。

わたしたちがこれを調べることができるようにさせ、何らかの洞察を与えてくれる、他のやり方があるかもしれません。すなわち、思考を一**組の反射**（a set of reflexes）として調べてみることです。さて、〝反射〟とは何なのでしょう？　反射とは〝反り返る〟（bend back）こと、〝引き返す〟（turn back）こと──〝反射する〟（reflect）ことと同じこと──を意味しています。もしもあなたが膝頭の真下（膝蓋腱）を鋭くたたけば、足が突然前方にはね上がるでしょう。(訳注1) 何が起こるかというと、信号を運んでいる複数の神経がどこかで出会うのです。それらは、多分、脊柱の中で交差し、あなたの膝をはね上がらせる信号として出て行くのです。それは、最も初歩的な反射の一つです。

わたしたちは数多くの反射を持っており、そしてそれらは条件づけられることができます。例えば、犬

［訳注］

1　膝蓋腱をたたくことで大腿四頭筋がすばやく伸張し，筋紡錘の張力受容器からのインパルスが腰髄に伝えられて伸張反射が起こる。

は、食べ物を見ると唾液を分泌させる反射を持っています。反射は、一定のことが起こるとき、結果として他の何かが自動的に起こるということを意味しています。パブロフは、一匹の犬に食べ物を見せている間中ベルを鳴らすという実験を行ないました。彼がこれを何度も行なうと、しばらく後にその犬は、食べ物を見ることなく、ただベルの音を聞くだけで、唾液を分泌するようになりました。多分、ベルがその犬に食べ物のことを思い出させたか、または、多分、とうとうそれはその段階を飛び越して、ただベルの音が直接その犬に唾液を分泌させるようになったのです。が、反射はベルによって条件づけられています。言い換えれば、それは他の条件に従うようになったのです。

それは基本的な形式の条件づけです——何かをかなりしばしば繰り返すという。それは何らかの仕方でシステム内、神経内に跡をつけ、然る後に反射が改変されたのです。あなたは反射の条件づけをいつも見ることができます。事実、わたしたちの決まりきった学習は、条件づけられた反射を確立することにあります。例えば、あなたが自動車の運転の仕方を学ぶとき、あなたはあなたの反射を、それらが適切に働くようになるように条件づけようとしているのです。あなたが書き方を学ぶときも、それと同じです——あなたは文字の書き表し方についていつも考えねばならないことを欲しません。または、歩き方やその他の様々なことのやり方を学ぶときも同様です。ですから一定の反射が確立され、条件づけられるのです。

わたしたちは、わたしたちがひとつの思考を持つとき、それは記憶の中に銘記されると言いました。それは反射の形で銘記されます。記憶はしばしばその形を取ります——あなたが何かを見ると、それはあなたに何かを思い出せるか、またはあなたに何かをさせるか、またはあなたに何かを一定の仕方で見るようにさせます。それらは一種の反射です。そして、条件づけられた反射は感情に影響を与えることができます。誰かがあなたに何かを言うかもしれません、そしてあなたは、言われたことに応じて一定の感情を抱きます。それはあなたをぎょっとさせるかもしれません、そしてそれはあなたのアドレナリンに影響を与える可能性があり、さらにそれはあなたの思考に影響を与える可能性があります。それから一つの思考は他のそれをもたらし、それはさらに他のそれをもたらします。あなたは思考の連鎖を起こさせるのです。

初歩的な思考は一連の反射の形を取ると言うことができるでしょう——もしも誰かがあなたにあなたの名前を訊ねれば、あなたは即座に答えます。それは反射です。より難しい質問の場合は、精神が答えを見出すために記憶の中を捜索するための間合いができます。〝捜索反射〟が始動されます——精神は記憶の中を捜索し、適合しているかもしれない答えを見出し、それからその答えが現われ、そしてあなたはその適否を見ることができます。

わたしは、この全システムが一組の反射によって働く——思考は、潜在的には限りのない、一組の非常に微妙な反射である——と申し上げているのです。あなたは次々により多くのものを追加していき、あなたの反射を部分的に修正していくことができるのです。たとえば、論理学者のように、あなたは言います。「すべてのスワンは白い。この鳥はスワンであり、それゆえこの鳥は白い。」が、それからあなたはこれを、「わたしは、何羽かのスワンは白くないかもしれないということを見てきた。」と言うことによって、部分的に修正します。全論理過程でさえ、いったん記憶に委ねられてしまうと、一組の反射になってしまいます。あなたは一組の反射によって考えるのです。反射を超越した理性の知覚があるかもしれませんが、しかし知覚されたいかなるものも、遅かれ早かれ一組の知覚になってしまいます。そして、それが、わたしが〝思考〟と呼ぶことを欲しているもの——感情、物理的状態、身体的反応、およびその他あらゆるものを含んでいるもの——なのです。

わたしは、これを一つの反射のシステムとして調べてみることは役立つと申し上げます。膝の自動的反応の場合に見ましたように、反射はただ作用するだけです。しかしながらわたしたちは、普通、思考は膝反射のようなものだとは考えていません。わたしたちは、**われわれ**が思考をコントロールし、思考を生じさせていると考えています。そのような考え方はわたしたちの全背景の一部なのです。が、わたしは、それは概して事実ではない——わたしたちの思考の大部分はただ反射システムから出てくる——と示唆しているのです。あなたは、単に、思考が出てきた後に、それがどんな思考かを見出すのです。さて、これは、実は、精神またはパーソナリティまたはわたしたちの全文化的背景に対するわたしたちの見方のかなり多くを覆すものです

ですから、わたしたちが〝思考〟と呼んでいるこの全システムがひとつの反射のシステムとして働いていることについて熟考してみる価値があるのです。問題は、わたしたちが思考の反射特性——それは一つの反射であり、絶えず部分的に修正され、追加され、変更されることができる一つの全体としての反射システムだということ——に気づくことができるかどうか、です。そしてわたしたちは、反射が自由に変化しているかぎり、そこにはある種の英知または知覚、自分が首尾一貫しているか否かを見ることができるであろう何かがあるにちがいない、と言うことができるでしょう。が、それがあまりにも強固に条件づけ

られてしまうときは、それはその知覚に逆らったり、それが働く余地を与えないかもしれません。わたしが何を言いたいか、おわかりですか？

要するに、これらの反射は、もしもそれらが過度に硬直的でなければ、わたしたちのためになります。そしてもしもそれらが働かなかったり、首尾一貫していなかったりすれば、わたしたちはそれらをおしまいにすることができますし、またはそれらは勝手に働かなくなるかもしれません。他方、反射が非常に強固で堅固になるときは、それはやめさせられなくなるでしょう。

わたしは、そのための神経生理学的・化学的理由があると思います。あらゆる思考は、システムの化学的性質における何らかの変化をこうむります。例えば、多くの感情を伴っている強固な思考は、より多くの変化をこうむります。または、絶え間ない反復は変化を増強させます。そして両者が相俟って、非常に力強い効果を生じさせるのです。脳内の神経が互いに触れ合うことはあまりないが、しかしそれらを結びつけるシナプスがある、ということが観察されてきました。研究者たちは、経験、知覚、思考、等々がシナプス結合を確立させると言っています。あなたがパターンをより多く繰り返せば繰り返すほど、それだけこれらの結合は強固になっていく、とわたしたちは見なすことができるかもしれません。そしてしばらく経つと、それらは非常に強固になり、揺り動かすことが困難になるのです。あなたは、化学的性質、物理的性質、神経生理学的過程の中に何かが起こると言うことができるでしょう。ですから、これは単に知能の問題でも、感情の問題でも、身体の問題でさえありません。むしろ、反射が非常に強く条件づけられ、そのため変わることが非常に難しくなるということです。

また、それらは干渉してきます。反射は、エンドルフィンに結合して、その全システムをさらに保持するためのインパルスを生じさせるかもしれません。言い換えれば、それは**防衛的**反射を生じさせるのです。それは、化学的に非常に巧妙に築き上げられているので、しっかり固定されているだけでなく、それを弱体化させるかもしれない証拠に対して防衛する反射があるのです。かくして、一つの反射の後に他の反射が起こり、さらに他の反射が起こるといった、すべてのことが起こるのです。そしてそれらがより堅固になっていくにつれて、それらは一つの〝構造〟を形成していきます。

質問者：これは学習の進化なのではありませんか？　それは、また、わたしたちの身体が進化してきた仕方なのではありませんか？

ボーム：そうかもしれません。が、今度は問題はこうなります。「それらの反射は首尾一貫しているのだろうか？」進化論によれば、首尾一貫していないシステムはあまり長くは続きません。これは〝自然選択（淘汰）〟と呼ばれています。思考においては、しかしながら、わたしたちはこれらの首尾一貫していない反射システムを、少なくともかなり長い間、維持することができるように思われます。それらを持っている人々があまり長生きしないことが時々あるかもしれませんが、しかしわたしたちの社会においては、わたしたちは、実際には選択（淘汰）過程に導くことなしに、多くの首尾一貫性のなさを続けることができる条件を整えてきました。要するに、反射が首尾一貫しなくなり、そしてこれらすべてのメカニズムのゆえに、それ以上動けなくなるのです。

質問者：もしもあなたが首尾一貫性のなさを指す他の言葉を用いねばならなくなったら、それは何になりそうですか？

ボーム：〝不一致〟(inconsistency)、〝対立〟(conflict)に。首尾一貫していないものは、矛盾、ストレスとして現われるかもしれませんから。

質問者：不適切になる？

ボーム：不適切になる、ええ。もしもそれが持続されれば。わたしが意味していることは、もしも持続的な首尾一貫性のなさがあれば、それが首尾一貫性がないことを示す証拠があるという事実にもかかわらず、それはただあり続けます。さて、首尾一貫性のなさを見ていることに対する英知の応答は、それを停止し、一時的に中断し、そして首尾一貫性のなさがある理由を見つけ出して、それを変え始めることだとわたしたちは言うことができるでしょう。が、わたしは、防衛反射があると申し上げます。エンドルフィンに執着してしまう首尾一貫性のない思考の流れは、たいていは自己防衛してしまうでしょう。なぜなら、問い質されるとき、それは非常に居心地が悪くなるからです。問い質すことはエンドルフィンを除去してしまうのです。

質問者：首尾一貫性のなさと癌との間には類似性がありますか？

ボーム：癌は首尾一貫していない腫瘍です。それは、身体全体のシステムとの首尾一貫性を欠いており、勝手に成長していきます。何らかの理由で、癌は、身体がそれ自体を秩序正しく保つために用いるいかなるシステムも受け容れようとしません。それは、それに逆らって自己防衛し、事実、自己を支援するために身体を動員することさえします。一定の種類の癌は、身体に癌を養うための血管を育てさせるようにする化学物質を送り出すことができる、ということをわたしは読んだことがありますが、それは身体の観点からすればきわめて首尾一貫していない過程です。

質問者：その観点からすれば、いかなる種類の病気も同様だということになるでしょう。

ボーム：ええ、一種の首尾一貫性のなさです。それは有機体全体と首尾一貫していないのです。

質問者：ストレスはシステムの結晶化のようなものだと言うことはできるでしょうか？

ボーム：ストレスは、この首尾一貫性のなさの結果として起こる多くの対立ということになるでしょう。あなたは、それが脳の中だけでなく、身体全体の中の化学的構造ないし性質に影響を及ぼし、蓄積していくさらなる変化を生じさせるということを見ることができます。

質問者：反射と並べて〝反応〟(reaction) という言葉を使うことは可能でしょうか？ これらの反射はすべて生理的なのでしょうか、また、反応は心理的なのでしょうか？

ボーム：それは単に生理的だけではない、ということをわたしは強調したいと思います。あらゆる反応はまた神経生理的です。わたしがそれを反射と呼ぶほうを好むのは、そのためです。思考のあらゆる反応は、常に、感情的であると同時に神経生理的、化学的、等々のすべてです。それはすべて一つのシステムなのです。いくつかの場合には、それは重要ではないかもしれませんが、しかしそこには、最低でも、常に若干の影響があります。そして強力な条件づけがあるときには、影響は非常に大きくなります。つまり、あなたが単に「コップがテーブルの上にある。」というような思考を持つだけなら、そのときには些細な影響があるだけです。が、単にそう言うだけで、何らかの物理的影響が及んでいくのです。

質問者：わたしたちが行なうまたは考える何らかのことで、全体と調和していないものは首尾一貫性を欠いていると言いうるでしょうか？

ボーム：それは、〝全体〟（the whole）によってあなたが何を意味しているかにかかっています。ポジティブな定義を与えることは難しいですが、しかし首尾一貫性が欠けていることを示す基本的徴候は、あなたが意図しても欲してもいない何らかの結果をあなたが得つつあるということです。そしてその他の徴候は矛盾、対立、ストレスなどのすべてのものです。

質問者：混乱も？

ボーム：混乱も、です。

質問者：さらに、混乱から抜け出すために試みるわたしたちの行為もまた首尾一貫していないのではないでしょうか？

ボーム：わたしたちは不適切な行為に及ぶかもしれません。システム内で試みられる、混乱から抜け出すための行為はトラブルの一部です。

質問者：つい先ほど、全体と調和していないいかなるものも首尾一貫性を欠いているかどうかという質問が提出されました。が、わたしたちは全体とは実際には何なのか、そして首尾一貫性のなさは全体よりも小さいものの中にのみありうるのか、知ることができなかったように思われます。

ボーム：ある部分が残りの部分と首尾一貫していないのです、ええ。

質問者：わたしたちは全体の内側に制限を設けたのです。多分、人間存在としてのわたしたちの狂気(craziness)は、実は、人類を、かくも非難されるべき種(species)であるがゆえに除去することによって、より大きな首尾一貫性の部分になるのかもしれません。

ボーム：もしもあなたが充分に大きな全体を受け容れれば、そのときにはそれは首尾一貫します。すなわち、宇宙は、全体として、首尾一貫しており、そしてわたしたちが行なう首尾一貫していないものは、たとえわたしたちが気違いじみたことをすれば、自分が望んでいない結果をわたしたちが得るとしても、把握の仕方しだいでは宇宙の首尾一貫性の部分になるのです。

質問者：では、わたしたちの首尾一貫性のなさのレベルからわたしたちが首尾一貫すべく試みるとしても、それは依然として首尾一貫性のなさの一部だということでしょうか？

ボーム：宇宙全体の中には、首尾一貫性のなさがあると断言するためのいかなる理由もないとわたしたちは言うことができるでしょう。が、わたしたちは、自分の特定の構造の中で首尾一貫していません。そして、それ自体またはその環境と首尾一貫していない種が生き残ることはありません。それは宇宙の首尾一貫性の一部です。首尾一貫していない種が生き残らないのは、まさに宇宙が首尾一貫しているからです。

質問者：わたしたちの首尾一貫性のなさを問い質すことは、わたしたちの首尾一貫性の一部かもしれません。介入してきて、「ちょっと待ちなさい。これは首尾一貫していない。」と言うのは、宇宙の首尾一貫性だということがありうるでしょう。

ボーム：それもまたその一部でありうるでしょう。すると、今度の問題はこういうことです。そのように問い質すこと、または古い条件づける習慣――そのうちのどちらが優勢になっているだろう？

質問者：各々の人間は、ほとんど、受胎の瞬間にこの首尾一貫性のなさを持つように運命づけられるとおっしゃりたいのですか？

ボーム：わたしは、これが一つの可能性として思考の性質の中に組み込まれているのだと思います。そしていままでにわたしたちは、それを、かつてはなかったにもかかわらず、あらゆる人の中に植え付ける社会と文化を築いてしまったのです。が、思考は反射なので、ある程度まで考えることができる生き物が出現するやいなや、思考が首尾一貫して振る舞おうとしなくなる可能性が生じたのです。

さて、わたしは、反射を——反復によって、強い感情によって、防衛的方法、等々によって——条件づける可能性について略述しました。そして反射は、強固に条件づけられるとき、それ以上動けなくなります。それから、その反射がもはや適切ではなくなるときが来ますが、しかしそれは変わることができなくなるでしょう。それゆえ、それは首尾一貫性のなさを生じさせるでしょう。もしも何かが変わったのに、反射のほうは変わらなければ、あなたは首尾一貫性のなさを持ちます。

質問者：あなたは、生との関連において死をどのように見なしておられるのですか？

ボーム：種の観点からは、死はこの全過程の一部です。種は、個々の成員が一定の時間存続するような仕方で進化してきた、と言うことができるでしょう。多分、一定の種類の種は、もしもその成員があまり長く存続しなければ、より良く生き残ることができるでしょう。他の種類の種はもっと長く存続できるかもしれません。

質問者：そのすべては死に至るのではないでしょうか？

ボーム：それは、あなたがその〝すべて〟によって何を意味しているかにかかっています。

質問者：結局は――時間の見地で。

ボーム：が、宇宙は死に至りません。この現在の宇宙それ自体は、変化するかもしれませんが、しかし多分それを超えたものがあるのです。ですから、何らかの特定の**物**（thing）は死に至るであろう、と言うほうがずっと正確です。

死の問題は非常に長大かつ微妙であり、わたしたちは後でもっとそれに触れることになるかもしれません。さしあたりわたしたちは、物質的構造物は常に変化しており、永続することはできないと言うことができます。わたしたちは、死に対するわたしたちの態度が首尾一貫しているか否かを訊ねなければなりません。死が首尾一貫しているか否かを訊ねることは意味がありません。死はまさに事実です。しかしながら、それに対するわたしたちの態度は首尾一貫していないかもしれません。死がわたしたちの心をこれほどまでに煩わせるのは、多分、そのせいかもしれません。

質問者：何が首尾一貫性の判断基準なのですか？

ボーム：首尾一貫性についての特定の判断基準はありませんが、しかしあなたは首尾一貫性のなさに対して機敏でなければなりません。そしてすでに言いましたように、首尾一貫性のなさを判別するための試金石は、あなたが望んでいない結果をあなたが得ているかどうかです。

質問者：では、互いに対立している二つのものを持つことは首尾一貫性がないということですか？

ボーム：そのとおりです。あなたはそれを矛盾、対立、混乱と見なすことができます。首尾一貫性は、調和、秩序、美、善、真理といった、誰もが欲しがるすべてのものとして感受されるのです。

質問者：首尾一貫性のなさはＤＮＡの中にあり、そしてわたしたちはそれとともに生まれるのですか？

ボーム：過去の思考の中の特定の首尾一貫性のなさとともに、ではなく。わたしたちの現在の思考の可能性もどうやらＤＮＡの中にあるのです——ちょうど現在の思考が、道を間違えるように条件づける一組の状況を与えられれば、道を間違えてしまう可能性があるように。そしてどうやら、人類の歴史の中でそれが起こったのです。わたしたちは、それが避けがたかったかどうかはわかりません。が、わたしたちの脳の性質を考慮すれば、どうやらこの種のことが起こった可能性があると推測することができます。

質問者：おそらく、ヒットラーのような人間が生まれるのはそのせいです。

ボーム：さらに、それはまた社会のせいなのです。ヒットラーを生み出したのは、システム全体の中の首尾一貫性のなさです。それは彼の遺伝子のせいだけではなく、彼が、いくつかの非常に悪質な、首尾一貫性のない特徴を当時持っていたオーストリア人社会の中で養育されたせいでもあるのです。例えば、彼は、若かったときに父親によって情け容赦なく殴られて、家出したことがあります。そして家に戻ると、またもや殴られたのです。また、彼はユダヤ人の祖先を持っており、そしてこれは、彼がユダヤ人をひどく憎悪していたために、彼の心を煩わせました。これらすべてが彼を、非常に劣悪な仕方でごっちゃにしてしまったにちがいありません。

そういうわけで、付け加わっていったあらゆる種類の要因があることをあなたは見ることができます。もしもそれらがなかったら、おそらく、彼は違った人間になっていたでしょう。何とも言えませんが。その特定の狂った社会の中に産み落とされた、その特定の遺伝子構造が、ヒットラーを生じさせたのです。多分、他のどこかであったら、それは何か他のものを生じさせたことでしょう。おそらく、他の何らかの状況に置かれていたら、彼は大天才になっていたことでしょう。なぜなら、彼にはある種の才能が備わっていたからです。

質問者：暴力または妨害は、種類の別なく、首尾一貫していないとおっしゃっているのですか？

ボーム：辞書によれば、〝暴力〟(violence) は〝力の不当な行使〟を意味しています。そして、それは一種の首尾一貫性のなさです。もしもあなたが、力が必要とされないところで力を行使していれば、それは首尾一貫性を欠いています。例えば、思考の中で一つの問題が起こり、そしてあなたがそれを解決するために力を行使するなら、それは必要とされていないことです。それゆえ、社会的な問題を力づくで片づけるべく企てることは首尾一貫性を欠いています。なぜなら、問題はすべて思考の中で起こるからです。

質問者：わたしたちの宇宙論（cosmology）は首尾一貫していると思いますか？

ボーム：多分、していません。いかなる思考も充分に首尾一貫してはいません。思考の性質からして、それは部分的なのです。それについては後ほど議論することになるでしょう。が、わたしたちが首尾一貫性のなさを発見するとき、わたしたちの態度は、首尾一貫性を目ざすか、または首尾一貫性のなさを弁護するかのどちらかになる可能性があります。

わたしが話している種類の首尾一貫性のなさは、後者、つまり首尾一貫性のなさの弁護です。かりにあなたが一定の安全保証に慣れていて、それらの保証があなたにエンドルフィンを与えるとします。そのとき、もしもあなたがそれほど安全ではないという証拠が出てくれば、あなたはその証拠を拒否するかもしれません。証拠を見ようとしないことが、首尾一貫性のなさの**確かな**証拠です。わたしが指摘したように、首尾一貫性のなさを見ることに逆らうことへの弁護があります。そして、首尾一貫性のなさを見ることに逆らうことを弁護することは首尾一貫性のなさなのです。さて、それがわたしが話している種類の首尾一貫性のなさです。なぜなら、そうしているかぎり、あなたは、思考の中のすべての首尾一貫性のなさをけっして取り除くことはないでしょうから。わたしが言わんとしていることがおわかりでしょうか？

質問者：首尾一貫性のなさを見ることに対する防御があるのは、それがわたしたち全員の記憶に銘記されてきた宇宙論または信念システムに干渉してくるからです。

ボーム：事実はそれよりもずっと複雑です。わたしたちの思考と信念はエンドルフィンに接続されてきたので、わたしたちがそれらに疑いをかけると、わたしたちはかなり多くのエンドルフィンを脳から取り除き始めます。すると突然、脳はひどく苛立ち始め、「急げ！　これを止めるために何かしなさい。」と言います。が、なすべきことはそれを拒否することです。

質問者：けれども、わたしたちは自分の宇宙論を調べることができないように思われます。

ボーム：あなたはそれを調べることができます。が、あなたの宇宙論は全体の一部にしかすぎません。それは、その全体ではないのです。

あなたは、システムの一部を他の部分から分離することはできません。もしもわたしたちが自分の脳を適切に働かせていたら、わたしたちはそれなりに宇宙論について学び、「なるほど、なかなか興味深い。新しい宇宙論を見出すための良いチャンスだ。」と言うことができるでしょう。が、これに反して、もしもわたしたちが自分の宇宙論からかなり多くの慰めを得ていたら、わたしたちがそれに疑いをかけようとすると、脳細胞は突然苛立ち、感情を爆発させるでしょう。脳細胞は、わたしたちがそれを調べるためのチャンスをわたしたちに与えまいとするのです。

質問者：羨望（envy）は首尾一貫性のなさの徴候ですか？

ボーム：羨望は同じ種類のことがらです。それは誰かとの比較であり、彼はわたしが必要としている、または欲している何かを持っていると言うことです。そしてそれから、それがあなたの気分を悪くさせます。多分、それはかなり多くのエンドルフィンをあなたの脳細胞から除去するのです。いずれにせよ、あなたは非常に大きな不快感を覚え、そして「わたしの幸福感と心地よい感情を取り戻すための方法は、彼が持っているものを手に入れることだ。」と言います。羨望を生じさせる潜在可能性は脳の不可欠な部分ですが、しかし羨望をいつも現実化させておく必要はありません。もしもわたしたちが羨望を起こさせる過程を見始めることができれば、そのときには羨望を終わらせることが可能になるのです。

質問者：不幸でいることを誇りとし、心から喜んでいるように思われる人々のことをどう思いますか？それもまたある種のエンドルフィンを生じさせているのでしょうか？

ボーム：彼らは、多分、それからある種の喜びを得ているのでしょうが、不幸から得られる喜びを与えるというのは、非常にねじれた種類の思考です。が、エンドルフィンを生じさせるためのあらゆる種類のやり方があるのです。

質問者：あなたは、今度は、良い気分と悪い気分とを区別し、それらは同じではないとおっしゃっているのですか？

ボーム：いいえ。わたしは、様々なねじれた理由のためにあなたが気分良くなることも悪くなることもありうると言っているのです。

質問者：けれども相違はあるのでしょうか？

ボーム：もしも理由がねじれていれば、そのときにはなんの相違もありません。が、もしもあなたが心から（純粋に）気分良く感じるなら、そのときにはそれは異なっています。または、あなたは、身体の具合が良くない等々のせいで、気分が悪く感じるのかもしれません。

わたしは、気分の良し悪しの問題をあなたの思考過程への鍵にすることは、首尾一貫性のなさの一部であると思います。問題はこうです——首尾一貫性は実際はどうなっているのだろう？　それには優先順位はないのだろうか？

質問者：では、わたしたちは首尾一貫性は良く、首尾一貫性のなさは悪いと言っているのではないということです。わたしたちはただ、それはそれら自体のあり方に従っているだけだと言っているのですね？

ボーム：わたしたちは、一次（first order）の首尾一貫性のなさに直面することを避ける、二次（second order）の首尾一貫性のなさがあると言っているのです。この二次のそれは、首尾一貫性のなさの証拠に直面することを避けるのです。そしてわたしたちは、また、それはあらゆる種類の破壊的な結果を生じさせると言っているのです。さて、もしもあなたが破壊的な結果を嫌でなければ、どうぞ前進してください。

質問者：わたしがこれを持ち出している唯一の理由は、首尾一貫性のなさは、どうやらそれ自体を解消することを欲している葛藤であるというよりはむしろ、首尾一貫性のなさは良くないので起こるべきではないという観念をわたしたちの現在の思考の中に定着できるかもしれないということです。わたしたちは、良し悪しを言う立場にはないのです。

ボーム：確かに、この段階では道徳の居場所はありません。わたしたちはただ、こういったすべてのことについての明晰な知覚を得るべく試みているだけです。が、あなたは、実は、自分が欲していない結果を絶えず得ようと思ってなどいないということをいずれ発見するでしょう。何らかの段階であなたは、首尾一貫性のなさは、あなたが欲していないあらゆる種類のことを生じさせているということを発見し、そして多分、それを取り除きたい、または少なくとも二次の種類のそれを取り除きたいと思うようになるでしょう。

質問者：良い手がかりは、自己弁護したり、苛立たせる何かを変えたがっている人の中にあるような、何らかの種類の暴力性を調べてみることだと思います。それは一つの手がかりになるでしょう。それはまさしく首尾一貫性のなさです。

ボーム：そのとおりです。あらゆる種類の手がかりがあるのです。あなたはそれらの手がかりに対して敏感にならねばなりません。

留意すべき主要なことは、あなたの行為は反射であるということです。あなたはそれらを故意にしているのではありません。あなたは、それらをしているのはあなただということを知らないのです。それは、あなたが膝頭の真下を鋭くたたけば、あなたが好もうが好むまいが、足が突然前方にはね上がるのと同じことです。同様にして、何かがそれらの条件反射部位に触れるとき、あなたはただはね上がります。それは、あなたが欲していない結果を生じさせます。ですから、意識的にあなたは〝A〞を手に入れるべく試みているのですが、しかし反射がはね上がって、あなたに〝B〞を与えてしまいます。そこであなたは「わたしが欲しいのは〝B〞ではない。」と言います。あなたは、それがどこからやって来るのか知らないので、〝B〞と戦いますが、そうしている間中あなたは、それを生じさせている反射を持続させていくのです。

そこに問題があるということがおわかりでしょうか？

質問者：わたしたちは間合い取りの可能性について話しているのでしょうか？　たとえあなたがわたしに攻撃仕返しても、わたしは自分の反応を一時停止させておくことができます。それがこの過程に対処する一つのやり方でしょうか？

ボーム：あなたはそれを試みることはできるでしょう。が、わたしたちはこれについての**学び**（learning）に携わっているのだとわたしは示唆しているのです。わたしたちはまだ、それをどうすべきかを知りません。わたしたちは、学びへの関心を、**それ自体のために**、持たなければなりません。なぜなら、もしもわたしたちが他の何らかの目的を持てば、それは条件づけの中に取り込まれてしまうからです。

にもかかわらずあなたは、ものごとをより良くするためにあなたが学ぶことを欲していることを見出すでしょう。が、そのときにはあなたは、「ただし、それもまた反射の一つだ。」と言わなければなりません。一つの反射が他のそれを連れ出してしまうからです。そこであなたは言います。「わたしはとうとう理解した。わたしは、ものごとをより良くするためにものごとを行なうことは罠かもしれないということを学んだ——このエリアではそれは役に立たないのだ。」わたしはそれを学びましたが、しかし依然としてそうしてしまいます。なぜなら、反射が依然として働いているからです。そこであなたは「わたしは、わたしを逸脱させているこれらの反射について学ばねばならない。」と言う必要があります。これの特徴的なことは、わたしがその要点を理解しているように思われるのだが、しかし反射が起こり続けるということです。しかしながら、わたしたちが言ったことから、それが起こることは避けがたいということをあなたは見るでしょう。なぜなら、わたしたちはまずそれを一定の抽象的なレベルで理解するからです――わたしたちはそれらの反射に触れていなかったのです。それは、単に「わたしは、あなたが膝をたたくときはいつでも、わたしの膝反射を理解する。」と言うことによって膝反射を変えることはない、という事実に似ています。

反射を変えるにはどうしたらいいのでしょう？　それが問題です。理解することは重要ですが、しかしそれだけでは充分ではないのです。

質問者：おそらく、この知的な理解の後に、より深い何かが起こるのです。

ボーム：そうかもしれません。が、非常に一般的には、人々はそれが役立たないことを見出します。わたしは、わたしたちは、どうにかしてより深くまで行かねばならないと言っているのです。何かより多くのものが必要とされているのです。後ほどわたしたちは、反射に触れ、そのため思考過程が変化してしまうであろうほど深い理解を誰かが得るかもしれないという可能性に言及するでしょう。が、普通は、理解は言葉の上の理解か、または知的な理解か、またはイメージです。それは何の価値も持っていない、という意味ではありませんが、しかしそれは依然としてあまりにも抽象的です。

質問者：おそらく、理解がより深くなるためには何らかの〝予習〟(homework) をすることが必要なのでしょう。

ボーム：そのとおりです。理解が反射に触れる程度までそれを深めさせるような〝予習〟が。あいにく、わたしたちは学校で、あなたが何かを抽象的に理解したときは、あなたはそれを完璧に理解したというふうにしばしば教えられます。が、学校においてさえ、あなたが学んだことを実践しなければならないときが来ると、あなたはしばしばそうすることができません。

わたしたちが留意する必要があることは、わたしたちがこれを試み、そしてそれが役立たないときにする最初の応答は「それは役に立たないので、わたしはギブアップする。」ということかもしれません。が、何であれ、それに対してあなたが真剣であるときには、あなたはそうした応答はしません。もしもあなたが何かについて真剣であるなら、あなたは言います。「そうか、それは役立たなかったのか。なぜなのだろう？」

質問者：思うに、わたしたちの困難の一部は、自分は理解することができるのだという観念をわたしたちは吹き込まれているのですが、それに反してあなたが言及しておられる理解は、わたしが知っている、またはは把握することができるいかなるものとも無関係だということです。実際の理解は、まったく異なったレベルで働いている何かであるかもしれず、ですから人は自分は理解したとけっして言えないのです。

ボーム：理解について何らかの混乱があるようです。それをこう言い表わしてみましょう――わたしたちは、それが何を意味しているのかという問題をさらに探究してみなければならない。

人々は、自分が見当違いな扱いをしているものごとを見るかもしれませんが、しかしそれから彼らが注意を払っていないとき、彼らはそれらをなんとかまっとうに扱っていると思い込むかもしれません。で、わたしはその理由は単純だと思います。このシステムは一組の反射から成っており、そしてそれはまさに反射が行なっていることだからです。例えば、もしあなたが朝、歯を磨けば、あなたは日課に従います。が、あなたは非常にしばしばものごとを、日課として行なうのにふさわしい機会ではないときに、日課のようなものと見なして行なってしまうかもしれません。そしてもしもあなたが注意を払えば、あなたはそれが役立っていないことを見出すかもしれず、それであなたは「ここには首尾一貫性が欠けている。」と言います。そこであなたは立ち止まってしまいます。

ですから、思うに、わたしたちは**注意**（attention）を払う必要があるのです。そしてもしもわたしたちが思考を反射と見なすなら、それはわたしたちがシステムをより良く理解するのを助け、そしてそれはまた他のレベルを目ざし始めるでしょう。反射は神経生理と化学作用のレベルにあります。思考過程もまた化学作用です。が、それはずっと微妙で抽象的なレベルのものであり――思考過程の知的な部分が反射に直接触れることはありません。

質問者：あなたは、考えることによって自分の膝がはね上がらないようにすることはできないのです。

ボーム：そのとおり。

質問者：わたしたちは依然として詭弁《ソフィスト》的で知的なレベルにあるのです。注意とは、実は、わたしたちをより深くへと連れていくための潜在可能性なのです。

ボーム：ええ、わたしたちは、わたしたちをより深くへと連れていってくれるであろうような種類の注意を手に入れなければなりません。

が、わたしは、この〝知能マップ〟(intellectual map) を描くことは間違いなく価値があると思います。いずれにせよ、知能は明晰でなければなりません。なぜなら、わたしたちはすでに、この思考過程についての明晰**ではない**知能マップを多数持っているからです。全文化はわたしたちにかなり多くのマップを与えてきました。例えば、思考と感情と化学作用はすべて異なっていると言われてきました。それは人を誤らせるマップです。その種の間違った、かなり多くのマップがあるのです。わたしたちがする必要があることは、それらのマップからかなり自由になって、より首尾一貫したマップを開発することです。それだけでは充分ではありませんが。

質問者：問題の一部は、最初の反射が条件づけられているという事実ではないでしょうか？

ボーム：ええ、しかし繰り返されていくと条件づけられてしまうというのは、反射の性質なのです。それらは必然的に〝持ち込み〟(carry-on) 効果を生じるでしょう。

質問者：かりにあなたが知的にこの過程を理解しても、その最初の反射が依然として大きな魅力を持っていれば、あなたはそれを払いのけることはできません。

ボーム：それが問題なのです。あなたが知的にそれを理解することができても、それは依然として働き続けるのです。誘惑は反射の一部であり、それは反射の化学的部分です。反射はエンドルフィンまたは他の何らかの化学物質を生じさせ、それは誘惑の感覚を生じさせるでしょう。

質問者：では、より深く見ることは、ものごとを見通す釣り合いの取れた見方 (perspective) の問題でしょうか?

ボーム：それは、もっとそれ以上のことがらだとわたしは思います。先に進みながら、それをさらに調べてみるようにしましょう。

では、ここで休憩に入りたいと思います。

ボーム：わたしは、この全観念をさらにもう少し広げてみたいと思います。わたしたちは必然的に、一種の**思考についての思考**（thought about thought）という、思考過程についての多少風土的（endemic）な知能マップを持っています。それはわたしたちの文化全体に行き渡っており――わたしたちはそれをあちらこちらで拾い上げます。例えば、〝ポジティブに考える〟と言うことは思考についての一種の知能マップであり、それは、あなたは落ち込み（抑鬱）に対処するために思考をコントロールすべきだということを含意しています。あらゆる種類の観念が次々に流布しているのです。

わたしは以下のことを示唆しているのです――わたしたちの文化の中に暗在している暗黙のマップよりもずっと首尾一貫しているかもしれない思考についてのある種のマップをわたしたちは提供する必要がある。なぜなら、もしもわたしたちがすでに反射システムの一部になっているそれら首尾一貫性のない観念によって導かれていけば、わたしたちは道を誤ってしまうだろうから。そしてわたしたちは、道を誤らないほうをただ選ぶだけですますことはできません。なぜなら、それらの首尾一貫していない観念がすでに反射システムの一部になっているからです。それゆえ、第一歩は、少なくとも、ずっと首尾一貫しているかもしれない他のいくつかの観念を調べてみることです。その後でわたしたちは、何かが本当に反射に触れることができるかどうか訊ねてみなければならないでしょう。なぜなら、もしもそれらに影響を及ぼすやり方が少しもなければ、そのときにはわたしたちは行き詰まってしまうからです。

さて、わたしはこの反射という観念にあることを追加したいと思います。人々が持つ最も強力な思考の一つは**必然性**（necessity）についての思考です。それは一つの思考よりずっと以上のものです。〝必然である〟という言葉は〝それ以外ではありえない〟ということを意味しており、そしてラテン語の語根は〝譲らない〟(don't yield) ことを意味しています。それは、抵抗すること、保持することの感情—身体的スタンスを示唆しています。それが反射システムの他の側面です。「それはそれ以外ではありえない。」とあなたが言うとき、要するに、あなたはこう言っているのです。「それはこのようになってしまった。わたしはそれをこのように保持しておかなければならない。」あなたは支配力を持つのです。**必然的**である何かは、あなたが脇へ寄せることができない非常に強力な力 (powerful force) です。けれどもあなたは「わたしはそれを脇へ寄せなければならない。」と言うかもしれません。かくしてあなたは必然性の順序を確立し、「これはそれのために脇へ寄り、そしてそれは他の何かのために脇へ寄る。」と言うのです。

この必然性の観念はわたしたちの思考の順序づけ全体にとってきわめて重要です。これは、その反対物、すなわち**偶然性** (contingency) にも言えます。〝偶然性〟とは〝それ以外でありえる〟ことを意味しています。もしも何かがそれ以外でありえるなら、それはそれを変える試みにとって意味がありますす。もしもそれがそれ以外ではありえないなら、そのときにはそれを変えようと試みることは無駄です。これはとてつもなく大きな影響を及ぼすでしょう。もしもあなたが何かを行なうことは不可能だと思えば、それは必然的に行なうことはできないと言うことによって、あなたは必然性を持ち込んでいるのです。それゆえ、あなたはそれを行なうことができず、そして試みようとしないでしょう。それゆえ、何かは不可能であるという思い込みは、それを不可能にすることへとあなたを追い込むかもしれません。他方、あなたは、可能ではない何かが可能であると思い込み、石塀に頭を強くぶつけてしまう（窮地に陥る）だけに終わるかもしれません。

わたしたちは、何が必然で何が偶然かをはっきりさせ、しっかり識別しなければなりません。そしてこれは、各々の状況の中であなたがいつもしていることです。あなたは必然と偶然を査定しているのです。わたしたちは一つの物体を見て、「これはわたしの手を避けて、脇へ寄ることはないだろう。」と言います。わたしは自分の手がその物体を突き抜けることを期待したりしません。もしもそれが突き抜けたら、わたしは非常に驚くでしょう。実例として、非常に写実的な船のイメージを投影したホログラムの展示があったとき、それについて明らかに何も知らなかった二人の観客がやって来たときの出来事があります。そのうちの女性のほうがその船に近づいて来て、それを掴むことに決めると、彼女の手はそれを通り抜けてしまいました。彼女は理解せず、そして彼女の顔に恐怖の表情が浮かびました。そして彼女は、連れに向かって「ここから出て行きましょう。」と言いました。

わたしたちは必然性の観念を当て込んでおり、「これは長もちするだろう。これは安定しているだろう。これは脇へ寄せることはできない。」などと言います。わたしたちは地球を、脇へ寄ったりすることのない何かとして当て込んでいます。そのためわたしたちは、それが揺れるとき、それは非常に不安にさせる――心理的ならびに物理的に――ことを見出します。

要するに、必然性と偶然性の観念が常に働いているのです。誰もがそれを常に用いていながら、そうしていることについて考えることさえないのです。それがわたしたちの反射の一部になっているからです。そしてこれは重要です。なぜなら、これはまた現実（reality）についてのわたしたちの観念――現実の事物は脇へ寄せられることはないだろう。それらは多少は抵抗するだろう。それらは押し進んでいる、等々——とつながり合っているからです。さて、事物が現実かどうかを検査する様々なやり方がありますーーわたしたちが現実と見なしている事物は、安定している、抵抗する、一種の支配的な内的必然性を持っている、等々。現実という全観念は、先ほどわたしが挙げたホログラムの例におけるように、必然性の概念と緊密に結びつけられています。もしもあなたの手が船を通り抜ければ、それは、それが現実ではない徴候なのです。

現実という観念はまた、わたしたちの精神構造（psychic make-up）において明らかに非常に重要です。現実であるか、または非現実であるか、または錯覚であるかどうかの相違はきわめて重要です。ですから、必然性という観念は強力な反射を作り上げます——「それは、実はそのようでなければならない。」もしもわたしたちが反射に**情動**（emotion）と**反復**（repetition）を追加するだけでなく、さらに**必然性**の観念も追加すれば、反射は非常に強力になります——とりわけ、もしもわたしたちが「それは**常に**必然的である。」と言えば。何かがある時間にかけて必要であるかもしれませんが、しかしそれから、それは他の時間にかけては脇へ寄らなければならないかもしれません。が、もしもわたしたちが「それは常に必然（必要）である。」と言えば、それは絶対に必然（必要）であることを意味し、脇に寄る（譲歩する）ことはできません。例えば、もしもわたしたちが国家は主権を有している（sovereign）と言えば、そのときにはそれは絶対的な必然であり、それを脇へ寄せる（譲歩させる）方法はありません。で、もしも二つの国家がそれぞれの主権を同一の場所で主張すれば、それらは何をすることができるでしょう？　脇へ寄る（譲歩する）ための方法はなく、それゆえ両者は戦わなければなりません。または、同じような状況にある二つの宗教の場合――各々が「神は絶対的必然であり、」そして「神はこんなふうでなければならない、そんなふうではなく。」と主張し合うのです。

人生にはいたるところに同様の問題があります。人々が仲良く暮らしていくことが困難であることを見出しているところではどこでも、あなたは彼らが何が必然（必要）または絶対に必然（必要）であるかに関する異なった思い込みを持っていることを発見するでしょう。もしもあなたがそれを調べてみれば、あなたはそれが彼らの争点であることを見ることができるでしょう。ある人は〝これ〟が必然（必要）だと感じており、他の人は〝それ〟が必然（必要）だと感じていて、それゆえ彼らは譲歩することができません。〝交渉（折衝）〟（negotiation）は、人々が互いに譲歩し、調整し、適応し合い、そして彼らが必然（必要）だと思っているものの中に何らかの偶然性があることを認め合うようにさせるための企てです。

これから随時調べていくダイアローグの問題は、あなたが必然（必要）だと思い込んでいるものに非常に多く関わり合っています。必然（必要）であるものについての思い込みは、ダイアローグを妨げる当のものです。それらは、全力で弁護すべき一組の反射を作り出します。それらは反射を力づけてしまうのです。

自己保存の本能は一般に、一組の遺伝子によって組み込まれた非常に強力な一組の反射と見なされていますが、しかし絶対的必然性はそれをいつでも無視してしまうでしょう。あなたは「わたしの本能は生命を保存することである。」と言うかもしれません。が、もしも国が「それを危険にさらすことが絶対に必要である。」と言えば、そのときにはあなたはそれを危険にさらさなければなりません。ほとんどの人はそのように感じるでしょう。または、もしもあなたが「神がそれを求めている。」と言えば、そのときには神の要求がすべての本能を無視するでしょう。それは他の何にでも言えます。あなたの野心は本能を無視してしまうかもしれません。もしもあなたの野心を遂げるためにそれが絶対に必要なら。

この中にはとてつもなく大きな力があるのです。この必然性の観念は単に知的であるだけではありません。それはあらゆるものを伴っています。それは化学作用を伴っており、それは、あなたが自分の必然性についての思い込みを弁護するときにあなたが必要とするすべてのアドレナリンが放出されるであろうことを意味しています。必要とされるどんなものも利用できるようになるでしょう。そしてそのときにはまた、これが非常に貴重な側面を持つことになるかもしれません。もしもあなたが何かを成し遂げようとしているなら、あなたはその必然（必要）性の感覚をある程度まで必要とします。もしもあなたが、何かが非常に必要であると思わなければ、あなたはそれを行なうために必要なだけのエネルギーを持つことはないでしょう。あなたは、何かを、それが必然（必要）であると感じることなしに、成し遂げるための困難を克服した人は一人もいない、と言うことができるでしょう。ですから、もしもあなたが思考について探究することが必要であると感じれば、そのときには多分、それは困難に抗して続いていくでしょう。他方、あなたは、何らかの気違いじみた首尾一貫性のないことが絶対に必要だと感じて、それとともに行くことが必要だと感じるかもしれません。

それゆえ、必然性についてのこれらの観念――必然（必要）であり、また絶対的にそうだと思い込まれているもの――および、それがどのようにあなたを動かすかに注意を払うことが重要です。あなたはそれに注意し始めています。あなたはあの衝動感（feeling of urge）を掴んでいます。あなたは**駆り立てられ**

て（***im***pelled）います。あなたは行動することへの内的衝動（impulse）を持っています。〝駆り立てられる〟ことは〝内側から押される〟ことを意味しています。時々あなたは**強要され**（***com***pelled）、それはやや強く――強迫的衝動です。または**推進され**（***pro***pelled）ます。または、多分、**はねつけられ**（***re***pelled）さえします。が、それはすべて同じ過程です――それは必然性が作用して、一押ししているのです。

このようにあなたは衝動を感じ、そして言います。「それは**わたし**だ、衝動を持っているのは。」あなたには、衝動の下に思考を伴っている一つのシステムがあるということが見えていないのです。そしてあなたの**意図**（intention）は、そのシステムの中で起こるのかもしれないのです。そこで研究者たちは電気的測定を実施して、脳内にはあなたの意識的意図に先んじて起こる、何らかの電気化学的過程があるということを示しました。衝動は全システムから来ているのです。それは組み込まれているのです。

さて、これらはすべてつながり合っているということを見ることが重要です。なぜなら、これは、事物をばらばらにして、それらを分離することが適正である場所ではないからです。いくつかの場合には、物事を分離することは適切です――テーブルは椅子から分離しているなど。なぜなら、一方は他方から独立して動くことができるからです。が、事物が緊密につながり合っているときは、わたしたちはそれらを自分の精神の中で分離すべきではありません。わたしたちは、一定の事物を便宜上**識別する**（distinguish）かもしれません。〝識別する〟という言葉は、〝別々の印を付ける〟ことを意味しています。識別とは単に、便宜上印を付けるだけのことです。それは、事物がばらばらにされることを意味しているのではありません。それは、何かが別のものであることを表わすために実線を使うのに反して、点線を使うようなものです。ですからわたしたちの精神の中で、わたしたちは思考、感情、化学作用、等々の間に、実線ではなく、点線を引くべきです。同様にして、国々の間にも点線だけを引くほうがいいでしょう——なぜなら、実際には、それは独立した二つの異なる事物の区別というよりはむしろ、識別だからです。

わたしたちはこれについて明瞭に考えることができるようにならなければなりません。たとえ、すでに言いましたように、それだけで反射を実際に変えさせることはないでしょうが。が、もしもわたしたちがそれについて明瞭に考えなければ、これに探りを入れるためのわたしたちのすべての企ては道を誤ってしまうでしょう。いま明晰に考えることは、わたしたちが何らかの仕方で少しだけ覚醒させられていることを含意しています。多分、反射を超えたところで働いている何か——言い換えれば、条件づけられていない何か——があるのです。

問題は、実は「条件づけられていないものがあるのだろうか？」なのです。もしもあらゆるものが条件づけられていれば、そのときには出口はありません。が、まさにわたしたちが時々新しい事物を見ることができるという事実が、条件づけられていないものが**確かにある**ということを示唆していると思われるのです。おそらく、脳のより深い物質的構造は条件づけられていないか、または、おそらく、条件づけを超越しているのです。それについては後ほど議論することになるでしょう。この段階では、それが作用することができるかぎり、どこにそれがあるかは問題ではありません。もしも、英知（intelligence）の運動である可能性がある、条件づけられていないものがあるなら、そのときにはいままでのことをさらに探査をすることが可能になるでしょう。

わたしたちは、条件づけられていないものが、多分わたしたちに知られずに少し働いたかもしれないと言っているのです。わたしたちは、条件づけは、全部が永久に、絶対に堅固で凍結したままであると言おうとしているのではありません。それが要点です。そしてもしもわたしたちがいましつつあるこの種のことを続けていくつもりなら、首尾一貫するために、わたしたちは条件づけられていないものがあるかもしれないと、少なくとも仮定しなければなりません。もしもわたしたちがそれを仮定しなければ、まさに首尾一貫しようとする企てにおいて、わたしたちはすっかり首尾一貫性を欠いてしまうでしょう。もしもわたしたちが、条件づけられていないものなどありえないというなら、条件づけに対処するためにわたしたちが何かをすべく試みることは馬鹿げているでしょう。それは明瞭でしょうか?

質問者：もしもわたしたちがそのような言明をしたら、わたしたちはとてつもない物知りの立ち場を引き受けたことになるでしょう。

ボーム：もしもわたしたちが、条件づけられていないものなどありえないといったん思い込んでしまったら、そのときには窮地に陥ってしまいます。他方、もしもわたしたちが、条件づけられていないものがあると思い込めば、またもやわたしたちは窮地に陥ります――わたしたちは、条件づけのシステムの中に条件づけられていないもののイメージを生じさせ、そしてそのイメージを条件づけられていないものと思い違いしてしまうでしょう。それゆえ、条件づけられていないものがあるかもしれない、と言うことにしましょう。わたしたちはそのための余地を残しておくのです。わたしたちは、自分の思考の中に可能性のための余地を残しておかねばならないのです。

質問者：わたしたちは、思考には、条件づけられているものしかないと言うことはけっしてできないという意味で、もう少し補足しなければならないのではないでしょうか？　思考がそのような言明をすることは、その限界を大きく踏み越えているということでしょう。

ボーム：ええ、思考がそう言明することは首尾一貫性を欠いています。思考がそこまで知らないということはかなり明白です。もしも思考が自分が知っていることに固執していれば、それは条件づけられていないものなどないと言うことも、条件づけられていないものがあると請け合うこともできるわけがないのです。さて、それは何を意味しているのでしょう？　〝わたしたちは知らない〟ということを、です。が、わたしたちは、条件づけられていないものがあるとうすうす感じている――それがあるかもしれないという証拠をわたしたちは見てきた――と言うかもしれません。わたしたちは、後で、これについてもっと調べることができるでしょう。

質問者：条件づけられていないものがある証拠は、時々、創造性（creativity）の中に見られるのではないでしょうか？

ボーム：ええ、何らかの証拠が。創造性についての事実は条件づけられていないものがあることを示唆している、とあなたは言うことができます。が、それは、条件づけられていないものがあることを証明しているわけではありません。なぜなら、人工知能の何人かの研究者たちが、あなたが創造性と見なしているものは、あなたには見えない、単により深い形の条件づけであると言うでしょうから。

質問者：それでさえ、わたしたちがいま持っている条件づけよりはましかもしれません。

質問者：が、それは単にわたしたちの限界を広げるだけのことでしょう。

ボーム：わたしたちは依然として首尾一貫性のなさとともに留まるかもしれません。そして創造性についての首尾一貫性のなさは、それなしでいるよりもずっと危険になってきたのです。これらすべての現代科学の産物がなかったほうが、わたしたちはずっと安全でいられたでしょう。ですから、もしもわたしたちが依然として石器時代のレベルにいたら、わたしたちは自分の首尾一貫性のなさとともに進んでいくことができたでしょう。わたしたちは、自分の首尾一貫性のなさとかなり安全に留まっていたでしょう。非常に多くのことをする手段を持たずに済ませていたでしょう。わたしたちは、多分、無期限に生き残ることができたでしょう。実際に、石器時代人たちのほうが、とにもかくにも、わたしたちよりずっと首尾一貫していたという証拠があります。少なくとも、自然に対する彼らの態度はずっと首尾一貫していました。

が、たとえ彼らがわたしたちと同じくらい首尾一貫していなかったとしても、彼らは、多分、生き残ることができたでしょう。なぜなら、彼らはこれほど多くの損害を与えることはできなかったでしょうから。

しかしわたしたちの創造的技術はわたしたちに挑みかかっています。わたしたちは首尾一貫しなければなりません。少なくとも、わたしたちは首尾一貫性に向かって動かなければなりません。さもなければ、あらゆる種類の災厄に見舞われるかもしれません。

質問者：わたしは、例えば、誰かがわたしを怒鳴りつけるとき、それがわたしを不機嫌にするということに気づくことによって、わたしの条件づけに知的に対処することはできるでしょうか？　その最終結果についての期待、もしもわたしがこの条件づけを持っていなかったらどうなるかについての期待を抱くことなく、それをただ放っておいたままにして、それを調べることはできるでしょうか？

ボーム：しかし、そのときには何が起こるでしょう？　かりにあなたが「誰かがわたしを怒鳴りつけるとき、わたしは不機嫌になる。」と言うとします。そのときあなたは「なぜ不機嫌になるのだろう？」と訊ねます。どう答えますか？

質問者：複数の類似した記憶群の間の何らかの関わり合いがあるかどうか、問題は、実は、怒鳴っているその特定の人ではなく、怒鳴っている不特定の人かどうかを確かめるため、わたしは内面を見つめてみなければなりません。

ボーム：あなたはそこに一般的な思い込みを持っているのです。そうではありませんか？　あなたは、怒鳴りつけられたりされるべきではないタイプの人間である、誰もあなたを怒鳴りつけたりすべきではないということが絶対に必要である、といった。それは思い込みであるように思われます。そのあたりを確めて、思い込みを言葉で言い表わすべく努めることはやりがいがあるとわたしは思います。それを言葉にまとめることが重要なのです。さもなければ、あなたはそれを見逃してしまうからです――脳は、思い込みを隠すように使役されるのです。

質問者：わたしの理解では、彼らは怒鳴りつける権利を持っているのです。

ボーム：が、あなたに向かってではなく。

質問者：ええ。ですが、それが問題ではないのです。問題は、なぜわたしがそれに反応しているかです。

ボーム：あなたがそうなってしまう前にあなたが見出した最初のことは、あなたを怒鳴りつけた誰かによってあなたが不安にさせられたということだと言っておきましょう。そしていま、なぜなのか訊ねているわけです。

質問者：なぜなら、それはわたしを不機嫌にさせたからです。

ボーム：が、なぜそうなるのでしょう？　感情は思考と密接に関わり合っています――すでに言ったように、それらはすべて一つのシステムを成しているのです。ですから、おそらく、その背後に何らかの思考があるのです。

質問者：その思考は「わたしはだめ（無能・役立たず）な人間だ。」というものです。

ボーム：しかし、なぜそれなのですか？　もしも誰かが怒鳴りつけたら、それはあなたがだめな人間であることを証明するわけではありません。

質問者：それはわたしの条件づけのせいだとわたしは信じます。

ボーム：では、あなたはさらに背後にある――あなたが忘れてしまっている、あなたの両親からの――他の思考を持っていて、それはあなたがだめな子どもだと彼らが言うときはいつでも、彼らはあなたに怒鳴りつけるという思考だとわたしは言っているのです。したがってあなたは、「誰かがあなたを怒鳴りつけるときはいつでも、それはわたしがだめな人間であることを意味している。」という思い込みを持っているのです。そしてわたしがだめな人間であるときはいつでも、わたしは不愉快になります。それはもう一つの反射です。それら二つが、一つの反射として一緒に働くのです。誰かがわたしを怒鳴りつけるときはいつでも、それはわたしがだめな人間であることを意味しており、そしてわたしがだめな人間であるときはいつでも、わたしは気分よくしていることができなくなるのです。さて、それら二つの思考は化学作用の中で働いているのです。

質問者：そしてわたしは、それがわたしにすることが嫌いなのです。

ボーム：あなたはその化学的作用を嫌っているのです。それが非常にあなたの心をかき乱すからです。その化学作用が非常に心をかき乱すというのは、道理にかなっているのです。つまり、わたしたちはそれを批判することができないということです。

質問者：わたしは、一本の探針に自分の記憶の中の溝を飛び越えさせ、それを一つの隙間――その中ではそのプログラミングが打ち消されることが可能になる隙間――の中に入らせることができる、そういう知覚を持つことができるかどうかお訊ねしたいのですが。

ボーム：それこそはまさにわたしたちが探査していることです。そうすることができるでしょうか？　が、そこに含意されていることは、脳内に電気化学的変化が起こらなければならないということです。知的な結論に達することだけでは不充分です。わたしたちは、問題を指し示し始めた一組の一定の思考を持っています。そしてわたしたちはまた、それだけでは反射を変化させるのに充分ではないという、以前持ったのと同じ問題も持っているのです。

質問者：わたしは、いま、わたしを不愉快にさせるのは知的な部分というよりはむしろ化学的部分だと気づきました。

ボーム：ええ、しかしそれは変化しません。もしも誰かがあなたを怒鳴りつければ、あなたは依然として不愉快になるかもしれないのです。

質問者：が、わたしの経験は、それに気づくことによって、わたしは怒鳴り声を通り抜けさせているということです。わたしは、それを自分の体内で感じていますが、それに抵抗していません。そしてそれに抵抗しないことによって、それはくすぶっている古いシナプスの感度を減じさせ、元々わたしの気分を悪くさせた過程を多少転換させるのです。

ボーム：そうかもしれません。あなたはそれを探査することができるでしょう。もしもあなたが我慢して、耳を塞がずにそれとともにいることができれば、それは何かそのようなことをするかもしれません。

質問者：そしてかりにそれが起こり、そしてわたしが知的にだけでなく、また物理的（身体的）に理解するとします。すると、何らかの変化が起こっていきます。そのときわたしは何か他の条件づけへと移動しているのでしょうか？

ボーム：そうかもしれません。膨大な数の反射があり、わたしたちはその一つを調べただけです。わたしたちは、さらに他のそれも捉まえなければなりません。なぜなら、ある一つの反射は他のそれをというようにして、次々に生じさせていくからです。これらの背後には、作動すべく身構えているあらゆる種類の異なった反射があり、そしてそれらのうちのいくつかは、あなたが除去したと思っている反射を呼び戻したり、再現したりさえします。

かりにあなたが「誰かがわたしを怒鳴りつけたが、かまうものか。わたしはすでに化学作用を見始めることができ、そしてわたしはそれほど反応してはいない。」と言うとします。が、あなたは、「わたしが心を乱されるときはいつでも、わたしはそれについて何もすることができない。わたしはただそれがわたしを支配するがままにさせておかねばならない。」というさらなる思い込みを持っているかもしれません。何人かの人々はそのような思い込みを持っています。それはありふれたものなのです。もしも妨害がきわめて強力なら、そのときには、わたしはそれが支配するようにさせねばなりません。それは必然なのです。そのように、その思い込みが後で顔を出すこともありえます——突然、あなたにとって非常に重要な誰かが実際にあなたを怒鳴りつけ、そしてそれは一定の強さを超えて再び起こり、複数の反射が再び引き継いでいくのです。そういうことが起こるかもしれません。わたしは、かならず起こるとは言いませんが。

質問者：彼女が、その、怒鳴り声が化学作用を始動させるという経験を持ったとき、そしてもしも彼女が、それと一緒に、起こっていることについての適切な記述を持っていれば、そのときには、——たとえ他の誰かの怒鳴り声が彼女に反応を起こさせるかもしれなくても、——彼女は新しい方向に向かわされたのではないでしょうか？　彼女は方向転換させられたのです。

ボーム：ええ、方向転換が。それは一歩ですが、しかし依然としてもっと多くのことがあるかもしれません。

質問者：しかしながら、そのような経験を持った人々は、依然として反応するとしても、それ以前とはけっして同じではありません。彼らは新しい出口を見つけたのです。そう思いませんか？

ボーム：その出口は、もしもあなたがそれを維持していかなければ、失われてしまう可能性があります。それは持続的な作業を必要とするのです。

質問者：わたしは、それは多くのことが起こったことを意味しているのではなく、ただ、条件づけの思い込みの硬直性が若干緩んでいるかもしれず、そして本人がより気分良く感じることができるようになっているかもしれない、ということを意味しているのだと思います。

ボーム：一定の動きはあったのですが、しかしわたしが言いたいことは、わたしたちはもっとずっと先まで行かねばならないということです。

質問者：時々、わたしたちは思い違いをする可能性があります。とりわけ、これらの問題に関心がある人々が集っているこうした環境の中にいるわたしたちは、非常に素早く他の思い込みに陥って、「わたしは変化を遂げた。何かがわたしに起こり、わたしは変容を遂げた。」と言う傾向を持ちがちです。

ボーム：それは、それを支持するいかなる証拠もない、不当な結論でしょう。それは、道を誤ってしまう——自分を喜ばせたりしてくれる結論に飛びついてしまう——種類の思考です。わたしは、わたしたちができることはただ、それをよく調べることだけだと言っているのです。それは、あなたが何かを学ぶことができるようになるための一歩なのです。

質問者：ただし、正確な記述がそれに伴えば。

ボーム：あなたはそれを正確に言葉で表現しなければなりません。なぜなら、厄介はとにかく言葉の領域にあり――それが化学作用、等々に影響を及ぼしてきた――からです。その上、他のすべてのものもまた、反射によって周到に隠蔽されていきます。ですから、もしもあなたがそれを言葉で表現しなければ、あなたがそれを見ることができる見込みはないのです。

問題は単に感情、反射、等々だけではありません。それらすべてと言葉との間の関係もそうなのです。「誰かがわたしを怒鳴りつけるときはいつでも、それはわたしがだめな人間だということを意味している。」それが、言葉の根底にある思考だったのです。さて、それは必然性についての思い込みです。〝……ときはいつでも〟(whenever) は、**常に** (always) ということです。それは、常にそうである何かです。だからこそ、それは非常に強力な概念なのです。あなたは、しばしば、必然性についての思い込みの力を見逃します。ですから、もしもあなたがそれを言葉で言い表わさなければ、反射がただ起こるだけで、あなたはその背後にある一般的な思い込みを見損なってしまいます。しかし、もしもあなたがそれを言葉で表現してみれば、あなたは「誰かがわたしを怒鳴りつけるときはいつでも、それはわたしがだめな人間であることを意味している。」と明瞭に見ることができます。あなたはそれを言葉で表現して、「それはわたしの考え方なのだ。」と言う必要があります。するとあなたはその感じを掴むでしょう。が、必然性についての思い込み――誰かがわたしを怒鳴りつけるときはいつでも、わたしがだめな人間だと感じることが絶対に必要だ、という――があることに気づくのです。

質問者：あなたは、それについてそのように考察することができるように思われ、そしてそれからあなたは、「彼らはあなたを怒鳴りつけるべきではない。」から「それをこんなに嫌なものにしている、またはわたしの隠れた思い込みからの反応を起こさせている何が自分の精神の中で進行しているのだろう？」へと焦点を移し変えているように思われます。が、反射を一つずつ検証して、各々の反射の背後にはどんな思い込みがあるのだろうと言うよりはむしろ、反射のシステム全部の背後にまわるための何らかの鍵があるのではないでしょうか？

ボーム：わたしたちはそれを探査しなければなりません。わたしたちは、特定のあのまたはこの反射を取り除くつもりでというよりはむしろ、システム全部についてもっと多くのことを学ぶつもりで、それを検証してみるのです。そうすれば、おそらく、わたしたちは拡充（敷衍）されることが可能な何かを学ぶことができるでしょう。

質問者：必要とされる記述は、単に「わたしは人々がわたしを怒鳴りつけ、それがわたしを悩ませることを欲しない。」ではなかったのだとわたしには思われます。それはむしろ、「その時点までわたしは、わたしの中の悩みは、わたしに何かを言っている、〝あそこ〟にいる誰かだと信じていた。そしていま、わたしは、言葉に反応して、**わたし**が自分の中に悩みを生じさせていることがわかる。」なのです。

ボーム：が、**わたし**はそうすることさえしなかったのです。それをこう言い表わすことができるでしょう。「わたしは、それをした一組の反射を持っており、それは、誰かが怒鳴りつけたときはいつでも心苦しくなることが絶対に必要である、いくつかの場合――そうすることが適切なことだった、それは避けがたいことだった、等々――からわたしが結論づけたがゆえに起こったのだ。」それが背後にある思考だったのであり、それゆえ、誰かが怒鳴りつけるときはいつでも、反射がただ働いたのです――ちょうど膝のはね上がり反射のように。

質問者：すると、何をどれだけ多くわたしたちが言うかはそれほど問題ではなく、重要なことはどのような言い方をするかです。そうではありませんか？

ボーム：怒鳴り声は一つの意味を伝えているのです。

質問者：が、それを見ることによって、わたしは、ある意味で、問題はわたしの外にあると考えることからシフトしたのではないでしょうか？

ボーム：あなたは、問題の真の源、すなわち、あなた自身の反射、を見始めたのです。あなたが指摘していることはこういうことです――わたしはまた他の反射を以前持った。そしてこれが起こるときはいつでも、わたしは他の反射を追加し、そしてこれらすべては外側で生じた――責任または原因はそこにある。そのようにしてあなたは、いかにして反射がすべて合わさって働くかを見ます。あなたが事物の真因を見ることを妨げるため、反射システムは、なぜあなたが気分を悪くするかについての説明――外の誰かがあなたに何かをしたからだ、という――を案出したのです。それは合理化（rationalization）です。

質問者：これは、問題は常に思考の内側にある――外側にではなく――ということを示唆しているように思われます。それゆえ、それは単なる投影です。

ボーム：ええ。もしもあなたの反射が働かなかったら、何ごとも起こらなかったでしょう。もしも誰かがあなたに向かって何かひどいことを、あなたが理解できない言語で言ったら、あなたは理解できないので、何ごとも起こりません。

質問者：声のトーンが、時々、あなたに意味を伝えることがあるかもしれません

ボーム：ええ、怒鳴り声はどの言語でも作用するでしょう。が、誰かがあなたに、やはり同じことを意味している何かを非常にもの静かに言う可能性があります。が、彼が言っていることをあなたが納得しないかぎり、あなたは気分を害することでしょう。

ですから、ポイントは、あなたが見守らねばならないということです。それが決め手です。例えば、あなたが気分を害したり、立腹したり、おびえたり、喜ばされたり、等々、するための妥当な理由を持っているとしましょう。これらの感情は化学作用に影響を与えるでしょう、そしてそれから必然性の観念がその奥にすべてのパワーを結集させせます。あなたは、いかにしばしばそれが明白にというよりはむしろ暗にそこにあるかに気づきません。ですから、それをそこに明白に捉えて、あなたが本当にそれがそこにあることを見ることが非常に重要なのです。なぜなら、全システムが、あなたがそれを見ることを妨げるように始動させられるからです。

フロイトは、不愉快な記憶や精神的外傷を与える記憶の抑圧について語ることを常としていました。するとあなたはこう訊ねるかもしれません。「いかにしてそれがありうるのですか？　あなたが何かを抑圧することができるためには、あなたはまずそれを記憶していなければなりません。」それはパラドックスのように思われます。が、それはパラドックスではないのです。なぜなら、わたしたちの記憶は常に膨大な中身を持っているからです。通常の健全な記憶の中においてさえ、そのうちのかなり多くの不適切なものが現出し、そしてわたしたちは適切なものを選び出すべく始動されるかなり多くの反射を持つのです。さて、それらの同じ反射が、この不愉快なものを抑圧し、押し込めるために始動させられる可能性があります。それらは、膝のはね上がり反射のように、単に自動的にその不愉快なものに反応して、それを引きずり下ろします。あなたは、特に何もする必要がないのです。全システムがその種のことをすべく始動させられるので、ただそこを覗き込んで、何かを見つけることは、実際には非常に困難です。が、もしもあなたがヒントまたは手がかりを得て、それからそれを言葉で言い表わせば、あなたは、少なくとも、そこにどんな思考があるかを見始めることはできます。そしてあなたは、それらの言葉があなたの化学作用に対して何をするかを見守ってみればいいのです。

質問者：わたしたちが思考を言い表わすとき、何かがそれに起こります。それは思考をがっしりさせ、現実的なものにさせ、わたしたちはそれに関わり合います。もしもわたしがそれを言い表わさなければ、思考はわたしの精神を引き継いでしまうことができ、そしてわたしは〝わたし〟を見失ってしまいます。が、もしもわたしがそれを明るみに出せば、それはより現実的なものになり、そしてそれからわたしはそれを調べることができます。

ボーム：ええ、あなたがそれを言葉で言い表わさないとき、それは暗黙のうちにあり、そしてあらゆる種類のことをしでかすことができます。が、それを明るみに出せば、あなたは、少なくとも、思考が何かをしでかしている張本人であることを見ることができます。かくして、あなたは何らかの知覚を得ていきます。それを明るみに出すことによって、実際に起こっていることを見ることができるのですが、それに反して、もしもあなたがそれを明白にしなければ、あなたはそこに思考が関わっているということを少しも見ることができません。そして、それゆえ、あなたは言います。「これは感情の問題だ。」または「あそこにいる誰かがそれをしたのだ。」あなたは様々な説明を与えるのです。

質問者：けれども、それを言葉で言い表わす場合、身体内の反応に直接気づいたり、関わり合ったりすることもまた重要なのではないでしょうか？

ボーム：それがわたしが意味していることです。わたしは、単に言葉だけを見守らないように申し上げているのです。あなたが言葉――あなたが本当に考えているとおりに表現する本当の言葉――を言うとき、あなたの身体は反応していきます。あなたは「わたしはあの人によって傷つけられた。わたしは非常に怒っている。」と言うかもしれません。そしてそれからあなたは「わたしが怒っているのは、彼がこれこれのことをしたからだ。そして誰かがこれこれのことをわたしにするとき、わたしが怒ったり、傷つけられたりすることはまったく適切で必然的なことだ。」ということを、言葉で発見します。それから、もしもあなたが適切な言葉を見出したら、見守ってごらんなさい。そうすれば、身体が反応することがわかるでしょう。それは、どのようにシステムが働くかを示す、実例による格好の証明になるでしょう。

質問者：あなたは、「わたしは傷つけられた。」というような言葉のことを意味しておられるのですか？

ボーム：あなたの傷の背後にある本当の思考を言い表わす言葉です。かりにあなたがこう言うとしましょう。「わたしはあの人を信頼していた。彼はわたしの友人であり、わたしは彼に頼っていた。ところが彼はわたしについてのひどいことを言った。それは完全に不当だ。それは裏切り行為だ。これは本当に不当な、不適切な何かだった。よりいっそう悪い——彼はわたしを裏切った、彼はわたしを攻撃した、彼がこんなことをする理由はなかったはずなのに。」あなたはこれらすべての言葉について考え、そして身体への影響を見てみるでしょう。もしもあなたが適切な言葉を見出したら、もしもあなたが実際に考えているとおりのことを表現する言葉を見出したら、身体は影響を及ぼされるでしょう。

質問者：最初は、わたしたちは知的な怒りを持ち、そして今度はそれを言い表わすと、身体がそれを拾い上げ、そしてわたしたちは自分が感情的に怒っていることを見出すのです。そしてあなたが知る次のことは、自分の声がしだいに大きくなっていく、等々、です。

ボーム：そしてそれからあなたは、あなたが物理的に怒っていることを見出します。すなわち、あなたの身体中に緊張がみなぎっていくのです。そしてもしもあなたがそれを我慢していれば、あなたは、とうとう、これは物理的過程以外の何ものでもないという印象を自分が得るだろう、ということを見出します。それはきわめて重要です。なぜなら、これは、思考が物理的過程の一部、非常に微妙な一部であることを意味しているということが、あなたに見えるようになるからです。

質問者：わたしは、自分が抱いたことのある何らかの煩わしい感情（情動）を顧みて、この根底にある必然性についての思い込みを発見することができるように思われます。ですが、しばしば、たとえわたしが、それは実は必然的ではないと知的に言うことはできても、依然として、それは必然的だという強い感情があるのです。わたしはそれを手放したくないのです。

ボーム：それは反射です。わたしが示唆していることがそれを取り除くことはないでしょう。それは知能の中にあるだけでなく、化学作用の中にもあるのです。これ（話し合い）は学ぶためにしているのであり、何かを変化させるためにしているのではありません。なぜなら、もしもあなたが何かを変化させようと企てているなら、それはうまくいかないでしょう。それを見ておくことはきわめて重要です。

ですから、あなたはこれに役立つ言葉を見つけ、そしてこれらの感情がどのように影響され、また身体がどのように影響されるかを見てみさえすれば――ただ単に学びさえすれば――いいのです。それは悪い感情を消え失せさせるかもしれません。もしそうなら、けっこうです。が、それを消え失せさせることが目的ではありません。

質問者：では、わたしたちは過程への何らかの知覚を得ようとしているのですか？

ボーム：ええ、そうです。実は、もしもそれがあまりにも容易に消え失せてしまえば、あなたはそれを見逃してしまう、そしてそれがどのように働くかを学ぶチャンスを逸してしまうでしょう。

質問者：目的は学ぶことであり、変わることではないのですね。

ボーム：変わることではありません。あなたが学んでいるとき、何かがあなたを変えるかもしれませんが、しかしそれは副産物なのです。

質問者：わたしたちの条件づけは、怒ることはみっともない、泣くことは見苦しいとわたしたちに告げます。そしてわたしたちが激しい感情でいっぱいになるとき、わたしたちの条件づけは、わたしたちはそう感じることになっていないとわたしたちに告げます。

ボーム：それは同じことです。条件づけは、わたしたちが話し合ってきたとおりのものです。条件づけはわたしたちを怒らせる当のものであり、そしてその条件づけが「あなたは怒るべきではない。」と言うのです。それはまったく同じことです。それからあなたは、**それ**を言葉で言い表わさねばならないことを見出し、「わたしは、自分が怒らないことが絶対に必要であると信じている。」と言い、そしてそれを調べ始めるかもしれません。ですから、それらはさらなる言葉なのです。要点は、これは一つのシステムであり、そしてそれはどんどん広がっていくということです。それゆえ、あなたはこの手順によってそれをまるごと捉えることは見込めないのです。

質問者：わたしたちは、何かに近づいていってそれを捉えようとするいかなる試みも、動いているシステムの一部だという意味で、何も期待することはできないのです。そしてあなたが示唆しておられることは、システムの外側にあるのです。

ボーム：ええ。わたしたちは何かを**すべく**試みているのではない、とわたしは言っているのです。わたしたちはただ学んでいる——気づき、注意し、学んでいる——のです。

質問者：それは、システムの中でのわたしたちの状態は一種の催眠トランスに陥っているようなものだということを含意しているのですか？

ボーム：まさに催眠そのものです。催眠とは、システムを操作するために言葉を用いることです。あなたは、何が必然（必要）かについての催眠術師の言葉を受け容れ、そしてそれからはそれがすべてになるのです。

質問者：わたしたちが一つの全体——生理的過程、心理的過程、等々の全体——としてのシステムに気づくとき、その記述は正確であるように思われます。それは、その気づきから現われるのです。が、その過程を述べるための適切な言葉を知能（知性）が見出そうと欲するときには、それはうまくいかないというのがわたしの経験でした。

ボーム：わたしは、この段階であなたがそうするよう提案してはいません。わたしは、全力で過程が進むようにさせる言葉を見出すように言っているのです。それはこう言うようなものです。「わたしは一台の機械を入手した。わたしは、それを調べることができるように、それをゆっくり作動させることを欲する――わたしがその動きを見ることができないほど高速で回転することも、それがどのように作動するのか見られないほどじっと静止したままでいることも欲しない――。」

質問者：とっかかり（ボタン）になるものを見つけたらどうでしょう？

ボーム：とっかかりは言葉です。

質問者：わたしは依然としてとっかかりを理解していません。それはただ非常に正確な記述を持つことではないのでしょうか？　それがあなたがおっしゃっていることですか？

ボーム：わたしたちが必要としているのは、あなたが実際に考えている仕方についての**適切な**（correct）記述です。普通、わたしたちは自分が本当に考えている仕方を言葉で言い表わしません。わたしたちは、自分の思考の真の性質を自分自身に向かって認めようとしません。もしもあなたが傷つけられれば、あなたは、普通、「彼がわたしを傷つけた。」または「わたしは傷つけられた。」または「わたしは傷つけられていない。」などと言います。あなたはあらゆる種類のことを言います。それらの言葉はあなたの道を誤らせるだけでしょう。なぜなら、それらは実際に働いている思考ではないからです。それらはただすべてをごっちゃにするだけでしょう。

かりにわたしたちがこう言うとします。「わたしはそれらの言葉を厳密には知らないが、しかし実験し、それら——実際に働いているのだが、いまは暗黙のうちにある言葉——を見つけるべく試みてみよう。」わたしがそれらの言葉を用いるとき、おそらくわたしはさらに気分が悪くなるかもしれません。それゆえ、わたしの本能はそれらを用いないことです。が、わたしは「いや、これは必要だ、本当に必要だ、その真相を知ることは本当に必要だ。」と言います。

質問者：わたしたちは、適切な言葉を見出すまで掘り下げるのです。

ボーム：ええ。ですからわたしは言います。「それは本当に必要だ。なぜそれが必要なのか、わたしはわかった。それはいささか傷つけるが、しかしそれは問題ではない。」もしもあなたが歯痛を持っていたら、あなたは歯医者の許に行くでしょう。そしてそれは傷つけられる可能性があるでしょうが、しかしあなたは歯医者が穴を開けたりすることは必要だ、さもなければ歯が腐ってしまうだろうから、と言うでしょう。

同様にして、あなたは言います。「オーケー、少々掘り下げてみよう。それは傷つくかもしれないが、しかしそれは問題ではない。わたしは、何が起こっているのか知りたいのだ。」

質問者：〝適切な言葉を見出す〟によってあなたが意味していることの一例を挙げていただくことはできますか？

ボーム：かりにあなたが怒っていて、こう言うとしましょう。「わたしは怒っている。彼はわたしに二時間も待ちぼうけを食らわせた。そんなに長くわたしを待たせるというのは、いったいどういうつもりだったのだろう？　彼はわたしにそうすることを当り前だと思っているのだ。彼はわたしの価値をすっかりないがしろにしている。彼は好き放題にしている。彼は、多分、わたしに会うよりもずっと良いことが出てきたので、わたしを無視したのだ。彼はわたしをここに待たせ続けたが、わたしの時間は貴重なのだ。彼はただわたしに適切に配慮しようという気がないのだ。」どんな事態かに応じて、あなたは、怒ることを必要とさせている――それを正当化し、それを適切かつ必要とさせている――ように思われる言葉を見出すのです。「こういう場合には誰だって怒るだろう。誰だってこんな仕打ちを受けたら怒るだろう。それは絶対に必要で、例外などない。わたしは本当に正しい。」等々。

では、そろそろおしまいにして、午後再開したいと思います。

第3セッション——1990年12月1日（土曜日）午後

◎　表象　◎　ゼネラルモーターズ　◎　言葉の使用　◎　思考の伝播　◎　思考と文化　◎　何が起ころうと、すべては学びの糧になる　◎　英知の介入　◎　思考は不完全である　◎　システムは、あらゆることをしているのは**わたし**（二）であるという思考を生じさせる反射を含んでいる　◎　言語が出現する以前の最初期の思考とイメージ　◎　思考は複雑で、豊かな構造物へと自らを組織化する　◎　一般的な物と特殊な物　◎　思考は表象によって働く　◎　ピアジェ　◎　アインシュタインの思考の特徴　◎　思考過程の一部を言葉の中に連れ出す　◎　より良いマップを作る　◎　現在の思考は少し過去の思考を超えている　◎　思考の欺瞞力　◎　絶対的必然　◎　マスメディア　◎　ニュートン　◎　量子論と相対性理論　◎　ロード・ケルヴィン　◎　〝万物の理論〟　◎　間違った全知感　◎　表象はある範囲内でだけ適切　◎　知識は事物それ自体ではない　◎　未知のものは常に開かれており、既知のものをはるかに超えている　◎　虹　◎　船のホログラフィー像　◎　脳と表象　◎　現実感の構成　◎　思考／表象は知覚に影響を与える　◎　メディア／ドキュドラマ　◎　漫画　◎　ナチス党員とユダヤ人　◎　表象の影響がどのように実際に起こっているか、人類はまだ見ていない　◎　エスキモーとアザラシの霊　◎　非関与的、客観的思考　◎　区分と断片化　◎　勝手に走り出す思考　◎　思考過程は脳に介入する　◎　思考は条件づけによって働く　◎　洞察　◎　思考の自己知覚　◎　身体運動の一部としての思考／反射　◎　自意識　◎　パラノイア　◎　ハンセン病　◎　人類の無知　◎　意識の流れとその上のさざ波としての思考　◎　より根源的な気づき、意識の流れ　◎　より深い知覚　◎　思考の自己知覚は物理的なものの中で起こる　◎　人は現在の中にいなければならない　◎　物質についての新しい見方　◎　記憶は思考の運動を知覚するのに適していない　◎　物理—化学的状況を変化させるであろう、一種の洞察

デヴィッド・ボーム（以下ボーム）：午前中のセッションの終りに、わたしたちは、わたしたちが〝システム〟と呼んでいるものについて議論し、そしてこのシステムについて何かを学ぶべく努めることは価値があるように思われると言いました。わたしたちは、このシステムはわたしたちの存在のすべての側面を含んでいるが、その中核は実は思考であると言いました。わたしたちはシステムの働き方について話し合い、そして観察することによってあなたはこの過程が起こっている様子を見ることができ、それによってそれについて何かを学ぶことができるかもしれないと言いました。また、わたしたちは、怒りなどのあらゆる種類の情緒（情動）障害について、障害をかき立てるであろう言葉をまず見つけ出し、それによって観察すべき何かを掴むことができるだろうと言いました。このようにしてあなたは、言葉と思考およびそれに付随しているあらゆるもの――感情、身体の状態、等々――との間の関係について学ぶことができるのです。もちろん、そうしている最中は、あなたは怒りを一時停止させて――いわば、それをあなたの目の前にぶら下げて――おきます。それは、あなたがすっかりさらけ出さねばならないと思うほど弱くても、隠したままにしておきたいと思うほど強くてもだめなのです。

このようにしてあなたはシステムに、それが実際にどのように働くのかに、なじみ始めていきます。しかしながら、もしもあなたが思考の中でのあの厳密な言葉遣い、または厳密な**表象**（representation）という要素を持っていなければ、そのときには思考の核心が見逃されてしまうので、あなたにはシステムが見えてきません。思考は、一般に、**あなた**は起こっていることをただ〝見ている〟だけだと思い込んでいます。それから次の思考がやって来て、言います。「起こっていることは、思考から独立している何かだ。」

かくしてあなたは、またもや、あの同じ間違いに陥ってしまうのです。要点は、あなたがこれを見ること、起こっていること――思考がこのシステムの背後にあるということ――を実際に見続けることです。さもなければ、システムが、思考から独立して、単独で立っているように思われてしまいます。

思考によって組織されたものの一例として、ゼネラルモーターズを取り上げてみましょう。わたしたちは、それは存在しており、一定の構造を持っているという思考を持っています。が、複数の工場と他のあらゆるものを一つの会社として結束させているのは、まさにその思考なのです。わたしたちがゼネラルモーターズだと見なしているものは、完全に思考の働きによって組織されているのです。その思考なしには、つまり、それが存在していると人々が信じていないかぎり、それは存在しないでしょう。工場、ビル、等々はあるかもしれませんが、しかし人々は、それらが何をすることになっているか、どのようにそれらが関わり合っているか、等々をわからないでしょう。思考がその中核にあり、そしてそれから展開してくる全システムがあるのです。

さて、わたしたちは、作用中のわたしたちの反射システムを見ることができるようになることを望んでいます。そしてわたしは、それを見るためにそれをわたしたちの目の前に浮かべ、しかしわたしたちの反応を一時停止しなければならないと示唆しています。

言語の使用についての二番目の要点は、どのようにシステムが働いているかについてあなたが何かを見つけた後、あなたはそれを言葉で言い表わすべきだということです。なぜなら、あなたは思考過程に、あなたが見つけたものを知らせたいからです。言い換えれば、あなたは何かを見るかもしれません。が、もしも思考過程がそれについて知らされなければ、それはただ、以前どおりに進んで行くでしょう。思考過程それ自体が〝見る〟ことはありません。それは情報を得ることしかできないのです。その典型的な情報入手の仕方は、――そのような抽象的なレベルでは、とにかく――言葉からです。それゆえわたしは、この何かを引き出して、それを思考に見えるようにすることがぜひとも必要なのです。そうすればわたしたちも、自分が見たものを述べるために言葉を用いることができるかもしれません。が、わたしたちはそれを逆の順番ですること――「これがそのやり方だ。」と言い、それからそれがそのとおりになっていることを確かめること――を望んではいません。もしもそれがそのようになされれば、それはトラブル、錯覚に帰着します。それについては、いずれ議論することになると思います。

先に進む前にしておきたい質問が何かありますか？

質問者：あなたは、言葉が記憶を引き出し、そして記憶が知覚対象（object）を作り上げると言っておられるのですか？　言葉を用いることによって、わたしたちは記憶を知覚対象化しているのでしょうか？

ボーム：いいえ。言葉を用いることによって、わたしたちは記憶を引き出しているだけでなく、わたしたちが探査しようとしている実際の状態――怒り、等々――を生じさせているのです。わたしたちは、依然として煮えたぎっているあの以前の怒りを連れ出すであろう言葉を見つけ出すのです。多分、あなたはそれについて忘れ去っています。しかしながら、それは依然として反射の上にあって、その種の何かが起こるときはいつでも素早く動き出すべく身構えているのです。そしてそれが実際に起こるとき、それはあまりにも速く起こるので、あなたはそれをよく見つめられないかもしれません。が、何かが起こるのを待ち受けるかわりに、もしもあなたが適切な言葉を用いることによってそれを連れ出すなら、そのときにはあなたはそれを見つめるための時間を持つことができるでしょう。そしてあなたが確かめることができるであろう大事なことの一つは、言葉がそれを行なっているということです。もしも言葉がそこになかったら、あなたは要点を見逃してしまうでしょう。それは、**思考がそれを行なっている**ということです。言葉が思考を表象しているのです。

質問者：自分は言葉を用いていないともしわたしたちが考えるなら、わたしたちは依然として言葉を用いているのですが、しかし自分がそれらを用いているという事実をただ見逃しているだけなのでしょうか？　または、何らかの種類の他の言語で考えているのでしょうか？

ボーム：何か他の言語があるかもしれません。〝イメージ言語〟のようなものがあるのかもしれません。〝言うまでもない〟という暗黙の思考があるのです。それは、暗黙のうちに「この種のことが起こるときはいつでも、わたしはこのような仕方で反応しなければならない。」と言っているのです。それは思考です。それはただ反応します。そして、思考は広がっていって、他のすべての反射の中に入っていくということを思い出してください。それゆえ、思考が他の形で依然として働いているのです。例えば、もしもわたしがそれを紙の上に書けば、それは依然として思考ですが、しかし他の形を取っています。それはきわめて多くの形を取ることができるのです。それはテレビで流すことができるでしょう。電波で運ばれることもできるでしょう。それはすべての反射によって運ばれることができます。それらはすべてその思考の一部なのです。それらは、その一つの思考の異なった形です。この思考は外に出て行って、世界中に広まっていく――これを見ることは非常に重要です。他の人々がそれを拾い上げ、そして彼らはそれを彼らの反射の一部にしてしまいます。が、それはすべて思考なのです。

要するに、言葉は思考を明るみに出す一つのやり方ですが、これに反して、しばしばそれは、あなたがそれに気づくことなく、暗黙のうちに働くということです。もしもあなたが、一定の種類の食べ物があなたをむかつかせるという反射を持っているなら、あなたがそれを見たりその臭いをかいだりするとき、あなたはむかむか感を覚えるでしょう。が、そのむかむか感は、ごく幼い頃に何らかの種類の言葉によってあなたの中のプログラムに組み込まれた可能性があります。それは依然として思考です。そのむかむか感の表出は基本的には思考なのです。それがむかむか感をコントロールし、それを起こさせる当のものです。それは反射の上に乗っかっています。かくして思考は、きわめて多くの異なった形でいたるところに広がっていくのです。

質問者：わたしたちがそれに気づいていないだけなのですね。

ボーム：わたしたちがそれに気づいていない理由の一部は文化のせいです。それは、思考は単に知的であるだけであり、それゆえ、何か他の要素を探し出すことは無駄なことだとわたしたちに告げるのです。もしもそうでなかったら、わたしたちはそれに気づくようになるかもしれないのです。

質問者：そうすることによって、わたしたちは自分の真の意図——自分が単に自分自身に告げているそれではない意図——を突き止めて、それを見ることができるでしょうか？

ボーム：わたしたちは何が本当に起こっているかを見、そしてこの出来事がわたしたちの意図の一部を生じさせているということを見ることができます。もしも怒ったり、何かをするよう駆り立てられるための妥当な必然的理由があるなら、そのときにはあなたは思考からその意図を得ることでしょう。もしもあなたが「わたしが自分の職務を果たすことが必要だ。」と言うなら、あなたはあなた自身がそうするための意図を得ていることを見出します。その意図は思考から流出している可能性があり、したがってそれは依然として思考の一部なのです。

質問者：あなたは、わたしたちが理解したことを言葉で言い表わし、それからそれを思考過程に伝える必要があるとおっしゃいました。それが他のシステムになることを防ぐためにはどうしたらいいのでしょう？

ボーム：それが起こる危険性はあります。後ほど、どうしてそれが起こってしまうのか、また、それに対処するために何をすることができるのか、議論しなければなりません。が、わたしは、見られたものを何らかの仕方で思考へと翻訳することなしには、思考過程がそれを知ることはないということは必然的だと言っているのです。

質問者：ともかく、すでに思考構造の中にある思い込みを引きずり出すことが一案ではないでしょうか？それらはすでにそこにあるのですから、もしもそこに戻ってしまえば、さほど害を及ぼすことはないでしょうから。

ボーム：わたしたちが思い込みを引きずり出しているうちに、新しい反射を形成して、それを習慣づけてしまうかもしれません。わたしたちはまたもや道を間違えてしまう可能性があります。が、わたしは、いまわたしたちはそれについてただ学び、それを調べているのであって、それを実際に変えようと試みているのではない、と言っているのです。それはきわめて重要な点です。もしもわたしたちが、自分はそれを変えるべく試みているのだと思うやいなや、錯綜したすべての問題の中に巻き込まれてしまいます。が、わたしたちは、何が起ころうと、すべては学びの糧になると言っているのです。ですから、もしもあなたが新しい反射を形成するということが起これば、あなたはそれについて学ぶことができるのです。

質問者：しばしばわたしはそれを逆の視点――わたしたちは、思考が出て来る元になっている意図に気づいていない、という――から見てしまいます。わたしには、思考を強調することは奇妙に思われるのです。

ボーム：わたしたちの意図の多くは反射的です。それらはただ自動的に出て来ます。それらは、思考に基づいた反射から出て来るのです。意図は思考の中に**潜在**しています。あなたは、もしも何かが〝必要〟(必然)なら、それを行なうべく駆り立てられるでしょう。もしも誰かが「あなたはそれを行なわねばなりません、それを行なうことが必要です。」または「これを行なうことは、あなたが本当に欲している何かをあなたに与えてくれるでしょう。」と言えば、そのときにはその思考から、あなたはそれを行なうための意図を手に入れるでしょう。

わたしたちは、これらすべての情報を与えられ、それから、それに基づいて何かを行なうための意図を持つことに決める内なる〝誰か〟がいるというふうに思い描きます。わたしは、しかしながら、それは事実ではないと示唆しているのです。

質問者：わたしは、人が、何らかの理由のために何かをしなければならなくなり、それから、それを正当化する思考を持つ場合について考えているのです。

ボーム：それは次のステップです。彼は「わたしはこれを行なわねばならない。」という一つの思考を持つかもしれません。それから彼は他の思考を持ち、「そうすることは間違いだろう。」と言います。さらに彼はそれをどうにか正当化する三番目の思考を得ます。その全部は反射の連鎖です。わたしたちがこのシステムが延々と働いているということを見てみる必要がある、とわたしは思います。さて、多分、どういうわけか英知（intelligence）が介入して、わたしたちをこれから抜け出させます。が、わたしは、システムが働いているかぎり、膝の骨が打たれるときにあなたの脚がなぜ跳ね上がるのか知らないのと同様に、あなたは何が起こっているかを知らないと言っているのです。

質問者：あなたは、システムは勝手に、反射的、機械的に働いているのだが、しかしそれは中心としての〝わたしに〟(me）がいるような印象を与えるとおっしゃっているのですか？

ボーム：ええ、そうです。システムは、あらゆることをしているのは**わたし**（I）であるという思考を生じさせる反射を含んでいます。それは、起こっていることを隠蔽するための非常に入り組んだシステムを持っています。いずれそれを調べることになりますが、しかしそうするためにはかなりの時間を要します。そこで、もしどなたも緊急の質問をお持ちでなければ、以下のことから先に進むべきだとわたしは思います。

わたしは、思考についてもっとお話ししたかったのです。まず、思考は**不完全**（incomplete）だということです。テーブルについての思考はテーブルについてのすべてを網羅してはいません。それは、それについての若干のポイントを拾い上げるのです。が、明らかに、テーブルは実際には膨大な数の事物を伴っています――その原子組成、材料の内側のあらゆる種類の構造物、他のあらゆるものとの関わり方、等々。一つのテーブルとしてのそれについてのわたしたちの思考は、単純化、または〝抽象〟です。

それについての一つの見方は、思考は、あなたが思いめぐらしているものの表象(representation)を提供するということです――それは、アーティストが、誰かを表象しているが、しかし少しもその誰かではない絵に仕上げるようなものです。時々、その人を表象するためにほんの数本の線だけで充分なこともありますが、しかし明らかにその人はそれよりはるかに複雑です。表象の中にはないとてつもなく多くの量があるのです。同様にして、思考は、それが表わすことになっている事物についての完全な情報または完全な描像または記述を与えるものではありません。テーブルについての思考は、ごくわずかの目立った特徴を持っているだけで、またそれはかなりあいまいです。〝テーブル〟についての思考は、あらゆる種類の奇妙な格好やサイズなど、テーブルであるかもしれないかなり多くの可能な事物を含んでいます。それから、時には、テーブルとして用いられることをあなたが期待していないような何かが登場することもあります。思考は絶えず種々様々な形態、格好、等々を追加していくのです。

わたしが挙げた例は、〝テーブル〟という言葉は、ある種の典型的なテーブルのイメージをあなたの精神の中に呼び出すということです。実際のテーブルが取ることができる無数の形態があります。あなたが、それらの形態の一つに当てはまるか、またはそれらの形態の中間にある物体を見るとき、あなたは直ちにそれを認識するかもしれません。または、もしもそれがそれらの形態に、たとえ漠然とした仕方でであれ、似ていれば、そのときにはやはりテーブル、または〝テーブル〟という言葉を呼び出すかもしれません。

あなたはそれが一種の反射であることを見ることができます。〝テーブル〟についての様々な表象がすべて寄せ集められます。ですから、あなたが一つのテーブルを見つめるとき、あなたの精神の中に反射が起こります。あなたが実際に「テーブル」という言葉を発するわけではありませんが、しかし「それはテーブルだ。」という潜在的な反射が起こるのです。もしも誰かがあなたに訊ねれば、あなたは直ちに「それはテーブルです。」と言うでしょう。その情報はあなたの精神の中にあり、すでに呼び出しに応じる準備ができているのです。

それゆえ、一つの事物は、それがある特定の表象に適合するであろうという事実によって認識されます――それは、その表象の複数の可能な形態の一つであるでしょう。そしてそのいずれの形態も反射を作動させるでしょうから、その結果としてあなたはそれを認識するのです。それからあなたがそれについて考えるとき、あなたは、それに帰せられ、また関連づけられ、そして他の反射にまとまって接続しているすべてのものについて考えることができます。あなたが考えるあらゆるものは、それを用いてあなたが行なうことができるものを伴っているであろう反射へと接続されます。テーブルの例においては、あなたの精神の中のテーブルの表象は、あなたがテーブルに対してすることができること――その上にいろいろな物を置く、等々――を伴う反射に接続されます。ですからあなたは、もしも機会が生じればそこの上に何かを置くよう、すでに自動的に準備ができているのです。

あなたはそれらすべてがどのように接続されているか見ることができますか？　知的反射、視覚的反射、ならびに、感情的、物理的、化学的、等々のあらゆる反射がまとめて接続されているので、あなたは直ちに行動を起こす準備がすでにできているのです。もしもその物体がテーブルではないことが判明すれば、それはあなたが予期していることを行なわないでしょう。そのときにはあなたは、それは首尾一貫していないと言います。そしてもしもあなたの精神が適切に働いていれば、あなたは言います。「わたしは何かを変えなければならない。」

それが思考の働き方です。それは接続され、論理的に相関している膨大な量の情報をあなたに与えます。また、シンボルも、あいまいではありますが、少し使うことができます。〝テーブル〟という言葉は、その意味があいまいなシンボルです。それはあらゆる種類の他の事物を含むことができます。それは、事物をまとめて接続することへのとてつもなく大きな潜在可能性を持っているのです。

あなたは、言語が出現する以前の最初期の思考は、多分、イメージを伴っていたであろうと言うことができるでしょう。次のような問題を提起した人がいます――子どもは、言葉を用いることができる以前には、多分、自分が考えている事物の代役を務める、輪郭が漠然としているイメージを用いるのだろう。例えば、動物たちは物体の一部を見てその全部を予想するのでしょうが、非常に幼い子どもたちもそうするのでしょう。物体の一部がその全部を呼び出したり、漠然と類似している複数の物体がそれらの種類（class）全体を呼び出すことができるということは明らかであるように思われます。それは新しい反射を作り出す――そのシンボルは、他のすべての反射を接続する新しい反射を作り出す――のです。シンボルが代役を果たすことができるこれらの物体の一つひとつが、それ自体、あなたがそれを用いてすることができることについての一組の反射であり、そしてそのシンボルはそれらすべてをまとめて接続します。それは、それらすべての反射を接続する、もう一つの反射なのです。

かくしてあなたは、思考がそれ自体を非常に複雑で、豊かな構造物へと組織化することを見始めます。わたしはまだほとんどそれに触れたわけではありませんが。それは思考、論理、理性、等々を含んでいます。あなたは非常に抽象的なシンボルを形成します。例えば、わたしたちは必然性と偶然性——二つの言葉——のシンボルについて今日話し合いました。もしもあなたが「それらは何なのですか?」と訊ねれば、あなたはそれらが何なのかを想像することができません。つまり、あなたは、何が必然で、何が偶然かについての心象（picture）を持っていないのです。が、あなたは、それらの言葉が接続する膨大な数の事物を持っています。そこで、あなたが、自分が見ているものの中に秩序をもたらすことを欲するときはいつでも、あなたがしなければならないことの一つは、その特定の状況の中では何が必然で、何が偶然かを選り分けることです。

他の一組の非常に抽象的な事物は、**一般的な物**（the general）と**特殊な物**（the particular）です。一般的な物はすべてを含んだ物の反射であり、そして特殊な物はそれを狭めます。そしてあなたは事物を一般的な物と特殊な物によって扱います。このテーブルは一般的な何かですが、しかし特殊な物もまた引き出されます、テーブルは木でできており、それは一定の形成物で、ちょうどこの場所にある、等々。膨大な数の事物があります。そしてもしもあなたが、どのようにこのすべての思考過程が働くのかを見出そうと試みるなら、あなたは多分、一生を費やしてもなお依然としてそれを見極めることはできないでしょう。

こうわたしが申し上げているのは、思考は単なる犯人ではなく、もっぱら邪悪であるわけではないということを示すためです。わたしたちは、わたしたちのためにあらゆることをしでかす非常に微妙で複雑な構造物――それについて自分が多分ごくわずかのことしか知らないもの――をまるごと抱えています。思考は、わたしたちのすべての反射、他の人々へわたしたちの関わり、わたしたちが行なうすべてのこと、わたしたちの全社会、等々のあらゆるものを含んでいる一つのシステムの一部なのです。が、それはある**欠陥**を内包しています。

そして前述しましたように、思考は表象によって――シンボルならびに表象によって――働きます。シンボルが事物の代役を務めるのです。言葉はシンボルです。あなたは、単純化されたイメージをシンボルとして用いることができます。中国の表意言語（文字）は元々は絵から来ていますが、結局は単純化されて、単なるシンボルになったのです。が、アルファベットのシンボルのほうがずっと強力です。なぜなら、それは、それが表象しているものと少しも似ている必要がないからです。それはずっと柔軟なのです。それが言語の力です。

あなたは無数のシンボルを持っており、そしてシンボルは表象を生じさせます。それは、いわば、事物を再び表示してみせるのです。それはあなたに、それへの一種の感じを提供します。あなたは、例えば、鼻ならびに口に相当する一つの円とその中の二つの点によって人間の顔を表象することができます。もしも口が上向きに湾曲していれば、それは微笑んでいる幸福な人を表象します。もし口が下向きに湾曲していれば、それは不幸でしかめ面をしている誰かを表象します。もしもあなたがそれを見つめれば、あなたは微笑んでいる幸福な人、またはしかめ面をしている人の感じを得るでしょう。それは、一種の事物の意味の表象なのです。
そして表象はますます詳細になり、アーティストの絵のようになっていくことが可能です。それらは図形であるかもしれませんし、青写真かもしれませんし、あらゆる種類の事物かもしれません。それらはすべて、異なった形を成している思考です。それらの事物のどの一つも思考なのです。あなたは、そういったすべてを念頭に置いておかなければなりません。

質問者：この言語下のレベルですが、それは、多分、シンボル―絵の一つのシステムなのではありませんか？

ボーム：絵または線の。非常に単純化された絵、またはしみ（斑点）でさえもの。それらがあるだけで、何かの代役を務めるのに充分なのです。
また、まだ話さない子どもが、多分、それを通してわずかに考えることができるとわたしには思われます。例えば、心理学者のピアジェは、一つの物体が何かの背後に消え去り、それから再び現われるのを見ている子どもは、あたかもその物体が突然消え去って、新しい物体が出現したと考えたかのように振舞うと主張しています。そしてある段階で、彼はそれが同じ物体であることを学び取るようになります。が、そうするためには、彼はその物体のかわりになるシンボルを入手しなければなりません。なぜなら、彼はまだ話さないからです。彼は、一つのしみ（斑点）の非常に漠然とした絵を持つことができたでしょう――彼は、その物体の正確な絵を持つ必要はないのです。

そのように、一種の言語能力習得前のシンボルがあり、また、わたしたちが知らない他のそれらがあるかもしれません。言語はそれらすべての上部にあります。が、わたしたちが話すことを覚えるとき、わたしたちはこのことを忘れてしまい、そしてこれらのシンボルが依然としてわたしたちの思考の一部だということを認識しなくなります。それらは何か他のもののように思われるのです。

質問者：これが、あなたが以前、これらの事物を言語の中に連れ出して、それらを理解することとの関連で話していたことですか？

ボーム：少なくともそれらを調べてみるのです。

質問者：あなたがこれについて話していると、それは本当で、根底では絵のレベル全部が進行しているように思われます。

ボーム：そして感情も。ご存知のように、アインシュタインは、かなりの年齢になるまで話をしませんでした[訳註1]。彼が言ったように、彼の思考のかなり多くは、彼が言い表わすことができない感情から成っていて、それが一定量の言語による思考に取って代わっていたのかもしれないのです。それゆえあなたは、幼児は、時々、事物を感情によって表象するのだと想像していいかもしれません。

質問者：あなたがこれらを連れ出して、それらを言語に表わし始めるとき、それは何らかのレベルの明晰さを要請するように思われます。さもなければ、それらは見逃されてしまうのかもしれません。が、わたしたちはこれについて選択的にならねばならないのでしょうか？　それは四六時中続いているように思われます。わたしたちはこれらを絶えず連れ出すことができるのでしょうか？

ボーム：いや、できません。わたしたちは何かを**行なう**べく試みているのではありません。わたしたちが何らかの目的を遂げるべく試みているのではないということを見ることはきわめて重要です。わたしたちは、明確にすることができるプログラムや目標を持っているわけではありません。わたしたちは学んでいるのです。わたしは、ここには、この過程について自分が知らなかった何かがあると申し上げているのです。それは適切かもしれないし、不適切かもしれません。わたしたちがそれを知っているという事実は、何らかの文脈において役立つということが判明するかもしれません。そしてわたしたちは、その過程の一部を連れ出すことによって、それを観察できるようになるかもしれません。それを言葉の中に連れ出すことによって、その過程の他の側面のいくつかへの手がかりを得、そしてそれがどのように働いているかに

［訳注］

1　彼は四歳になるまで話すことができず、七歳まで文字が読めなかった。両親は彼の知能が低いと思い、先生の一人は彼のことをこう表現した。「精神的に遅れており、社会性はなく、いつまでもとりとめのない空想にふけっている。」学校を退学になった後、チューリッヒの学校から入学を拒否されている。後になんとか読み書きができるようになった。

ついてのより良い感じを掴むことができるようになるかもしれません。困った点の一つは、この思考過程が進行している一方、それがどのように働いているをわたしたちが少しも知らないということです。そしてそれがどのように働いているかをわたしたちが知らないとき、わたしたちは非常に速やかにそれを何か他のもの——思考ではないもの（non-thought）——と見なしてしまうのです。

質問者：わたしたちがしていることは、より良いマップを作成することです。

ボーム：そうです。すでに指摘したように、主要な困難の一つは、常に、思考は何かを行ない、そしてそれから、それが行なっていることは思考ではないと言うということです。思考は問題を作り出し、それから問題を作り出しているそばから、それについて何かをすべく試みます。なぜならそれは、自分が行なっていることを知らないからです。その正体はすべて、一束の働いている反射なのです。

〝思考〟(thought) は過去分詞だということを思い出してください。それは、記憶の中に記録されてきたものです。その記録は一組の反射を通して行なわれます。ですから、その一組全部に適合する一つの形が現われるときにはいつでも、そのシンボルの表象は、実際に知覚されているものに適合するあらゆるものの代役を務めるでしょう。例えば、もしもそれが〝テーブル〟という言葉によって連れ出されるであろう表象に適合すれば、そのときにはあなたはテーブルに対するすべての反射をすぐさま手に入れ、それはそれを非常に役立つものにします。が、あなたはまた過ちを犯し、間違った動きをする可能性もあります。

するとあなたは首尾一貫しなくなり、そしてこう言わねばなりません。「オーケー、それは間違いだ。よく再点検してみなければならない。」

どのような仕方で思考が適切に働くのか——そして多くのエリアで実際に適切に働くのか——についてわたしが議論しているのは、まず、思考がすべて悪いわけではないということを示し、次に、どう間違ってしまったかを理解するためには、それが適切であるときにはどう働くのかについてそれなりの理解を持つ必要があるからです。

質問者：これが、あなたが以前述べた現在の思考（thinking）と過去の思考（thought）の相違ですか？

ボーム：過去の思考はただ自動的に働くだけです。が、あなたが現在思考しているときには、あなたは、それがいつ働いていないかを見て、それを変更し始める用意ができています。〝現在の思考〟は、事物が働いていないときに、より以上の何か——状況を見直して、もし必要なら過去の思考を変更する用意ができている何か——が入って来ることを意味しています。

質問者：現在の思考は、過去の思考の外側にある要素なのですか？

ボーム：それは、少し過去の思考を超えています。現在の思考は完全に過去のものではなく、それは完全に一組の過去の反射であるわけではない、と言っておくことにしましょう。

質問者：現在の思考はより多く〝瞬間〟のものであり、より多くのエネルギーを与えられており、それに対して過去の思考はより受動的（passive）なのでしょうか？

ボーム：過去は**能動的**（active）です。それが厄介な点です。過去は実は過去ではありません――それは、現在における過去の影響です。過去は現在の中に痕跡を残してきたのです。

質問者：では、現在の思考はより多くのエネルギーを与えられるのですね？

ボーム：ええ。現在の思考はより直接的に現在の中にあり、過去の思考が能動的に引き起こしている首尾一貫性のなさを含んでいるので、よりいっそう多くのエネルギーを与えられるでしょう。それはまた、新しい反射の形成、新しい用意、新しい観念の許容をも含むかもしれません。もしも反射がかなり開放的で、柔軟で、可変的なら、そのときには現在の思考はとてもうまく働くことでしょう。

質問者：もしわたしが明瞭にあなたを理解しているなら、あなたは、これらの主要な感情、思考およびイメージを点検することによって、わたしたちは、それらをより多くのエネルギーで再度点検するための一定の機会を持つとあなたは言っておられるのですね。

ボーム：ええ。わたしたちは、それらをすぐそばで見ていると、それらを、条件づけを超えているように思われる何かでもって点検することができるようになります。そのときには、わたしたちがする点検の仕方は、完全に条件づけられることはなくなり、それゆえ、それはより生き生きしている、等々、とわたしたちは言います。わたしたちがこのような仕方で点検する必要があるのは、わたしたちの人生を本当に支配しているこのシステムと実際に接触することが非常に重要だからです。それは非常に必要なのです――ですからわたしは、それが行なうことができるすべての良いこと、およびそれが適切に働いているときのその働き方、等々について説明したのです。

質問者：思考は、それが実際は現在思考していないときに、確かに現在思考しているとわたしたちを欺くことができるのですか？

ボーム：特定の何かおよびあらゆることについて、それはわたしたちを欺くことができます。その欺瞞力はとどまるところを知りません。わたしたちが知るあらゆるごまかしを、思考は次の瞬間には知るとあなたは言うことができるでしょう。もしもわたしたちが次の瞬間にごまかしを見れば、次の瞬間に思考はそれを反射の中に取り込んでしまいます。言い換えれば、思考はわたしたちです――思考とわたしたちは別ものではないのです。

質問者：わたしたちは欺く人であり、かつわたしたちは欺瞞でもあるのですね。

ボーム：ええ。思考はそういったすべてのごまかしをすることができます。が、わたしは、思考が欺いていないときには、それはどのように働くかについて議論しました。また、それは多くの理由のために起こるトラブルに陥ります。それを分析することは困難です。一つの理由は、結局のところ、化学作用があまりにも堅固で、これらすべての結合があまりにも強固だということです。または、すべての事物を拘束する絶対的必然についての思考がある、とあなたは言うことができるでしょう。しかし、それらはすべて一緒になって働くのです。

質問者：絶対的必然はどのように異なっているのですか？

ボーム：絶対的必然を単に一つの知覚と見なし、この瞬間にはあなたは明らかにある特定の行為をしなければないと言うことができるでしょう。しかし、また、あなたが「わたしが自分の野心を遂げる、または様々なことを行なうことが絶対的必然だ。」と言うとします。それは過去なのかもしれません——そう言っているのはこの全システムなのかもしれないのです。

そこでわたしたちは次のような状況——その中では思考が、わたしたちが伝え合うことができ、また、あらゆるものを結束し、結びつけるシンボルとして、わたしたちの外側または内側に生じさせることができる様々な表象を提供する、そういう状況——に直面しているのです。

質問者：では、マスメディアは？

ボーム：マスメディアはそれらすべてを運んでいきます。それらは、それらを伝播するのです。"伝播する"(disseminate) というのは良い言葉です。シンボルが種子のように作用するのです。メディアはそれらをばらまいていき、それからそれらの表象はすべて、さらなる反射の種子になっていきます。それらを受け取る人々にとって、それらは新しい反射になります——それらは根づき、そして新しい反射になっていくのです。それらはすべて一つのシステムです。

そこであなたは、思考は本質的に不完全になっていくということを見ることができます。それは、せいぜい、抽象的な表象を提供することができるだけで、事物それ自体を含むことはできないのです。事物それ自体は、表象の中に含まれることができるよりもずっと多くのものであるだけでなく、その上、思考はかなずしも適切ではないのです。事物それ自体は、常に、わたしたちがそれだと思っているものから、何らかの点で異なっているのです。

また、わたしたちの思考のいくつかは、拡張されるとき、間違ってしまいます。例えば、ニュートンの法則は数百年間有効であり続けたのだから、それらは永久に有効だろうと人々は信じていました。けれども、量子論と相対性理論が出現して、ニュートンの法則を覆してしまいました。十九世紀末期に、有数の理論物理学者の一人だったロード・ケルヴィン[訳註2]が、若い人々が理論物理学に参入することは無駄であると言いました。彼は、物理学の主要な発見はすべて成し遂げられ、そして残されているのは精緻化と次の小数点の問題だけだと言ったのです。しかしながら、そうは問屋が卸しませんでした。にもかかわらず、何人かの物理学者たちは、いまや〝万物の理論[訳註2]〟について話しています。彼らはそれを持っていませんが、しかしいずれはそれを持つことになると言っており、それを期待しているのです。

思考は常に、それがあらゆるものを知っていると主張すべく試みています。それはその傾向を内在させており、わたしたちはその理由を言っておかなければなりません。これは、自己欺瞞に帰着する非常に危

［訳註］

2　初代ケルヴィン男爵ウィリアム・トムソン（一八二四〜一九〇七）。アイルランド生まれのイギリスの物理学者。爵位に由来するケルヴィン卿。特にカルノーの理論を発展させた絶対温度の導入、クラウジウスと独立に行われた熱力学第二法則（トムソンの原理）の発見、ジュールと共同で行われたジュール＝トムソン効果の発見などといった業績がある。これらの貢献によって、クラウジウス、ランキンらとともに古典的な熱力学の開拓者の一人と見られている。このほか電磁気学や流体力学などをはじめ古典物理学のほとんどの分野に六百を超える論文を発表した。また、電磁誘導や磁気力を表すためにベクトルを使い始めた人物でもある。

3　Theory of Everythingとは、自然界に存在する四つの力、すなわち電磁気力（電磁力とも言う）・弱い力・強い力・重力を統一的に記述する理論（統一場理論）の試みである。

険な傾向なのです。それは未知のものの可能性を残しておきません。それは、思考は単なる表象にすぎないという可能性を残しておきません。そこであなたは、あなたの思考の中に、より以上の何かおよび異なった何かを容れる余地を残しておかなければなりません。健全な思考は、それが本質的に常にそのための余地を持っているように築かれることを必要としています。わたしは、表象が何であろうと、それはより以上の何かおよび異なった何かになりうると言っているのです。わたしたちに言えることはせいぜい、わたしたちが知っている範囲では、一定の表象は正確でありうるということです。それは、より以上の何かおよび異なった何かへの余地を残しています。さて、それは健全な思考、適切な思考であることでしょう。秩序正しい思考は、そのような形態および構造を持っていなければならないでしょう。

が、わたしたちの思考の多くはそれを持っていません。例えば、宗教的思考は、しばしば、それを持っていません。かなり多くのわたしたちの科学的思考は、先ほど説明したように、それを持っていません。それは非常に重要な点です。思考が道を間違ってしまう仕方の一つは、それが、少なくとも暗黙のうちに、あらゆることを知ることができる——不確かなものを取り除き、未知のものを取り除くことができる——と主張することです。思考の中には、この、結局はあらゆるものを掌握するだろうと言う衝動があるのです。わたしは、その衝動が常にあったのかどうかは知りません。が、それはそこにあり、そして文明が発達するにつれて、それはよりいっそう強くなりつつあるように思われます。

そのような思考は安全感を与えます。かなり多くの思考はわたしたちの安全を増やすことを目ざしています。そしてまっとうな仕方で、それはより大きな安全を提供します。わたしたちは、食料を備蓄し、シェルターを確保し、また他の様々なことを行なうために思考を用います。が、それから思考はしだいに拡張し始め、そして言います。「わたしはその種の安全を必要としているだけではなく、他の種類のそれも必要としている。わたしは感情的安全を必要としている。わたしは知ること——あらゆるものを確信すること——を必要としている。」そして、いったん思考が安全を確保すると、それは痛覚神経を覆うためのエンドルフィンを提供し、あなたは気分が良くなります。が、それが疑わしくなるやいなや、エンドルフィンが取り除かれて、神経がわっと興奮させられ、そしてあなたに安全を与え、「わたしはその**すべて**を知っている。」と言ってくれるような思考を考えようとする衝動が起こります。それは反射システムの一部です。

それゆえ、わたしたちは、思考はそのすべてを知っているわけではないという事実とともに留まることができるでしょうか？　少なくともわたしたちが知っている範囲では、常に不確かさがあります。常に未知のものがあります。わたしたちの表象は、ある点までの範囲内でだけ適切なのです。

例えば、丸いテーブルは、様々な方向から楕円のテーブルのように見えます。が、わたしたちは、それらはすべて、たった一つの円形の異なった外見であることを知っています。そこでわたしたちはそのテーブルを一つの円として表象します。わたしたちは「それは、そのままずばりのもの、中身の詰まった円です。」と言います。が、それから科学者たちがやって来て、「それはほぼ空っぽの空間です。それは動きまわっている原子です。それは、実は、一見するとそう見えるような、中身の詰まった円い物体ではありません。それはごく大雑把に円であるにすぎません。雲は円のように見えるかもしれませんが、しかしそうではありません。」そのように、これらの科学者たちによれば、その本質はいまや原子です。円は外見にしかすぎません。しかしそれから、原子それ自体についての観念が年とともに変化してきました。元々は、〝原子〟(atom) という言葉は分割されることができないものを意味していました。やがて、物理学者たちは、原子は電子、陽子、中性子、およびほとんどは空っぽの空間から成っている——原子は外見にすぎず、そしてこれらの他の素粒子がその本質である——と言うようになりました。そしてそれからクォークが現れました。さらにそれから他のものがやって来たのです。

それらがはたして終止符を打つことになるのか、またはそれは常に、適切あるいはそうではないかもしれない単なる表象なのかどうか、疑問視することができるでしょう。すなわち、それは、ある点までは適正な表象かもしれないのです。もしもそれが適正なら、それが適正である程度まで、それはわたしたちを首尾一貫した仕方で導いてくれるでしょう。が、ある段階で、表象は不完全になるので、それはわたしたちを首尾一貫した仕方で導くことをやめなければなりません。そしてそのときは、わたしたちは自分の思考を変える必要があるのです。

ですから、わたしたちは物質の性質についての何らかの不滅の真理を見出すことを予期しているのではありません。物質の性質は、わたしたちが見ることができる範囲では、——質的ならびに量的に——限りがなく、果てしがありません。わたしたちが物質の性質を限りがあると考えることが妥当である理由などありません。十九世紀には、人々はそれはある意味で限られていると考えていました。二十世紀にいるわたしたちは、それとは異なった考えを持っています。そして二十一世紀または二十二世紀には、人々はまったく異なった考え方をするかもしれず、彼らはわたしたちがいま持っているものとは非常に異なっている可能性がある新しい最終的理論を探し求めることでしょう。そしてそれから、さらに続いて行くかもしれません。が、それを正当づける何の根拠もありません。そのような仕方で考えることは思考過程をごちゃまぜにし続けていくことです。

質問者：あなたは、知ることはけっして絶対的ではありえないとおっしゃっているのですか？

ボーム：わたしたちは科学による最も堅実な知識を持っている物質に焦点を合わせてきましたが、しかしそれも絶対的ではありえません。そしてそれから、もしわたしたちが社会、精神、心、等々を調べてみれば、それは物質についての科学的知識よりはるかに不明確であるように思われます。それでわたしたちは、知識は限られている、なぜならそれは単なる表象にすぎないからだ、と言っているのです。知識は適切であるかもしれませんが、しかしそれは事物それ自体――それがいかなるものであろうと――ではありません。それは、〝現にあるもの〟(that which is) ではないのです。

質問者：わたしたちはそれを単に一つの観方（view)、多くの異なった観方の一つと言うことができるでしょう。

ボーム：そうです。それは外見または観方ですが、しかし知識はまた、あなたがそれを何度も何度も連れ出すことができるという意味で、一つの表象です。それは、一つの観方を生じさせる一つの反射なのです。

質問者：わたしたちはそれを、閉じられた結論としておくよりはむしろ、開いたままにしておかねばならないのです。

ボーム：そのとおりです。が、そのときあなたは、わたしたちはその全部を把握しようとしているのではない――未知のものは常に開かれている（可能性の余地がある）――ということを認めなければなりません。未知のものは既知のものをはるかに超えている――既知のものをとてつもなく超えている――にちがいないのです。要するに、**知識は限られている**のです。そしてこの知識のシステムの適切な適用には、知識が限られていることを知識が知っていることを必要とします。

質問者：あなたは二通りの考え方――一つは制限し、固化し、そして一定の仕方で実際的なそれと、常に開かれている他のそれ――について述べておられるのですか？

ボーム：開かれているそれは最も実際的です。なぜなら、開かれているそれは、働くことが可能な程度までの相対的固化を含んでいるからです。わたしたちは「このテーブルは相対的に固い、わたしはそれを認める。」と言います。が、わたしは「それは絶対的に固い。」とは言いません。あなたは、テーブルの中にある原子構造――大部分は空っぽである――を見出すことができるでしょう。もしもあなたが火をつければ、そのテーブルは気体になってしまいます。なぜかと言うと、原子は様々な物理的な力によって結合されており、それから温度が上昇すると、それらはばらばらになってしまいます。それらは空中に出て行ってしまうのです。

それゆえあなたは、このテーブルは絶対的に固いわけではないと言わねばならないでしょう。その考えは、それが固いというのは一つの表象だ、ということです。わたしは、それが固いように見え、あなたはそれが固いと見込み、あなたの反射がそれが固いということへと仕向けられる、そういう例を挙げました。が、かわりに、もしもこのテーブルが非常に精巧なレーザー像だったら、あなたはその上にコップを置いてみる気になり、するとそのコップは通過してしまうでしょう。そのときにはあなたは、その表象は不適切であったと言うことでしょう。

質問者：その中ではわたしたちがもはや学んでいなかったり、何らかの結論に至ってしまっている、人生の異なったエリアにおけるわたしたちの結論を見てみるようにわたしたちを仕向けるものは何なのでしょう？

ボーム：意見は大いにけっこうかもしれません。それらは思い込みです。わたしたちは、それらが思い込みであることを知っているかぎり、思い込みをしてもかまわないかもしれません。

質問者：が、わたしたちが持っているそれらの意見や結論を見てみるようにわたしたちを仕向けるものは何なのでしょう？

ボーム：質問があべこべだとわたしは思います。なぜわたしたちはそれらを見て**みない**のでしょう？　なぜわたしたちはそれらが本当だと思うのでしょう？

質問者：もしもわたしたちが一定のプログラムに従って自分自身のあらゆる側面について学ぶべく試みれば、それもまたシステムの単なる一部になってしまうように思われるのですが。

ボーム：あなたはそれをプログラムどおりに行なうことはできません。わたしは、わたしたちの中にはこれを調べ、それが何であるかを見るための条件づけられていない力または潜在能力があるかもしれないと申し上げているのです。それがわたしが示唆していることです。わたしたちはそれを開いたままにしておきます。健全な思考がそれを開いたままにしておくことがぜひとも必要だとわたしは思います。なぜなら、もしもあなたがそうしなければ、そのときにはあなたはそれはすべて条件づけられており、したがっていかなる出口もないとほのめかしてしまったからです。

質問者：わたしたちは、絶え間ない変化のゆえに知ることができないのです。自分は知っているとわたしたちが考えているだけです。絶対的なものなどないのです。

ボーム：わたしたちはけっして絶対的に知ることはありません。わたしたちは常に相対的に知ることができるだけです。これはテーブルであり、それは物体を支えるだろうというのはかなりまっとうな観念です。わたしはそれを知っています。しかしながら、わたしは、それについての究極の絶対的なこと——時が経ってそれが変化した後、それがどのようになるか、等々——を言うことはできません。ですからわたしたちは、相対的な知識——一定の条件および状況に対して相対的なそれ——を持っているのです。が、わたしたちは事物の全部を知っている、または絶対的な知識を持っているという観念が働くことはないでしょう。

また、あなたがおっしゃったように、事物は変化します。そして知識は過去に限られています。わたしたちは知識を過去から未来に向けて拡張し、それを投影します。そして非常にしばしば、それは働きます。わたしたちは、自分が知っていることは働くという暫定的な思い込みをすることができます。が、要点は、それが開かれているということです。もしもそれが働かなければ、そのときにはわたしたちはそれが働いていないということをすぐに見て、それを変えるようにすればいいのです。

質問者：わたしがそのテーブルを見つめるとき、そこにはそれをテーブルとして〝知る〟面があります。が、それとともに、それをテーブルとして〝感じる〟面もあります。

ボーム：ええ、あなたはそれを感じることができます。あなたはそれが固い、等々と予想するのです。

質問者：が、わたしの内側では、その表象と一緒に、現実感が起こります。

ボーム：ええ、現実のものだという。

質問者：そしてわたしには、それを固くさせるのはその感じであるように思われます。錠を下ろしてしまうのは、テーブルが持っている感じの側面なのです。

ボーム：が、表象は、感情、外見、等々を含むすべてのものが数珠つなぎにされた一組の反射です。〝テーブル〟という言葉はそのすべてを数珠つなぎにしており――そのすべての代役を務めるのです。そういうわけで、いまやあなたはこのテーブルは固い物であるという、間違っているまたは正しいかもしれない感じを抱くのです。

精神は、部分的には事物が過去にそうであったあり方に従って、および部分的にはいま観察されるものによって、様々な属性をテーブルに帰し始めます。わたしたちが何度も用いたことがある例があります。もしもあなたがテレビ画面上で一台の電話を見、そしてリンリンと響き渡る音を聞けば、そのときにはあなたの精神はその音をテレビ画像に帰します――それはそこから来ているように思われるのです。それがあなたの見方です。けれども、画像の中の電話に誰も答えなければ、あなたは次に、それは隣室から来ているのかもしれないと言うことができ、それからあなたはそれを異なった仕方で見るでしょう。それがテレビの中にある、または隣室の中にあるという感じは、思考の働き方から来るのです。一組の反射が、それがそこに、それが帰せられている形で存在しているという感じを作り上げることができるのです。これはすべて、過程の一部です。

質問者：過去の意味での〝知識〟(knowledge) と〝知りつつある状態〟(knowing) とを区別することはやりがいがあるかもしれません。

ボーム：知りつつある状態にいるためには、開かれていること、そしていま起こっていることを見ることが必要です。

質問者：あなたは、アインシュタインは事物を、彼の身体で異なったやり方で知っていたという例を用いました。そのときには、知りつつある状態は、何らかのプログラムに組み込まれた順序でやって来る単なる一連のイメージではありません。それは現にあることの延長でありえるでしょう――観察者による単なる一連の浮動しているイメージではなく、一種の知りつつある状態なのです。

ボーム：ええ。ちょうどあなたがテーブルとの感情的接触を得るような仕方で、アインシュタインは彼が取り組んでいた科学的観念（着想）との感情的接触を得たのであり、それは彼の思考の一部だったのです。

質問者：それは、彼の理論のための一種の異なったバロメーターを与えてくれたのです。

ボーム：ええ、より豊かな種類のバロメーターを。そのようにあなたはこういったすべての表象——感情的接触、視覚、音、言葉、等々のあらゆるものを含んでいるそれ——を持ち、そのすべては異なった意味を成しているのです。

虹はうってつけの例です。かりにあなたが虹を見ているとしましょう。それは有色の弓形から成る物体のように思われます。それが、あなたがそれを経験する仕方です。が、物理学によれば、そこには物体としての虹などありません。事実、もしもあなたが虹は物体だと思い込んで、それに向かって歩いていけば、それは見出されないでしょう。物理学は、そこにあるのは一束の落下している雨滴であり、そして水から反射している光があって、それがあなたの目に一定の仕方で達するのだと言います。その光はあらゆる人の目にかなり同様の仕方で達し、それゆえ誰もが虹があるということに同意します。が、これは、そこにあるのは虹だということを意味しているわけではありません。実際にそこにあるのは、落下している雨と屈折光という——一つの過程——なのです。

質問者：それとちょうど同じことがテーブルにも言えるのではないでしょうか？

ボーム：相違は、もしもあなたがテーブルに向かって歩いていけば、あなたはそれに首尾一貫した仕方で触れるだろうということです。もしもあなたが虹に向かって歩いて行ったら、そうならないでしょう。ですから虹は首尾一貫した物体ではないのです。

質問者：それはまったくの像（image）です。

ボーム：それは船のホログラフィー像のようなものです——それは、船が持っている全部の存在を持ってはいません。同様にして、虹は弓としての存在を持っていません。それが持っているのは、降雨と屈折光の過程としての存在です。虹は、それが表象していることになっているものと首尾一貫していないのです。

その例が非常に興味深いのは、それが事物の働き方を示しているからです。虹は一つの表象です。その表象は、多分、言葉以前においてさえ、人々の中に生じさせられたことでしょう。あなたは、ちょうどいま調べてみたように、表象を持つために言葉を持つ必要はないのです。

質問者：しかしながら、そこには何らかの符合があるように思われます。もしもあなたが非常に強力な顕微鏡を通してテーブルを見てみれば、虹にますます近づいていくように、ますますテーブルに近づいていいくでしょう。

ボーム：が、あなたはけっして虹に近づくことはないでしょう。それは移動してしまうでしょう。

質問者：けれども、そのアナロジーを押し進めることは、それなりに役立つように思われます。なぜなら、テーブルは、わたしの感情の中ではわたしにとってとても現実的だからです。が、たとえわたしが立ち上がって、それに触り、その上にコップを置いても、わたしが最後に持つもののすべては一種の感覚だけです。そしてその〝テーブル性〟(tableness)は、一歩後退して、わたしの精神の中に何かを保持することによってのみあるのです。

ボーム：ええ。〝テーブル性〟はあなたの精神から、数珠つなぎになった一組の反射全部から、構築されるのです。同じことがあらゆるものに言えます。科学は、事物が神経系の中に入ってきて、それらが世界の現実についてのわたしたちの感覚の中にどうにか組み込まれるのは脳内においてである、と言ってきました。要点は、この現実がわたしたちの経験の中で首尾一貫しているかどうかです。もしもそのようにして形成される現実が首尾一貫していなければ、そのときにはわたしたちはそれを変えなければなりません。

脳は現実についての一種の表象を形成しているのですが、もしもそれが首尾一貫していれば、それはあなたを適切に導くことができます。そして、物体および事物についてのこの現実感が**構成される**(constructed)

ということは明らかです。以前言いましたように、ピアジェなどの心理学者たちは、非常に幼い子どもたちは永続する物体の現実についての観念を持っていないかもしれない——物体が見えなくなるとき、それはただ消え失せ、他の何かが出現すると感じているかもしれない——と主張しています。例えば彼は、食卓についていていた父親とオフィスにいた父親とは別人だと考えた二歳ぐらいの子どもの事例を引き合いに出しています。彼らは二人の人間だったのです。さもなければ、彼らはすべての物体の一致を感じるかもしれません。かくしてそれは事物——それが一であろうと、多であろうと——の一部なのです。

それは、表象を形成する際にしっかり整理しておかねばならない、もう一つの抽象概念です。あなたの表象は一定の事物を一つのものとして、一定の事物を多くのものとして、一定の事物を必然的、偶然的、一般的、特殊的なものとして捉えます。それはあらゆるものを組織化します。そしてその意味は、事物がどのように表象されるかに従って非常に異なったものになります。初め、その子は二人の父親を見ていました。それから彼は一人しかいないということを学び、それゆえ彼は一人しか見ないようになったのです。多分彼は、二人を見ることの中に首尾一貫性のなさを発見したのでしょう。

ですからわたしたちは、表象はある点までは適切でありうると言わなければなりません。外見はある点までは適正でありうるか、またはそれらは錯覚であるのかもしれません。その区別は非常に重要です。脳は外見を構成するという事実は、一部始終そうであるわけではありません。が、それらのいくつかがある点までは適正であるということがきわめて重要なのです。

質問者：では、あなたは、わたしたちが見ている世界は単なる記述（description）にすぎないとおっしゃっているのですか？

ボーム：いや。記述は、その対象をわたしたちが言葉で表現する方法です。字義的には、それは〝書き留める〟（write down）ことを意味しています。わたしたちが見ている世界はそれらの言葉よりもはるかに多大なるものですが、しかしそれは表象――その中ではそれらの言葉が大きな影響を与えてきた――を通して組織化されます。事物についてのわたしたちの話し方および考え方が、それらについてのわたしたちの見方に影響を与えるのです。わたしたちが二人の父親を見るか一人の父親を見るかの違いが、肝心かなめな点なのです。例えば、もしもあなたの前方に、かなり離れているので判読が困難な印刷された言葉があり、そして誰かがそれらが何という言葉かをあなたに告げれば、あなたは実際にそれらを見ます。その種の――いかに言葉または思考があなたが見るものに影響を与えるかを示す――多くの例があるのです。

わたしが指摘したい要点は、**思考はあなたが見るものに影響を与えている**ということです。表象が知覚の中に入ってくるのです。時々――あなたが図形を描いたり、写真を手にしたりしているときなどに――あなたは何かが表象であることを知ります。が、多くの微妙な仕方で表象は直接知覚の中に入ってきて、そのためあなたはそれが思考から来ているという事実を見逃してしまうかもしれません。あなたが誰かについての敵、愚か者、等々としての表象を持っているとき、それはその人についてのあなたの知覚の中に入ってきてしまうのです。

質問者：思考は、いま現にそこにない事物のことをわたしたちに気づかせる、一種の媒介システムのような役を果たすのですか？

ボーム：ええ。しかしそれは、いま現にあるものの中に投影されてしまいます。そしてその投影は良いガイドで、正確であるかもしれません。それはほぼ正確なのですが、しかし充分にそうではないかもしれません。言い換えれば、あなたが行なっていることの中でそれが役立つためには、それを投影すること——このテーブルをテーブルとして見ること、それは単なる表象にすぎないと言わないこと——が実は重要なのです。あなたがそれに向かって働きかけようとしているとき、あなたはそれに向かって、現にある何かとして働きかけねばなりません。そのかなり多くが現にあるものの中に投影されますが、しかしあなたはそれに対してもまた働きかけます——唯一の要点は、もしもそれが首尾一貫していなければ、あなたがそれを変える必要があるということです。

それゆえ、肝心かなめなのは、**表象は知覚に影響を及ぼす**ということを見ることです。それはきわめて重要です。そして、これが起こっているという事実の跡をわたしたちが見失うやいなや、それはとてつもなく大きな錯覚の源と化してしまいます。

質問者：何らかの事物は複数の表象を持っているのですか？

ボーム：多くの事物が、ええ。

質問者：それらを持っていない事物はあるのですか？

ボーム：そういう事物はないだろうと思います。あなたはきわめて多くのやり方で事物を表象することができるのです。思考には限りがないのです。

質問者：わたしたちは、しばしば、特定の表象に束縛されてしまいます。

ボーム：わたしたちが特定の表象に束縛されてしまうのは、それがエンドルフィンに適した化学的状態を起こす反射を含んでいるかもしれないからです。また、絶対的必然による束縛など、他の理由があります。事物に首尾一貫性のなさがあるときに必要とされるやり方であなたが表象を変えることができないようにさせることを可能にする、様々な理由があるのです。そしてそのせいで、あなたが是正しようのない錯覚が起こり、間違いが起こってしまうのです。

質問者：あなたは、思考には限りがないとおっしゃっているのですか？

ボーム：「いまはこれを把握することができる。明日はもっと多く把握できるだろう。そのようにしていつまでも進むことができるだろう。」と言って、あなたが思考を拡張していくことができる程度には限りがありません。が、各々の思考は限られています。思考は、それが把握できるものにおいて限られています。思考が全部を把握することはないのです。

質問者：では、わたしたちが表象を点検してみることがきわめて重要なのですね。

ボーム：そうです。見逃されていることは、思考が実際に知覚に関与しているということをわたしたちが見ることができるようにならねばならないということです。思考が抱くようになってしまった思い込みの一つは、一定の種類の思考は関与しない――それらはあなたに事物のありのままの姿を告げるだけか、または、多分、事物をありのままに表象するだけだ――ということです。

さて、要点は、思考は、わたしたちがそれに従って世界――実社会、等々――を作り上げているという事実に実際に関与しているだけでなく、わたしたちが見ている世界に適切にまたは不適切に関与しているということです。思考はわたしたちに、オフィスにいる父親は食卓についている父親と同一人物だと告げます。が、思考は、そうすることによって、自分が関与し――わたしたちの知覚に影響を与えている――ということを知らないように思われます。それが関与していることを見ないことはきわめて大きな誤りです。この誤りが非常に大きな危険になりうるということがはっきりおわかりでしょうか？

質問者：わたしの表象についてのわたしの経験が現実についてのわたしの経験になってしまうのではないでしょうか？

ボーム：現実についての経験は、あなたが見ているものの中への表象の投影を含んでいます。が、完全にそうであるわけではありません。なぜなら、もしもあなたの精神が適切に働いていれば、事物の全部が首尾一貫しているわけではないということをあなたは考慮しなければならなくなるからです。するとそれはその支配力を失って、あなたは変わり始めます。それがはっきりおわかりでしょうか？

質問者：そのためには、個人的なことをはるかに超えて、事物の全部を見ることがきわめて重要になるわけです。例えば、メディアを取り上げてみましょう。それらはあなたを戦争へと駆り立てることさえできるでしょう。

ボーム：メディアは、知覚として提供される表象にあふれています。事実、いまやそれらはドキュドラマ［訳註4］さえ持っていて、それを直接制作しています。単なるドラマにすぎないドキュメンタリーの形で何かを提示するのです。

［訳註］
4　docudrama：取材レポートなどをもとにドラマに表現し、両者を混合して構成した放送番組。

質問者：表象が経験に影響を与え、それをわたしたちが容易に見ることができるような場合の例を挙げていただくことはできますか？

ボーム：かなり多くの例があります。例えば、非常にしばしば漫画は一定の人々を意地悪、卑劣、不愉快として表象します。または、ナチス党員がユダヤ人を一定の仕方で表象するようになったとき、その後すぐに人々は彼らをそのように見るようになりました。

質問者：が、わたしの念頭にあったのは、それがどのように働くのかを見ることができる、わたしたちに感知可能な日常的な経験からのケースです。

ボーム：これは、わたしたちが突き止めるべく試みているものです。それは非常に微妙な問題です。このことが実際に起こっているのを見ることとは、人類がまだ行なっていないことなのです。

しかしながら、どのように表象が知覚に影響を与えるかに関するかなり多くの例があります。わたしは、あなたの前方にぼんやりした文字があり、誰かがそれが何という字か述べると、あなたがそのとおりそれを見るようになるという例を挙げました。他方、もしもその文字が鮮明なら、あなたは表象の影響を容易に見ることはできません。が、不明瞭な状況の中では、あなたが考えている仕方があなたが見る仕方に影響を与えていることが明らかになります。その種の何百もの例があるのです。

質問者：では、あなたは、これは例外だとわたしたちが考えるかもしれないのに対して、それは実際には一般的なケースであると示唆していらっしゃるのですか？

ボーム：そうです。それが知覚の働き方だ――それは思考、表象、想像、等々によって大きく左右される――とわたしは言っているのです。そして、実は、それはまったく避けがたいのです。が、わたしたちはこれが起こっていることを見ていないように思われます。

非常に初期の時代には、人々はより関与的なタイプの思考を持っていたと言う歴史家たちがいます。彼らは、部族のトーテムや自然の全部に関与していると言うような具合に、彼らが見た事物のいくつかに自分たちが関与していると考えるのを常としていました。そしてエスキモーたちは無数のアザラシがいるが、しかしその各々は一頭のアザラシ――アザラシの霊《スピリット》――の顕現であるという信念を持っていました。すなわち、一頭のアザラシが多数として顕現していたのです。それゆえ彼らは、食べるものを手に入れることができるようになるため、このアザラシの霊に向かって顕現してくれるよう祈ることができたのです。さて、もしもあなたがすべてのアザラシは個々別々だと考えたら、その祈りは馬鹿げたものになるでしょう。なぜならあなたは、その個別のアザラシがただ食べられてしまうだけのために現われるよう求めていることになるからです。が、アザラシの霊にとっては、「が、もちろん、わたしはただエスキモーたちのためにのみ顕現するのであり、わたしは依然としてここにいる。」ということになるでしょう。わたしは、アメリカインディアンたちはバッファローをそんなふうに見ていたのだと思っています。

初期の人々は、自分たちが自然に関与しているというふうに感じていました。そして、ある意味で、彼らは彼らの思考が関与していることに、より鋭敏に気づいていました。しかしながら、他の意味では、彼らは、多分、それをやりすぎていたのです——思考によって投影されていた事物のいくつかを、完全に適切ではなかったかもしれない程度まで、現実のものと見なしていたという意味で。

それから、それに代わって、わたしたちは、「われわれは自分たちが関与していない何かについての思考を持つことを欲しており、それについて自分たちはただ考え、そしてありのままのそれを知ろうとしているだけだ。」と言う、より客観的な種類の思考を発達させました。それが科学技術、等々を可能にしたのです。が、それもまた行き過ぎてしまいました。なぜなら、わたしたちはそれを普遍的に適用し始め、そしてそれは外部にも、内部にも——あらゆるものに——当てはまると言ったからです。そしてそれからわたしたちは、そこには思考による関与はこれっぽっちもないと言うのです。

さて、それは明らかに間違っています。わたしはすでに、思考による非常に多くの関与があり、そしていかにしてそれが世界を形作るかを指摘しました。さらにわたしはまた、思考は明らかに知覚に関与しており、そしてそれはきわめて決定的な形の関与であると申し上げているのです。思考はあらゆるものに関与します。が、客観的思考についてのわたしたちの理想は絶対的な非関与——思考はただ事物のありのままの状態をあなたに告げているだけで、それ以外のいかなることもしていないという考え——です。いくつかのエリアではそれでほぼかまわないでしょう。が、わたしたちの思考はそれを普遍的な状況だと見なしてきたのです。

ですからわたしたちは、ここに思考が道を誤ってしまう問題の一つがあると言うことができるでしょう。そしてこれは、過程の中にある根本的な欠陥──すなわち、思考はこれこれの事物を行なっているのだが、そうしていることに気づかないという──に非常に近いと言いうるでしょう。何が問題なのか明瞭におわかりでしょうか？

質問者：これは簡単に割り切りすぎているように聞こえますが、しかしあなたは、思考は区分することによってのみ機能することができる、そしていったん区分されたら、もやは全体になることはできないとおっしゃっているのですか？

ボーム：思考は全体になることはできません。なぜなら、それは単なる表象、抽象物だからです。が、また、区分する（divide）ことと断片化する（fragment）こととの間には相違があります。思考は、一つの時計の様々な歯車を識別するというように、一つの全体の各部分に印をつけるという意味で区分することができます。または思考は、時計をハンマーで粉砕するというように、断片化することができます。後者の場合、思考は、本当は一体である事物を分離してしまうのです。わたしたちは、思考と知覚の間に単に点線を引いておくべきなのです。が、思考は、一つの全体の複数の部分に印をつけるよりはむしろ、暗黙のうちにそれらを分離してしまったのです。思考は実線を引いてしまい、そして自分（思考）は一方の側に、そして知覚は他方の側にあると言うのです。

質問者：そしてその線はこの生理的成分を持っており、そのためその線は現実として経験されるのです。

ボーム：ええ。その分離、区分は現実として経験されるのですが、それは思考の表象なのです。そしてそれが状況についての知覚になってしまうのです。

質問者：あなたは、思考は、境界を設けることによって、いつも分離を作り出しているのだとおっしゃっているのですか？

ボーム：それは分離の感覚を作り出していき、そしてその感覚から起こる行動が事物をばらばらにしてしまうのです。わたしたちはこれについてもう少し議論しなければならないでしょう。しかしこれは、実は、自分がしていることの跡を辿らない（自分を見失わないように、絶えず注意しようとしない）という、思考の難点です。それは初めからずっと難点だったのです。

質問者：思考は表象を作り上げ、そしてそれを知覚として提供しているのでしょうか？

ボーム：そうです。

質問者：が、それは欺瞞です。

ボーム：いいえ、それはかならずしもそうではありません。なぜなら、このテーブルをテーブルとして見ることが実際的な目的のために必要になるかもしれないからです。もしもあなたが車を運転していれば、あなたにはこういったすべての思考に携わっている時間はありません。あなたは、あなたが目ざしている、かなり多くの思考を含んでいるものに向かってまっしぐらに移動しなければなりません。あなたが見ているものの意味は、どのようにあなたがそれを見るかに含まれており、したがってそれはシステム全体に必要な特徴なのです。

けれども、もしも思考が、自分がこれをしているということを知れば、そのときにはそれは申し分ないでしょう。欺瞞は、それをしている張本人は自分だということを思考が知らないことに存しているのです。

質問者：では、**わたし**がそれをしているのではなく、思考がそれをしているのですね。

ボーム：ええ、思考がそれをしているのです。が、それは、それが起こっていることさえ知らないのです。それはこう言います。「それは知覚であり、わたしは思考です。わたしはただ、事物のありのままの状態をあなたに告げているだけです。わたしは事物のありのままの状態を見て、ただそれを告げているだけです。」

質問者：わたしと起こっていることとの間に完全な分離があるわけですね。

ボーム：そのとおりです。偽りの分離が。なぜなら、わたしが考えている仕方が、わたしが見ているものに影響を与えているからです。

質問者：分離している存在としての〝わたしに〟(me) についての知覚は誤りなのですか？

ボーム：わたしたちはまだ、〝わたしに〟(me) に至ってはいないと思います。わたしたちはただ、〝わたしに〟(me) の問題を提起する以前でさえ、思考の中には誤りがあると言おうとしているのです。さて、思考の中のその誤りは、〝わたしに〟(me) というこの偽りの観念が展開することを可能にするでしょう。

ここで休憩に入りたいと思います。

ボーム：わたしたちは、いかに思考が知覚に影響を与えるか、しかも自分がそうしていることを思考が知らずにいるかについて話し合ってきました。また、わたしたちはこれが決定的な間違いになりうる、なぜなら、もしもわたしたちがいかにして思考が知覚の中に入り込むかを見なければ、わたしたちはその知覚を思考によって影響されていない事実として受け容れ、そしてそれからわたしたちの思い込みと行動と現在の思考を、そのいわゆる事実に基づかせてしまうからです。かくしてわたしたちは罠に陥ってしまう可能性がありますーー一定の種類の人々は能なしであると思い込んで、「わたしは彼らが能なしであることを**見る**ことができる。」と言うようになるかもしれない、といったように。

わたしたちは、この、知覚に入り込む思考の問題はかなりの注意を要する、なぜなら、それは外に向かってだけでなく、内に向かってもそうするであろうから、と言いました。そしてわたしたちが自分自身を知覚し、自分自身についてのわたしたちの思考から混乱を晴らすことができるかどうかを考慮するときには、知覚への思考の介入がいかに深刻な結果をもたらすかを見てみなければならないでしょう。

さて、先に進む前に、おそらく、二、三の質問をしたいと思っていらっしゃるのではないかと思います。

質問者：先ほどあなたはいかに思考が欺瞞的になりうるかについて話し、それからいかに思考がそれに気づかないままでいられるかについても話されました。わたしはどうも、思考が非常に知らんぷりをして、見て見ぬふりをしているという感じを持ってしまうのですが。

ボーム：ある意味で、思考は非常に抜け目がありません。が、実際には、それは自分がしていることにあまり気づいていないのです。その同じ抜け目なさが、実際的な問題を解決する当のものにもなるのですから。わたしたちは、思考のことを、とてつもなく大きな適応性を持っている一組の反射として考えることができます。それは、例えば、あなたの気分を良くさせるためのあらゆる種類のやり方を見つけ出すことができます。それは手探りで捜し、探りを入れ、きわめて巧妙に思われるかもしれないやり方を見出します。が、それは、思考が根っから邪心を持っていて、あなたによこしまなことをしたり、あなたをへとへとに疲れさせようとしたりしていることを意味しているわけではありません。

質問者：そこには記憶の弱点、一定の細部への健忘症を支える一種の願望的思考があるのです。

ボーム：思考の欺瞞の一部は、それがあなたを忘れっぽくさせるという事実を含んでいるかもしれません。思考はあなたに眠気を催させたり、催させなかったり、不注意にさせたり、忘れっぽくさせたり、等々にするすべての反射に対してあなたを鈍感にさせることができます。思考はこれらの反射を指揮し、そしてそれらを操作することができるのです。例えば、もしも身体が過度の化学的セロトニンを持てば、それはあなたをボーッとさせる可能性があります。そこで思考は、一定の思考によってセロトニンを解放させるやり方を見出すかもしれません。思考は手探りで探すことができます。それは、そういったすべてから成っている一つのシステムなのです。

きわめて重要なポイントは、それはすべて思考であり、それらすべての運動はどれも一つのシステムだということです。そのシステムは知覚に入り込んできさえし、そして知覚に影響を与えます。思考はあなたに眠気を催させたり、あなたをひどく興奮させたりすることも、精神に向かって「何か他の重要なことがある。」と言ってそれを突進させ、それが一点に留まらないようにさせることもできます。思考は、あなたの精神を不穏にさせると予想される点をそれがよけ続けるようにさせるため、あらゆる種類のごまかしをすることができるのです。

質問者：思考は、基本的に、助けになるためにそうしているのだとあなたは思われますか？　何か他の理由のためにしているのではないのですね？

ボーム：ええ、思考はそれがすることになっていること――助けになること――をしているのです。が、それは自分がしていることに関してきわめて混乱しています。そのため、それはしばしば害になるのです。

質問者：けれども、思考はシステム全体の安寧をその目的または目標として持っているようには思われません。そのねらいは、それよりはずっと特定の快楽や感覚であるように思われるのです。

ボーム：が、快楽または苦痛を得るというのが、システム全体の主要な特徴として思考が思い描いていることです。元々は、思考はあなたを保護し、あなたを助けるべく努めるために築かれたのです。そしてしばしの後、それは勝手に走り出します。そしてそれはただ走っているのです。ですからあなたは、あなたの膝の跳ね上げ反射が何かをすべく試みていると考えるべきではないのと同じように、思考は何かをすべく試みているのだと考えるべきではないと思います。

質問者：が、わたしたちは、少なくとも多くの場合に、思考は一定のこと——快楽または満足——を、それが何を意味していようと、達成すべく試みているということを見ることができます。

ボーム：それは、それについてのあなたの解釈の仕方ですが、しかし思考はそうしていないかもしれません。かりにエンドルフィンが痛覚神経から突然除去されたら、脳は非常に強くそれに反発するようになります。思考はただ反応し、除去を減じさせるであろうあらゆることをすることを目ざした反射でもって応じます——それが、思考がひっきりなしにしていることです。

質問者：それは、わたしたちが認めたいと思うよりもずっと多く機械的な観方であるように思われます。

ボーム：ええ。わたしは、これらの反射はどちらかと言えば機械的だと言おうとしているのです。そして、脳は全体としては機械的ではありませんが、それは機械のように見える反射システムの中に巻き込まれてしまう可能性があるのです。

質問者：脳は安全を求めているのではないでしょうか？

ボーム：そのとおりです。が、ある種の妨害に直面させられると、脳は動揺させられ、そして思考過程が反射とともに介入して、動揺を減じさせるべく努めるのです。そこには何ら特異なものはありません。思考は機械ではないのですが、あたかも機械であるかのように、ただ進行していくのです。

質問者：事実の後で、わたしたちはそれはこれらの事物だと言います。わたしたちは、それは何かをすべく努めている、またはそれは機械的だと言うのです。が、それは単に事実の後の記述にすぎません。その事実それ自体の中には、現に進行中のものがあるだけなのです。

ボーム：ええ、要するに、その挙動が機械的なものとして表象されることはできるのですが、しかしそれが可能なのは単にある点までだけです。

質問者：心的エネルギー（psychic energy）および思考によってあなたが何を理解しているのか、ならびにその両者の関係についてわかりやすく説明していただけないでしょうか?

ボーム：思考は、反射を通してあらゆる種類のエネルギーを解放するでしょう。思考は、いわば、全部の範囲のエネルギーを指揮し、それは順に思考に影響を与えます。これらのエネルギーは条件づけられていないものに特有の最も微細なエネルギーではありませんが、しかしそこにはかなり広範囲のエネルギーがあります。

質問者：思考は主として条件づけによって支配されていますが、しかしそこには若干の比率ながら、わたしたちが事物を異なった仕方で見るチャンスを持つ可能性があるのではないでしょうか？　そしてそれから新たな条件づけが現出して、変化が起こるのではないでしょうか？

ボーム：そのとおりです。思考は条件づけによって働きます。それは条件づけられなければなりません。言語を習得し、書き方を覚え、あらゆる種類のことをするためには、あなたは条件づけを必要とします。けれども、条件づけがあまりにも堅固になると、それは変化すべきときにも変化しなくなってしまいます。が、それがさほど堅固でなく、変化できるようなエリアがあるかもしれません。そのときにはあなたは何か新しいもの――一組の新しい反射――を得ることができるでしょう。

質問者：が、時々、窓が開いて、わたしたちが何かを見る機会が訪れることがあります。それが、わたしたちが変わるための洞察を得る理由です。

ボーム：ええ。窓は、あらゆる種類の偶然的な（思いがけない、幸運な）仕方で開くかもしれません。わたしたちがいま行なっていることは、もし可能なら、ある種の窓を作り出すことです。言い換えれば、多分条件づけられていないエネルギーまたは何かその種のものが覚醒し、それゆえ、それがこの条件づけを調べ始めることができるようにすることです。

質問者：エンドルフィンが消滅し、それから脳が動揺して、エンドルフィンの消滅前の状態を回復させようとするわけですが、その際に思考が行なうことに加えて、他にどんな可能性があるのですか？

ボーム：もしも思考が何もしなかったら、他の何らかの解決策が訪れることでしょう。動揺が単に消え失せてしまうかもしれません。もしもあなたが、エンドルフィンがないという事実にごくわずかの間我慢すれば、システムがすぐに平衡に達することでしょう。思考が「急ぎなさい、わたしは何かをしなければならないのだ。」と言う以外は、いかなる問題も実際にはないかもしれないのです。

ここで、若干の点についてさらにわたしに言わせていただければと思います。わたしたちは、この、知覚に影響を与える思考の問題を抱えています。これは、明日、思考者と思考、または観察者と観察されるもの――他にどんな呼び方をしてもかまいませんが――を議論するときに非常に重要になるでしょう。なぜなら、次の問題が起こるからです――もしも思考が、わたしたちが知覚するものに影響を与えるなら、どのようにしてその両者を分離させたらいいのだろう？

わたしたちは身体について、〝自己知覚〟(self-perception) を意味する **propricepion** と呼ばれている非常に興味深い状況を持っています。もしもあなたがあなたの身体のいずれかの部分を動かせば、あなたはそれを動かしたこと――あなたの意図から生じた結果――を知ります。あなたはそれを直ちに、時間をかけずに、観察者なしに、思考する必要なしに、知ります。もしもあなたがそれを告げることができないなら、そのときにはあなたの身体は非常に具合が悪くなっているのです。自己知覚を喪失してしまい、首尾一貫した仕方で動くことができなくなる人々がいます。なぜなら、あなたは、自分が作り出した動きと、あなたから独立して起こったそれとを見分けることができなければならないからです。

わたしは、しばしば、真夜中に目を覚まして自分自身を叩きつけている一女性のケースを引き合いに出してきました。何が起こったかというと、彼女は、何が起こっているかを彼女に告げるべき感覚神経を損傷させた卒中に見舞われたのです。が、卒中が運動神経を冒さなかったので、彼女は依然として筋肉を動かすことができたのです。明らかに彼女は自分自身を叩いていたのですが、それが彼女自身の叩きだと知らされていなかったので、躊躇なく、それは他の誰かによる攻撃だと思い込みました。それから彼女が防御すればするほど、ますます攻撃がひどくなっていきました。明かりがともされたとき、自己知覚が回復されました。なぜなら彼女は自分の目で自分が何をしていたかを見ることができ、かくして自分自身を叩くのをやめたからです。また、一夜のうちに自己知覚を喪失してしまい、あらゆる動きを見守ることなく自分の身体を動かすことができなくなってしまった、別の女性についての公表されたケースがあります。彼女は非常に巧みに見守り、なんとかやっていくことを覚えなければなりませんでした。どうやら、それはけっして変化しなかったのです。

普通は、この自己知覚という性質は身体のために存在しています。そしてわたしたちが見る必要があることの一つは、動かそうとする意図と動きとの関係です——その関係を即座に見て、それに気づくことが必要なのです。わたしたちは、ふだん、この動こうとする意図にあまり気づいていませんが、しかしそうできるのです。もしも誰かが自分の動きをより正確または巧みにしようと欲するなら、彼は自分の意図がそれに見合うほど明確になっていないことを見出すでしょう——彼は、自分の望みどおりの仕方で動かないのです。例えば、ピアノを弾くことを望んでいる誰かは、意図と動きの関係をより良く覚えて、彼の指を彼の望みどおりに動くようにさせねばなりません。そこで、それに関して、より大きな自己知覚の性質が起こるのです。

動きの本質は、動き全体へと展開していく、動こうとする意図の中にあるのかもしれません。例えば、わたしの知人の中に、変性疾患［中枢神経の中の特定の神経細胞群が徐々に死んでゆく病気］に冒され、まったく身動きができない人がいました。彼は話すこともほとんどできませんでした。にもかかわらず、彼は大学で運動について教えていました。問題は、いかにして彼がそうすることができたかです。あなたは、非常に総明だが動くことがでなかった彼は、何らかの仕方でわたしたちよりもずっと多く意図に気づいていたと推測することができるでしょう。なぜなら、わたしたちは意図にではなく、結果の方に注意を集中させるからです。それゆえ、意図を明確にすることが、動きを適切にするためにきわめて重要なのかもしれません。このように、動こうとする意図と動きの間には何らかの関係があり、そしてその両者の間に、あなたが漠然と気づいているもの、すなわち自己知覚があるのです。

これに関連して、わたしが提起したいと思っている一つのポイントがあります。わたしは、思考は一つの運動である——あらゆる反射は実は一つの運動である——と言おうとしているのです。それはあることから他のことへと動いていきます。それは身体または化学作用または単なるイメージまたは何か他のものを動かします。そのようにして、〝A〟が動くとき、〝B〟が続いて動きます。それは一つの運動なのです。

これらすべての反射は一つのシステムの中で相互に関連し合っており、そこで示唆したいのは、それらは、実は、さほど異なっていないということです。思考の知能的部分はより微妙ですが、しかし実際には、すべての反射は基本的に構造が類似しているのです。ゆえに、わたしたちは思考のことを身体運動の一部として考えるべきであり、少なくともその可能性を探査すべきなのです。なぜなら、わたしたちの文化は、思考と身体運動は、基本的につながり合っていない、二つのまったく異なった分野であると信じるようにわたしたちを導いてきたからです。しかし、おそらく、それらは異なっていません。その証拠に、思考はシステム全体と密接につながり合っているのです。

もしもわたしたちが、思考は他のどの筋肉反射とも似たり寄ったりの反射であり、——ただそれよりずっと微妙で、複雑で、変化しやすいだけだ——と言うなら、そのときには、わたしたちは思考に対して自己知覚を働かせることができてしかるべきです。思考はそれ自体の動きを知覚し、それ自体の動きに気づくことができてしかるべきです。思考の過程の中には、その動き、考えようとする意図、そしてその現在の思考が生じさせる結果についての気づきがあってしかるべきなのです。より注意深くなることによって、わたしたちはいかにして思考がわたしたちの外側で結果を生じさせるかに気づけるようになります。そしてそれから、おそらく、それがわたしたちの内側で生じさせる結果にもまた注意することができるようになります。多分、わたしたちは、どのようにそれが知覚に影響を与えるかに即座に気づくことができるようにさえなるでしょう。それは即座にできなければなりません。さもなければ、わたしたちはけっしてそれを明らかにすることはないでしょう。もしもあなたがこれに気づくために時間をかければ、あなたは再び反射を持ち込んでしまうでしょう。では、そのような自己知覚は可能でしょうか？　わたしはその問題を提起しています。その質問が何を意味しているか、明白でしょうか？

質問者：〝わたしたち〟が気づかなければならないのですか？　それともあなたは、気づきがあるかもしれない、そしてそれから、その気づきの瞬間の後に、それについての何らかの思考がなされるかもしれないとおっしゃっているのですか？

ボーム：身体の動きが自己知覚を働かせて、それ自体に気づくことができるでしょうか？　あなたはその質問を提起することができます。その身体の動きは、それに伴うすべてのもの――気づきなどのあらゆるもの――を含んでいます。気づきを伴わない動きは、気づきを伴う動きとまったく異なっています。そこでわたしたちはまた「思考の動きはそれ自体に気づくことができるだろうか？」と訊ねることができるでしょうか？

質問者：あなたはそれを自意識（self-consciousness）から識別することができるのですか？

ボーム：ええ。なぜなら、あなたが身体を動かし、そしてそれに気づくとき、あなたは自意識的になっていないからです。もしもあなたが自意識的になっていたら、気づきは働かないでしょうから。あなたは何か他のことについて非常にせわしなく考えてさえいるかもしれませんが、もしもあなたが身体を動かしたら、あなたはそれに気づきます。何をあなたがしていようと、あなたは自分がそれを生じさせたのかどうかを直接考慮し、それに従って行動します。

かりにあなたが何かを押し、それが動くとします。あなたは直ちに自分がそれを動かしたことを知ります。それは、それが突然勝手に動き出したと考えることとは異なっています。あなたはそれにただ気づいているだけでよく、あなた自身について考える必要はありません。その種の気づきはまた、あなたが適切に歩いたりすることを可能にするためにも必要です。

この運動全体が、意図とその結果との関係になぜか気づくのです。なぜならあなたは「それは動かそうとするわたしの意図の結果であり、それ以外のいかなるものでもない。それはどこか他の場所から来たのだ。」と言うからです。が、あなたはそれを言葉で言い表わしたり、複雑な分析等々を行なったりするわけではありません。あなたはなぜか直接気づき、それからすべての反射がそれに従って動くのです。

さて、思考がそのようにすることができると仮定しましょう。わたしは、なぜそれがそうすることができてしかるべきなのかに対する論拠を挙げました。もしも思考がそういったすべての身体反射の単なる延長であるなら、おそらく思考は直接それ自体に気づき、それから自分が何をしているかに気づくことができるでしょう。ここで立ちはだかってくる思考の基本的な難点は、自分が関与しているにもかかわらず、どのように関与しているかに気づかないということです。

質問者：物理的なものに戻ってよろしいですか？　〝自意識〟によって何が意味されているか、実はよくわからなかったのです。わたしはそれに〝自（己）〟を付けたくなかったのです。むしろ、その瞬間には実際にその動きまたは感覚とともにいなければならないのではないかと言いたかったのです。

ボーム：ええ、しかしあなたは、思考中で、動きから分離しているあなた自身に気づくことはありません。「わたしは自分自身について考えている。」とあなたが言うとき、あなたはその種の事態に陥り始めます。

もしも思考が通常の仕方で、それ自身をそれ自身から（〝わたし〟として）分離させてから自分自身を見つめようとするなら、それはそうすることができないでしょう。が、かりに思考が、何らかの仕方でそれ自身を分離させることなく、それが動いていることにただ気づいているとします。すると、外側で起こっていることと内側で起こっていることを含む様々なことが起こっています――感情、情動、等々だけでなく、知覚もまた影響を及ぼされています。わたしたちは、知覚の**この**変化は思考を通して起こり、そして知覚の**その**変化は物体が実際に変化したので起こったということに気づく――それを即座に見る――ことができるでしょうか？　これが重要なのです。

わたしは、あなたが突然わたしに腹を立てたことに気づくかもしれません。それはあなたが実際に腹を立てたので起こるのかもしれません。が、また、あなたが怒っているようにわたしに見えさせる何かを突然わたしが思い浮かべたということもありえます――それはパラノイアです。例えば、上司が名状しがたい表情を顔に浮かべながら向こうから歩いて来るとします。わたしは彼を見つめ、そして考えます。「彼は不幸なので、渋面をしているのだ。おそらく、彼はわたしを解雇しようと考えているのだ。」かくしてわたしは、彼がわたしを解雇する用意ができていると見なします。それは、思考によって影響されたわたしの知覚から起こったのです。他方、もしかしたら、彼は実際にわたしを解雇する用意ができているかもしれません。それを識別することは非常に重要です。さらにあなたは、それを見間違えることによって、それが起こるのを助けてしまいさえするかもしれません。彼がそうしたくなるように誘導するような仕方で振舞ってしまうからです。

わたしたちは、普通、いかに思考が知覚に影響しているかについて正しく把握し、「オーケー、それは単にわたしの想像にすぎない。」と言って、それらの問題のいくつかに対処することができます。が、非常にしばしば、わたしたちはそうしません。パラノイアは自己知覚がよりいっそう働かなくなってしまったケースで、その症者たちはそれを正しく把握するのに非常に難儀します。パラノイア症者たちは、彼が行なったことと、彼と無関係に起こったこととの相違を告げることができません。彼はいたるところに脅威を見ますが、それは彼自身の思考かもしれないのです。彼は、いつも彼自身の恐怖、等々を彼の知覚の中に投影します。人々はやはりそうしていますが、しかしパラノイアにおいてはそれは人々が普通していることを超えて誇張されていき、そしてそのような人々は正常に機能することができなくなってしまうのです。

質問者：上司が特定の表情を顔に浮かべて向こうからやって来るというような何かが起こるとき、それは単なる知覚上の事実かもしれません。が、それについての何らかの解釈が問題にされねばならないのです。

ボーム：が、困難は、あなたがそれを、とりわけ、もしもあなたがパラノイアなら、それを解釈として見ないということです。あなたを解雇する用意ができている上司についての表象である、あなたが持っている思考または解釈は、あなたを解雇する用意ができている上司についての**知覚**になるのです。

質問者：わたしたちはみんなそうするのではありませんか？

ボーム：わたしたちはみんなそうしますが、しかし異なる程度までです。パラノイアは、単に通常の挙動を誇張したものです。それは行き過ぎてしまうのです。

質問者：それは思考におけるハンセン病のようなものですか？

ボーム：ある意味ではそうです。ハンセン病の場合は、筋肉に対してそれらが何をしているかを告げるべき神経が損傷されてしまったので、患者たちは本来感じるべき苦痛を感じません。それゆえ、鼻全体を脱臼させてしまうかもしれません。指をもぎ取ってしまうかもしれません。自分が用いている力について適切に知らされないので、あらゆるものを破壊してしまうかもしれません。そしてそれから四肢が剥離したり、指が脱落しているのを見て、「おお、指がひとりでに脱落している。」と言います。が、実は、気づかないまま、自分がそれらをはぎ取っているのです。

質問者：パラノイアはそのような特質を持っているのですか？

ボーム：そうです。例えば、もしも誰かがある人のことを敵または脅威として扱えば、それは目に見えるようになり、そしてその人はぎょっとさせられ、そして応酬してくるかもしれません。

質問者：すべての表象はシステム内にあるのですか？　一種の他次元の表象のようなものはありうるのでしょうか？

ボーム：システムが表象を生じさせるのです。それらが過去に基づいているかぎり、それらはシステムの中にあります。

質問者：わたしたちがいま機能している仕方では、脳は自己知覚していないのでしょうか？

ボーム：それは多くの仕方でそうしていますが、しかしこの仕方——思考の中でのそれ——ではしていません。

質問者：あなたは、あたかも自己知覚があるかのように作用する様態《モード》で機能することが可能かもしれないと示唆していらっしゃるのですか？

ボーム：または、実際に自己知覚があるような仕方で。わたしは、わたしが与えた論拠から、脳内で起こることを体内のどこかで起こることから、また思考内で起こることを筋肉等々で起こることからなぜ区別すべきなのかわからないと申し上げているのです。それらはすべて、多くの点で異なっていますが、基本的には似たり寄ったりなのです。

質問者：わたしたちがいま知っているものとしての思考内の自己知覚の欠如は、何らかのイメージが実際に進行しているものに基づいているのか、それとも進行しているとわたしが思っているものに基づいているのかを区別できないということを意味しているのですか？

ボーム：そのとおりです。わたしたちはこう言うことができるべきなのです。「わたしは何が進行しているかを見ている。わたしは推断を生成した。わたしは自分の推断を自分が見ているものから区別する。そしてわたしはわたしの推断を、後で自分が見るものに照らしてチェックするだろう。が、わたしが見るものを推断と混同させたりはしない。」それは常識、明晰な思考と言いうるでしょう。が、今度は、それは、わたしが〝見る〟事物のいくつかは、実はわたしの思考または表象によって投影されたものだという事実によって妨害されます。そしてそれからわたしがそれらについて考え始めるとき、わたしはそれらについて思い違いしてしまいます。それらは結論になってしまうのです。法廷で言うように、それらは結論であって、事実ではありません。が、それらは事実のように見えてしまうのです。

質問者：そして、時々、わたしたちが知覚するものはぞっとさせます。が、実際には、わたしたちが知覚する**仕方**がぞっとさせるのかもしれないのです。

ボーム：ええ、わたしたちはぞっとさせるものを投影しています。あなたが夢を見ているとき、あなたはぞっとさせるものを夢の中に投影するかもしれません。それは同じ種類のことです。あなたが夢の中で知覚するものは完全に思考のせいかもしれないのですが、しかしそれは知覚としてかなり納得がいくのです。

質問者：わたしが言いたかったのは、もしもわたしたちが自己知覚を持ったら、多分、わたしたちが最初に気づくことは、何かぞっとさせることが実際に起こっているということですが、実はわたしたちに事物がそう見えているだけだということです。思考は危険な働き方をするのです。

ボーム：または、多分、もしも自己知覚があったら、わたしたちはそのような狂った仕方で知覚し続けることはないでしょう。

質問者：それが起こるためには、何が現出しようと、人はそれへのいかなる検閲も持ってはならないでしょう。そしてそれは非常に苦痛を与え、困難であることでしょう。

ボーム：が、それは苦痛を与え、困難であるとあなたに告げるのは思考過程の一部です。苦痛は、他のあらゆる種類のトラブルを引き起こしているのと同じシステムから来るのかもしれません。思考過程が、〝それは非常に苦痛を与え、困難なものになる〟と言うのです。そしてそれゆえあなたはそれを感じるのです、ちょうどあなたがテーブルの現実性を感じるように。

質問者：では、あなたは、人類は自分がしていることを知らず、自分がどのように知覚しているか知らず、そして別の見方があるかもしれないと言っておられるのですか？

ボーム：ええ。それゆえ、まず第一に、思考それ自体が何らかの仕方で変わらなければなりません。わたしはイメージまたはアナロジーを提供したいと思います。わたしは、思考はそれ自身を非常に大きなものと見なしていると言いたいのです。が、おそらく、それは流れの上の単なるさざ波にすぎないのです。そしてその流れとは〝意識の流れ〟(stream of consciousness) です。ですから、意識の流れがそれ自体に気づかなければならないのです。が、それはさほどの大仕事ではありません。なぜなら、単に意識が気づくようにさせさえすればいいだけのことだからです。問題は、意識の流れが、それが生じさせているこのさざ波に、ちょうどそれがどのように身体を動かしているかに気づくように、自己知覚を働かせて気づくことができるかどうかです。

質問者：それは、どうやら、どうしたら思考はそれ自身に気づくことができるのかを理解する際にわたしが直面していた困難に対処していると思います。あなたがそれを述べるとき、それはまったく意味をなしている（もっともだ）と思われます。が、わたしは、思考は記憶なので、述べることができるだけで、気づくことはできないという考えを抱いてしまうのです。

ボーム：が、思考はまたそれ以上のものです。

質問者：そう言いたかったのです。あなたは「それ自体に気づいている思考の運動」という表現を用いていらっしゃる。

ボーム：ある意味で、記憶は単なる記憶以上のものです。なぜなら、記憶は一組の反射だからです。それは一つの運動です。記憶は、実際には、一つの運動なのです。〝記憶〟(memory) という言葉は、普通、単に貯えられた何かを表しています。が、記憶はまた脳内の一つの運動です。ですから抽象物である記憶は、それ自体は抽象物ではない何かの表象なのです。

質問者：もしも記憶が一つの運動なら、そのときにはあなたが〝条件づけ〟と呼んでいるもの、つまり思い込みをテープ録音することもまた一つの運動です。

ボーム：ええ。しかしテープはあまりにも機械的なアナロジーです。わたしは、〝テープ録音される〟と言わず、むしろ〝条件づけられる〟と言うでしょう。あなたは、あなたが何かをするたびごとに、それは神経内に少しだけ変化の跡を残し、それゆえそれは一つのパターンを築き上げるというふうに考えることができます。そして、それがますます固定されていくのです。

質問者：思考は意識の流れの表面上のさざ波のようなものだとあなたがおっしゃるとき、それはあたかもこのさざ波を見ることは非常に単純で容易であるようにわたしには聞こえるのですが。

ボーム：実際にはそうかもしれないのですが、しかしわたしたちはそうしません。わたしたちがいまその中にいるこの意識様態においては、このさざ波があらゆるものであるように思われます。それはあらゆるものであると表象され、それゆえあらゆるものとして知覚されてしまうのです。

質問者：それは思い違いの一つかもしれません——それが、実際にそうであるよりずっと困難だとわたしたちが考えてしまうことは。

ボーム：そのとおりかもしれません。わたしたちは、いかにそれが困難かについて思考がわたしたちに告げることを当てにすることはできません。思考は、実は知らないのです。ですから、それがどれだけ困難かをわたしたちは知らない、そしてこれについて思考が何を言おうと、それは実は知らないのだ、ということが最善なのです。

質問者：この、思考過程の中で機能すべき自己知覚――思考がそれ自身に気づくこと――について、あなたはそれに何らかの異なった仕方でアプローチすることができますか？

ボーム：思考は、いま、様々な点でそれ自体についての表象へと条件づけられています――それは身体とは異なっている。それは知覚に影響を与えていない。それはあなたに事物のありのままの状態を告げているだけだ。等々。そしてそれゆえ、それが思考の働き方についてのあなたの知覚を構成しています。思考が何を表象しようと、それがあなたのそれについての知覚の仕方になるのです。さて、〝外側〟では、あなたは自分の知覚をチェックします。もしもあなたがこれを――実はコップ以外の何かであるときに――コップとして知覚すれば、あなたはすぐに感覚的経験によって、それが首尾一貫していないことを見出すでしょう。ですから、思い違いされている知覚が首尾一貫性のなさとして現われ、そしてわたしたちはそれらを是正します。が、〝内側〟ではそれはずっと困難です。なぜなら、あなたはそれをつかまえることができないからです。わたしたちは思考のことを内側にあるものとして語ります。が、実はそうではありません。なぜなら、それはまた全世界であるからです。

思考は、あなたにただ事物のありのままの状態を告げているのとちょうど同じように、それ自体を知覚から分離しているものとして提示します。思考は、それがどう働くかについてこう思い描いています――あなたが一定の事物を見ると、その後思考はそれらについて単により多くのことを告げるだけだ。それは断定を下す。それは何もせず、何の影響も与えない。それゆえ、それが思考についてあなたの見方になるのです。が、思考は実際にはそれ以上のことを行なっています。それは、あらゆるものに対するあなたの知覚の仕方に影響を与えるのです。それは明瞭でしょうか？

質問者：あなたは、思考―身体過程は一つの運動だとおっしゃっているのですね。

ボーム：ええ。さらに知覚、感覚知覚も。

質問者：また、気づきもあります。気づきはこのすべての上流にあるにちがいありません。

ボーム：根源的には、ええ。わたしは、より根源的な、深海にあるとわたしが想像《イメージ》している気づき、意識の流れが利用できると示唆しているのです。が、気づきはまた、システムの働きと混同されるかもしれません。なぜなら、システムは気づきを表象化することができ、そしてそれからその表象をあの根源的な意識それ自体だと見なすことができるからです。

わたしたちは、思考は一つの表象であり、一つの形態だと言っています。表象は常に一定の形態を成しています。虹は一定の形態です。文字は一定の形態です。アーティストは形態を作り上げます。表象は常に一つの形態です。が、その形態は、それから、明らかに〝現にあるもの〟の一部になります。さて、あらゆる人は、表象はほとんどさざ波以上ではないということを見ることができます。それはたいした中身を持っていません――誰もがそれを見ることができます。が、それが知覚と融合するときには、それはすべての中身を持っているように思われるのです。

質問者：表象は一つの抽象物であり、それはまたその物理的成分を持っている一つのシンボルです。

ボーム：持っていますが、しかし物理的な事物としては、それはごくごくちっぽけです。つまり、それは紙の上のほんの数滴のインクか、または脳内の微弱な電流にすぎないかもしれないのです。

質問者：それは構造を持っていないのですか？

ボーム：それは構造を持っています。形態は一つの構造物ですが、しかしそれは独立したいかなる中身も持っていません。それは固有のいかなる必然性も持っていないのです。

質問者：あなたはそれを表面、何かより微妙なものがその下にあるそれ、として表象することができるでしょうか？

ボーム：ええ。あなたが海面を見つめるとき、あらゆる種類の**形態**（form）がそれらの波の上に現われるでしょう。それらは次々に変化していきます。それらを保持するものはほとんどありません。その中にはごくわずかのものしかありません。そしてそれから、あなたは深さを持ちます。

それらの形態は、しかしながら、精神の中では意味を持っています。そしてあらゆるものがその意味に従って現われます――そうあらねばならないのです。が、その意味の重要な部分が間違っているのです。なぜなら、ある部分が欠落しているからです。すなわち、それは表面にある外面的形態にすぎないということを意味しているべきなのです。しかし、そのかわりに、それは、その形態が〝現にあるもの〟の基本的な中身であることを意味してしまっているのです。

質問者：それは、二種類の知覚――表面的なそれと本質についてのそれ――があるということを含意しているのですか？

ボーム：わたしは、より深い知覚、これらの深みから発出してくるそれがあるかもしれないと申し上げているのです。が、わたしたちが通常知覚だと見なしているもの――または、少なくとも思考が知覚だと見なしているもの、わたしたちが通常〝知覚〟と見なしているもの——は、思考によって大きく影響されています。確かに、わたしたちの通常の感覚知覚（sense perception）は概してそのような性質を備えています——多分、時々それから逸脱することはあるかもしれませんが。

この瞬間には、わたしたちは、思考がその情報源と見なしているものについて留意しているだけでさしつかえありません。さて、思考は、とりわけ感覚知覚をその情報源と見なしており、そして感覚知覚は思考によって影響されていない——それはただあなたに何かを告げているだけだ——と言います。そして思考はそこから前進していくでしょう。が、知覚がすでに思考によって影響されており、そしてその思考は、それが行なった何かを思考とは無関係の事実と見なしているということが判明するかもしれません。

質問者：それがより深い知覚（depth perception）を妨げるのですか？

ボーム：結局、それは脳をごっちゃにしてしまうので、ほとんどあらゆるものを妨げてしまいます。その見せかけの事実に基づいてかなり多くの他の事物が起こり始め、そして脳はごっちゃになってしまいます。その踏み誤りから、それは広がっていき、そしてシステミックな欠陥になっていきます。それはあらゆるものの中に広がっていくのです。

質問者：初めは思考の干渉が知覚されず、それから思考の干渉が知覚され、そしてようやく思考の干渉がなくなるとおっしゃっているのですか？

ボーム：ええ、それらはいくつかの可能な状態です。かりに思考がそれ自身の影響に気づくことができると仮定してみましょう。すると、それが何の意味もない影響を生じさせているとき、それはきっぱりとそうすることをやめることでしょう。思考は、故意に（悪意から）あらゆるものを破壊しようと企てているのではありません。それは、明らかに、何かを——それが何であれ——それ自体のメカニズムに従って行なっているのです。

あなたが身体についての自己知覚を持っているときには、それを持っていなかったら犯すであろうような種類の誤り——あの、自分自身を攻撃してしまった女性がしたようなそれ——を犯したりしないでしょう。同様にして、あなたが自己知覚を働かせている思考を持っていないときは、あなたは自分自身を攻撃し始め、傷を負わせてしまうかもしれません。あなたは、攻撃は外側からなされたという印象を持って、「わたしは傷つけられている。」と言うことでしょう。

質問者：あなたは、知覚の仕方についてよりも多く思考の仕方について話しておられないですね。

ボーム：ええ、それは知覚の何らかの延長物なのです。わたしは、多分、そのような知覚の延長は可能だと言っているのです。

質問者：思考の自己知覚は、わたしたちが思考と思い込んでいるものの中でではなく、実は物理的なもの（the physical）の中で起こる——なぜなら、それらはすべて同じものだから——のでしょうか？

ボーム：そのとおりです。それはすべて物理的なものであるので、それは何かより微妙なものの中への通常の自己知覚の延長なのですが、しかし依然として同じ一般的性質のものなのです。それがわたしが主張しようとしていることです。思考と物理的なものとの間のこの区別は、両者の間に単に点線を引いて示されるべきそれなのです。が、わたしたちは自分の思考の中でそれらの間に巨大な溝を引いてしまったのです。かくしてわたしたちは、それらをそのような仕方で知覚してしまうのです。

質問者：人々がこれについて何度も何度も説明してほしいと頼む理由の一つは、あなたが「それ自体の動きに気づいている思考」や「自己知覚」とおっしゃるときに、それがどのようなものかについてのイメージを現在の思考が作り上げてしまうということではないかとわたしには思われるのです。そして、自分の活動に気づいている思考についてあなたが話していることに耳を傾けるよりはむしろ、思考は、気づいているというのはどのような状態かについて記述すべく企て始めるのです。

ボーム：そうです。そしてその記述の難点は、それがあなたの知覚に入り込むということです。もしもあなたが「率直に言って、これは気づいているとはどういう状態かを想像するための憶測的企てであり、実際にはまったくそういうものでないかもしれない。」と言えば、それを記述することは一向にかまわないでしょう。が、かわりに、あなたは想像の中でその記述をそのまま表象してしまいます。すると、非常に速やかにそれは勢いよく広がっていき、そしてあなたを誤らせるある種の一見して現実らしきものになってしまうのです。いまや、まさにその過程――わたしたちがちょうど記述したもの――がシステム内の欠陥の一部になってしまいます。それは単に別種の欠陥なのです。

質問者：もしもわたしが記述を大事にすることができず、わたしはそれをすることができないと言えば、どういうことになるのでしょう?

ボーム：しかしそのときには、それがあなたの知覚の中に〝できない〟として入り込み、それゆえあなたは妨害《ブロック》を知覚します。もしも記述ができないなら、そのときには聞くことさえ不必要です。つまり、あなたはそれを真に受ける必要がないのです。後は成り行きに任せればいいのです。

質問者：では、わたしたちは自分の表象または現在の思考が影響を与える状況から抜け出そうとしているのではなく、むしろ、その中で起こっていることにもっと多く気づこうとしているのですね。

ボーム：ええ。また、何が起こっているかをわたしたちがきちんと見るときに、それを適切に記述しようとしているのです。なぜなら、もしもわたしたちが何が起こっているかを見て、それを間違って記述すれば、わたしたちはシステムに、それがしていることを間違って伝えてしまい、そのときにはシステムがますます混乱させられてしまうからです。システムがそれ自体について持つすべての情報は、それが行なうことに影響を与えるのです。

このことを把握することが重要です。それを知的に、または多分、ややそれを超えて把握することは第一歩となるでしょう。なぜなら、これはかなり多くの混乱を晴らすのを助けるでしょうから。が、あなたがこの過程についての他のすべての観念を暗黙のうちに受け容れているかぎり、あなたはそのような仕方でそれを見続け、そしてけっしてそれを探査しようとしないでしょう。わたしが何を言いたいか明瞭でしょうか？

ですから、思考についての適切な推断を下すことが非常に重要です。これらは単なる根拠のない憶測ではありません。むしろ、わたしたちは観察し、そしてそれから推断を下し、さらにそれからできるかぎりそれらを検査し、またはそれらが道理に合っているとわたしたちが感じるかどうかを見るように試みてきたのです。これはまさに、適切に用いられるときの常識の一種の延長です。それはあなたが何かを観察するやり方です――あなたはそれから推断を下し、その後再び点検して、あなたの推断が適切で、首尾一貫している、等々かどうか見てみるのです。

これがわたしたちが行なっているやり方です――わたしたちは推断によって先に進んで行くのです。が、以前言ったように、これは充分ではありません。なぜなら、それが依然として反射を取り除いていない場合があるからです。しかしながら、それは有用な一歩です。それが必然的かどうかはわたしには言えませんが、しかしシステムがそれ自体について持っている以前の一組の思い込みと観念の中にあった混乱を幾分なりとも晴らすことができることは、重要な一歩になるとわたしは思います。

質問者：人が、思考の中での自己知覚過程を、それが実際に機能しているとおりに記述することはできるのでしょうか？

ボーム：多分、少し後で。何であれあなたが実際に見たものには適切な記述が与えられるかもしれませんが、もしもあなたがそれをまだ見ていないのなら、それは空想的なものになり、そしてそれは他の形をして入り込み始めます――それは、あたかもあなたがそれを見たかのように、あなたの知覚に影響を与えるのです。

質問者：問題はこういうことであるように思われます――いかにしてわたしたちはその微妙さを俎上に載せ、それによって、それ自身が働きそして操作していることが見えないという思考のこの粗大な異常さを消散させ始めることができるのだろう？

ボーム：あなたが〝いかにして〟という言葉を用いるとき、それは「どんなシステムによってわたしはそ意味していると受けとめられる可能性があります。

質問者：では、あなたは何を提案なさりたいのですか？

ボーム：さしあたりあなたができることは、問題を考慮することだけだと申し上げているのです。これを問題を解決することと見なそうとする企てが邪魔をしてくるのではないでしょうか？　その問題解決的態度は、システムが働いている一定のエリアでは一向にかまいません。が、このエリアではなんとかして他のアプローチをしなければならないのです。

質問者：もしも思考が過去の経験から出てきて未来へと投影されるのなら、わたしたちが現在の中にいるようにすれば、この思考過程が働いているのを見ることができるのではないでしょうか？

ボーム：そうかもしれません。が、そのときにはあなたは、どうやって現在の中に入ったらいいのかという問題に直面します。または、なぜわたしたちは現在の中にいないのだろう、という問題に。明らかに、わたしたちは現在の中にいなければなりません。他のどこにわたしたちはいることができるというのでしょう？　が、なぜわたしたちはこれを見ないのでしょう？　わたしたちは過去の中に生きてはいないのです。何人かの人々は過去の中に生きていると言われていますが、しかしそれは単なる比喩的表現にすぎません。あなたは彼らに宛てて過去に向かって手紙を出したりはしません。ですから問題は、なぜわたしたちは自分が現在の中に生きているということを――もしもそれが事実本当なら――見ていないのか、ということです。

そのようにしてあなたは、これがシステムの働き方であることを見ることができるようになります。さらに、点検してみる必要がある、このシステムの他の特徴があります。それには、わたしたちがまた**時間**の問題を調べることが必要になるでしょう。このシステムはまた時間の全システム、ならびに自己（self）と観察者および観察されるもののシステムをも含んでいます。

しかしわたしたちは、出口がある**かもしれない**――あると断言しないまでも、あるかもしれない――ということを確かめるのに充分なほどそれを見始めたとわたしは考えています。さて、これはわたしたちが思考を一つの全体――化学的―物理的な全システム、等々を伴うそれ――と見なすことを必要とします。

質問者：しかし、何かが他の何かを知覚しているのでしょうか？

ボーム：いいえ。わたしたちの言語の中には、もしも何かが知覚されれば、それを知覚する他の何かがあるにちがいないと言う部分があるとわたしは言おうとしているのです。が、それは事実ではないかもしれないのですが、それが邪魔をしているのかもしれないのです。なぜわたしたちは、意識の流れがそれ自体に気づくことができる、またはわたしたちは知覚するための別個の知覚者を必要としていないと言うことができないのでしょう?

質問者:この意識が単なるニュートン物理学的な物質であると言うことは難しいのではないでしょうか?

ボーム:わたしたちは、それは単なるニュートン物理学的物質だと言っているのではありません。以前言いましたように、物質はその微妙さにおいて限りがないかもしれないのです。言い換えれば、わたしたちの思考の難点の一部は、それが物質は非常に限られている、それはこれ、またはそれ、等々であるにすぎない——それはこの種のことをまったく行なうことができない——と言うことです。しかしながらそれは、わたしたちがすでに物質についてあらゆることを知っているということを示唆していることになります。が、わたしに言わせれば、わたしたちは物質について何もかも知っている**わけではない**と認めることがきわめて重要なのです。

質問者:ではあなたは、物質は知覚することができると示唆していらっしゃるのですか?

ボーム:わたしたちはまだそこまで至ってはいませんが、しかし物質はわたしたちが考えているよりもずっと微妙な何かを行なうことができます。少なくとも、それは新しいやり方で知覚に応答するようになります。例えば、新しい知覚がシナプスのいくつか、またはびくともしないような事物を変化させ始めるかもしれません。などなど。それには後ほど話し及ぶでしょう。

質問者：以前あなたは、身体は明らかに自己知覚を持っている、そして思考はそれを欠いているように思われる、また、身体と思考過程は点線によって分離されているだけなので、思考は、あるレベルで、その性質の中に自己知覚の運動を持たなければならなくなるだろう、とおっしゃいました。しかしながら、思考の中で起こっている何らかの衝撃または騒音または他の何かが、この運動への感受性を掻き消してしまいます。

ボーム：ええ。感受性を退けたり、妨げたり、それに逆らったりする何かが思考の中で起こっています。もしもあなたが思考の活動を見ることができたら、わたしたちが当てにしている事物のほとんどは、実際には無に等しいということを発見するかもしれません。それら——自己、社会、等々——は思考によって生じさせられているのです。

質問者：わたしたちが自己知覚でもって知覚するとき、わたしたちは対象をありのままに直接知覚しているのでしょうか？

ボーム：運動それ自体が、何らかの仕方でそれ自体を知覚しているのです。

質問者：わたしたちが自己知覚なしに知覚するとき、わたしたちは記憶から知覚しているのでしょうか？

ボーム：記憶の反射から、ええ。

質問者：では、何かより直接的なものの可能性があるのですか？

ボーム：ええ。記憶は思考の運動を知覚するのに適してはいません。それは明らかだと思われます。なぜなら、記憶は即座的なもの、思考の直接的な運動をけっして知覚しないからです。

質問者：わたしは、このことに関心があるかなり多くの友人を見てきました。そして彼らはますますごっちゃになっていき、理屈っぽくなり、落ち込んでいくように思われ、そして人生に対処する上での常識のかなり多くを失い始めてしまうように思われます。彼らは、彼ら自身に気づくことにあまりにも夢中になってしまうので、それを見ているわたしを気がかりにさせます。わたしもまた自分自身に気づくことにあまりにもこだわってしまうと、何もかもごっちゃにさせ、心配になり、そして生きるのをやめ始めるのでしょうか？

ボーム：わたしはあなたがそうするよう提案しているわけではありません。第一の要点は、もしもあなたが、わたしたちが提示してきた問題を理解することなしにあなた自身を見つめるだけなら、あなたはただ自分が思考によってでっちあげた何かを見ているだけになるでしょう。そしてあなたは、必然的にごっちゃになってしまうでしょう。わたしは、あなたがもっぱら内省にだけ携わるとき、なぜあなたがごっちゃになってしまうかを説明しているのです——そうなってしまうのは、何であれあなたが見るものは思考によって生じさせられたものであり、それが知覚として提供されてしまうからなのです。それゆえ、あなたが見ているのは単に多くの形態、もやもやした雲状のもの、鬼火や狐火のようなもの、等々にすぎないのです。

質問者：あなたは、ごっちゃになっているわたしに少しも活を入れてくれません。が、わたしは、何がそうさせるのかを自分なりに理解すべく努めているのです。

ボーム：多分あなたは、これを見つめる人は誰であろうとごっちゃになってしまうという思い込みを持っているのですが、それは必然性についての思い込みなのです。

質問者：わたしは、自分がごっちゃになっている、またはいないかどうかを決定するのは何なのかを理解しようとしているのです。

ボーム：が、あなたがその質問を提出したという事実が、その下には何らかの思い込みがあるとわたしに示唆しているのです。

質問者：それがしばしば起こることは確かです。

ボーム：そのようにしてわたしたちはこれらの思い込みを積み重ねていくのです。何かが起こるとき、それは常に起こるだろう、それは必然だとわたしたちは言います——それは常に必然だということになってしまいます。そしてわたしたちは身動きできなくなってしまうのです。それが、わたしたちが潜り込んでしまう類いの事態です。それは非常にしばしば起こるかもしれませんが、しかしそれは〝常に〟起こることを意味しているわけではありません。もう一度、わたしたちは、わたしたちはそれについて何もかも知っているわけではなく、それゆえそれは常に起こると言うことはできない、と言わねばなりません。さて、それが一番目の要点です。

次に二番目の要点は、すでに説明したように、もしもあなたが自己知覚などの問題を探査しなければ、あなたは確実にごっちゃになっていくということです。つまり、わたしが与えた説明から、まさにあなたが述べているのとまったく同じような経験が起こることが避けがたくなるということです。それがあなたがする経験であることが明らかになるのです。

三番目の要点は、もしもわたしたちが自己知覚などを探査しなければ、何もかもがうまくいくようになるとはとても思えないということです。そのときには、わたしたちはこのごちゃまぜを世界中に行き渡らせ続け、とうとう行き着くところまで——それがどういうところかわかりませんが——行ってしまうだろうということです。わたしたちは、比較的近い未来にそれが何をしでかすことになるかさえ知らないのです。なぜなら、それは何らかの破滅的な結末に帰着する可能性があるからです。「いや、大丈夫だ。いまの事態を放置しておいても、そのうち万事うまく収まるだろう。われわれは素晴しい常識を持つようになるだろう。」などと言っているゆとりはないのです。なぜなら、いまの事態に直面して、常識が役立たなくなってしてしまったからです。常識が間違っているのではなく、こういったすべてがまかり通っているいま、あなたは常識を通用させることができなくなっているのです。

それゆえわたしは、あなたはそれを非常に注意深く見つめ、そして非常に注意深く考えてみなければならないと申し上げたいのです。それには大きな危険が伴うことは確かです。しかし、そうしないでいることにもまた危険が伴うのです。では、それにどう取り組んだらいいのでしょう？　わたしには、いくつかある代案のすべては概して危険であると言うことが道理にかなっていると思われます。が、それらのうちの一つ——すなわち、現在進行中のそれ——は、ほぼ確実に失敗するでしょう。そしてここで提案している代案は、うまく働く可能性があるかもしれません。

わたしが言ってきたことは、実際に起こっている様々な現象についての首尾一貫した説明を与えているとわたしは思います。それは、わたしが言ってきたことの帰結の一つなのです。そしてそれが働いていないことをあなたが見出すときはいつでも、なぜそれが働いていないかを説明するのです。すなわちそれは、わたしたちは依然として挑まれている——わたしたちはまだ底まで、その最後まで達していない——ということを意味しているのです。

質問者：「わたしたちは依然として挑まれている」ということによって、あなたは何を意味されたのですか？

ボーム：わたしたちはかなり遠くまで来て、諸々のことを説明してきましたが、しかしまだ反射に充分に触れてはいないということです。わたしたちは、多分、それらに何らかの影響を与えてきました。が、これらの反射は依然として作用していることでしょう。

質問者：説明は影響を与えていないのですね。

ボーム：ええ。説明は有用であり、必要ではありますが、しかし何かそれ以上のものが必要なのです。

質問者：で、あなたは、現象はいまここにあり、そしてそれについての説明は、わたしたちが掘り下げた点までは適切だと見なすことは筋が通っていると考えていらっしゃるのですか？

ボーム：わたしたちがいままでに見ることができる範囲では、説明は適切であり、また、わたしたちは注意深い観察および推断と吟味検証によって事物を見極め、そしてそのすべては筋が通っているように思われる——そうとだけ言っておくことにしましょう。誰であれそれは筋が通っていないと思った人は、そう言う機会を持っていました。しかるに、わたしたちはいままでにその中に穴を見出すことができていません。まさにそのことが、起こってくるこれらすべてのケース、これらすべての異なった困難を説明しています。それはそれらを明らかにしています。それらはこのことの内側で予期されてしかるべきことであり、わたしたちはそれらによって驚かされるべきではないのです。

質問者：わたしたちは現在についてもう少し議論することができるでしょうか？　思考は過去によって条件づけられ、そしてそれは未来に起こるであろうことを投影します。わたしの精神はすでに起こったこと、およびこれから起こるであろうことへと条件づけられており、それゆえわたしは現在起こっていることを見逃してしまうのです。これに対して、もしもわたしが現在にいれば、わたしは実際に動いているあらゆるもの——わたしのまわりにいる人々、またはあらゆる出来事——の音を聴き、そして同時にあなたが言っていることを聞き、さらにわたしの身体がどのように感じているかにも聞き耳を立てていくでしょう。そこには何の分離もありません。わたしとあなたは一体です。そしてそのような現在にいる状態の中で、わたしは自分の思考を見守ることができます。

ボーム：そうすると何が起こりますか？

質問者：自分の思考を見守ることによってわたしは、わたしを握っているその手を離します。それらはまるで動いていて、わたしはそれらを見守っているかのようです。わたしはそれらの中に捉まえられません。それらを見守ることによって、わたしはそれらではなくなり、したがってわたしはそれらがわたしに告げていることに疑問を呈することができるようになります。

ボーム：が、もしもあなたが「わたしが見守っている」と言えば、そのときには誰かが「〝誰〟が見守っているのですか？　そこには分離があるのですか？」と訊ねる可能性があります。

質問者：「**わたし**が観察している。」というふうに言うことはできないとわたしは思います。ただ見守りがあるだけです。なぜなら、〝わたし〟と〝思考〟は一体であって、分離していないからです。「わたしが見守っている。」と言うことは一種の欺瞞なのです。

ボーム：多分わたしたちは、明日、それをより深く調べるべく試みるでしょう。が、思うに、これを変えるためには、わたしたちは、この物理的状況、この物理―化学的状況を変化させるであろう、一種の洞察（insight）を必要とするでしょう。

質問者：そのような洞察を持つようにわたしたち自身をなんとかして挑ませるよりはむしろ、それについて述べるべく企てることを目ざすことには価値があるでしょうか？

ボーム：あなたがそれを持つとき、あなたはそれについて何かを言うことができるようになるでしょう。問題は、それがどういうものかを実際に伝えるであろう何かを言うことです。

質問者：また、わたしたちは、時々、自分の思考を見守り、それらについて話すことができるかもしれないというふうに思われます。が、感情（情動）が割り込んでくるときには、わたしたちはその能力を失ってしまいます。他の何かが入り込んでくるのです。

ボーム：わたしたちはその能力を、たとえ感情が割り込んでくるときでも働けるほど力強く、堅固にさせなければなりません。そうなると、思考の中で起こっていることを見守る能力が知覚を生じさせるかもしれません。

わたしたちは、それを働くようにさせるための真の変化が起こらなければならないと言うことができるでしょう。この条件づけ、条件づけの物質的基盤に変化が起こり、それによってそれがあまりにも強固にならないように気をつけなければなりません。そしてわたしは、それは洞察を必要とすると思います。

だいぶ遅くなりましたので、議論は明日改めて再開したらいいのではないかと思います。

質問者：今晩するためのちょっとした宿題を与えていただくことはできないでしょうか？

ボーム：一番いいのは、今朝わたしたちが議論したことを行なうことだと思います。すなわち、過程《プロセス》を——怒り、恐怖、嫉妬または快楽でだけでなく、何であれその他の卑近なもので——連れ出すような言葉を用いるべく試みることです。

質問者：抵抗はいかがですか？

ボーム：もしもあなたが抵抗を持っているなら、そのときには要点はその抵抗の背後にある思考を見出し、それを言い表わす言葉を用いることです。その奥にある言葉を見出すこと。もしもあなたが練習してみたいのであれば、それを試してみたらいいでしょう。

質問者：あなたは、それを他の誰かと議論したり、あるいは書き留めたりすることを推奨されますか？

ボーム：あなたはそれを日記として自分自身のために書き留めることができます。または、もしもお望みなら、誰かと議論することもできます。どちらであれ、あなたに好都合のほうを試してください。

第4セッション——1990年12月2日（日曜日）午前

◎　自己知覚とその拡張　◎　思考は物質的過程の一部　◎　思考は脳内、神経系統内、および全身などあらゆるものの中で動いており、それはすべて一つのシステムを成している　◎　真実（真理）についての洞察または知覚は物質的過程に深く影響を与える　◎　英知の働き　◎　洞察それ自体が言葉の中に入って、それを適切に表現する　◎　思考についての間違った観念　◎　条件づけは自己知覚への様々な障害を含んでいる　◎　クリシュナムルティ　◎　想像　◎　『虹をつかむ男』　◎　ピアジェ　◎　空想と現実　◎　心理的依存　◎　知覚と想像　◎　空想と創造性　◎　言葉によるイメージの知覚は物理的な過程の一部　◎　快楽への依存を打破する洞察　◎　広告　◎　快楽は機械的な過程にすぎないという洞察　◎　洞察の試験　◎　洞察の印象　◎　反射的想像と創造的想像　◎　洞察の源　◎　洞察は全員に利用できる　◎　洞察は思考と条件づけにとっての脅威　◎　自己イメージ　◎　自己の概念　◎　モーセの物語　◎　フロイトの自己愛的イメージ　◎　ナルキッソス　◎　誇大妄想患者とアレクサンダー大王　◎　ディオゲネス　◎　ヒットラー　◎　アイデンティティ感覚　◎　〝本当のわたし〟　◎　アイデンティティの対象　◎　アイデンティティは不要　◎　同一化した存在と創造的な存在　◎　強固なアイデンティティの運動は創造的エネルギーに対する障害物　◎　果てしのない創造的な流れおよび運動　◎　物質的に、人間の基底または根拠は全宇宙の中にある　◎　精神の背後には広大な流れがある　◎　エネルギーは一種の英知で充満しており、そこから洞察または真理についてのより深い知覚がやって来る　◎　〝自己〟――〝精髄〟――第五元素　◎　わたしたちは限られた、既知の何かではありえない　◎　万象の未知の基底がおのずから現われる　◎　存在についての創造的な観方　◎　究極の知識と未知のもの　◎　真理とは何か　◎　電気化学スモッグ　◎　真理に触れるためには脳が静まることが必要

デヴィッド・ボーム（以下ボーム）：わたしたちはいくつかのことを議論しましたが、依然として調べてみるべき若干のことがあります。

まず、**自己知覚**（proprioception）についてもう少し話したほうがいいとわたしは思います。わたしは、何人かの人々は依然としてそれが明瞭ではないと感じていると拝察しています。基本的なことは、あなたは直接あなたの身体に、どのようにそれが動いているかに気づいているのに対して、もしあなたが、例えば一本の木が揺れ動いているのを見守っている場合、あなたはそれがあなたから完全に独立していることに気づくということです。自己知覚は、あなたの全身があなたに、あなたの部分として属していることをあなたに気づかせます。あなたはそれに何が起こっているか、どのようにあなたの意図がそれに影響しているか、等々に気づきます。そしてわたしたちは常に自己知覚を向上させていくことができます。アスリートやダンサーなどの熟練者たちは、どのように自分が動いているかについての非常に良い自己知覚を持っているにちがいありません。彼らは、考えるために立ち止まる必要はありません。彼らは、自分が何をしたいのかに関する彼らの思考の中に何らかの意図を持っているかもしれません。が、彼らが実際にそれを行なっている間に、それが厳密にどうなっているかを分析し、それを自分が意図していたことと比較するために立ち止まったりしません。

それが、自己知覚に含まれている種類のことです。が、その気づきが働かなくなる可能性があるのです。わたしは、何かに見舞われた後、自分の身体の右側が自分に属していないと感じるようになった人のことを読んだことがあります。彼は、もはや、それが彼自身のものだと気づくことができなくなったのです。

ポイントは、ひとりでに起こる運動と、自分が思いめぐらしたそれとの相違を、「これはわたしが気づいているものだ。」と実際に考えてみる必要なしに、すぐに気づくということです。

わたしは、この自己知覚が拡張され、その結果、思考が関与するつど、わたしたちがそれに気づくようになるべきだと示唆しているのです。思考の関与はあらゆる種類のことを生じさせます。そしてそれは知覚に影響を与えます――あなたが**考える**ことが、あなたが外部で知覚すること、およびあなたが内部で感じる仕方に影響を与えるのです。

質問者：わたしは、あなたが昨晩挙げた、すべての自己知覚を喪失してしまい、自分自身を再訓練するために目を用いなければならなかった女性の例が気になっています。わたしたちがここに坐っている間中、わたしたちはみんな自己知覚を用いており、さもなければ椅子に坐ってじっとしていることができなくなるでしょう。

ボーム：ええ、それはとても良い例なのです。突然彼女は、自己知覚なしに目を覚まし、そして何らかのコントロール可能な、または整然としたやり方で自分の身体を動かすことができなくなってしまいました。上体を起こすことも、他の何もすることができなくなったのです。彼女は、何が起こったのか確かめるためにあらゆるものを見守り、そしてなんとかして窮地を脱することを学んだのです。

説明することは非常に困難ですが、しかしあなたは椅子に坐ったままで、あなたの身体に気づいています。あなたはそれに注意を払ってはいないかもしれませんが、しかし椅子に触れているあなたの身体、およびあなたが倒れ始めたりしているという事実を補正するためにしなければならない様々な小さな動きに気づいてはいます。これはすべて自己知覚の一部です。あなたは、実際にはそれについて考えたり、それについて何らかの決定をしたり、選択をしたり、等々をしていません。むしろ、それはただ働いているのです。

さて、わたしたちは、同様にして、自己知覚が思考にも働くことができるのかどうか——あなたの思考があなたの知覚に影響を与えていることに直接気づくことができるようになるかどうか——訊ねているのです。わたしたちはどのようにして思考が知覚に影響を与えるのか議論しました。あなたは思考によって生じさせられた何かを見たり感じたりしますが、しかしそれから次の思考がやって来て、「わたしはあなたに事物の状態をありのままに告げているだけだ。」と言います。思考はそう主張しますが、その間中、実は、それは事物の状態に影響を与えているのです。その思い違いはきわめて重大です。それは、身体の中に自己知覚を持っていないのと同じことだからです。

質問者：わたしは、思考の自己知覚は直線的であり、そこでわたしは自分の一連の思考についていかねばならないとよく考えましたが、しかしそれは一種の矛盾です。ですからわたしは、感覚を通して思考に気づくようにしなければならないと思い至ったのです。

ボーム：思考は感覚を生じさせます、ええ。考えようとする衝動でさえ一つの感覚です。そしてそれから、あなたの思考はさらなる感覚とイメージを引き起こします。

質問者：もしもわたしがあなたに向かって話している間に、わたしが自分の話にあまりにも熱中し、その結果、身体、感覚の経験を喪失すれば、そのときにはそれは、あなたが自己知覚と呼んでいるものなしに機能していると思われるでしょう。が、もしもわたしが自分の身体の中に戻り、そしてあなたに話しかければ、そのときにはこれらの動いている手についての何らかの感覚、この椅子の感触、声の音質がありますす。そのときには、それは異なった過程です。それがあなたが示唆していらっしゃることですか？

ボーム：ええ、そしてあなたが言っていることからやって来るすべての異なった感覚が。昨日わたしは、思考はより微妙な形態の物理的な事物だという点を指摘しました。多分、わたしたちはそれをもう少し議論してみるべきなのです。

思考は物質的過程の一部です。それは脳内、神経系統内、および実は全身などあらゆるものの中で動いています。それはすべて一つのシステムなのです。思考は電波、テレビ、文書などの物質的な過程によって——あらゆる種類のやり方で——伝達されることができます。話しているときには、音が出ていって思考を伝達します。身体内では、思考は神経信号によって伝達されます。わたしたちがあまりよく知っていない、ある種のコードがあるのです。

わたしたちは、思考は物質的過程であり、ひとりでに動いている反射を持っていると言っているのです。そして、もしもあなたが、これは真実だという洞察または知覚を持てば、そのときには、それは実際にあなたに影響を与えるでしょう。真実（真理）についての洞察または知覚は、すべての反射を含んでいる物質的過程に深く影響を与えるかもしれません。が、もしもわたしたちが現に起こっていることについての単に知的または推断的知識を持っているだけなら、そのときには、それはこの過程を深く揺り動かすことはありません。

質問者：あなたが洞察と呼んでいるものが起こるとき、要するに再編成が起こったのです。そしてこれはわたしの現在の思考の中にはなく、そしてそれについては、その機能の仕方がかなり異なっているということしかわたしは知らない何かです。

ボーム：ええ、変化があったのです。かりに脳内のシナプスを一種の表象として用いる――シナプスは表象よりずっと以上のものですが――としましょう。あなたは、シナプスを通じて結合するすべての神経を持っています。そしてそれらは、意味を成さないがしかし存在し続ける、一定の反射を生じさせてしまう、そういう一組のシナプスを生じさせる可能性があります。ちょうど思考が作用し、関与するように、あらゆる知覚は作用し、関与してきます。さて、真理についてのこの知覚または洞察によって、その知覚は作用します。そしてそれは直接システムの中で作用し、どうにかして変化を引き起こし、したがって反射が作動しなくなります。多分、それは少しずつ解消し始めるのです。あなたがすべてのシナプス結合を解消する必要はありません。というか、あなたは何もすることができないでしょう。それは英知の働きによって行なわれなければならないのです。

非常に魅力的だと思われる何かをあなたが見た後、突然それが本当は何であるかについての知覚を持ち、そして「それはもはやわたしを少しも惹き付けない。わたしはそれに何も感じなくなった。」と言ったことはありませんか？　欲望、何かへの願望の内側に化学的感覚が起こり、そして突然欲望ないし願望が止むのです。化学作用が知覚によって影響を与えられるからです。

わたしたちは、昨日、物質は際限なく微妙かもしれないと言いました。科学はそれについて全部知っているわけではなく、そして多分、けっして知り尽すことはないでしょう。が、物質は単に機械的であるだけではありません。それゆえ、それは、非常に深くかつ微妙な仕方――科学が突き止めることができるそれさえ超えた仕方――で知覚に応答することができるかもしれません。そのようにして、変化が起こりうるのです。つまり、洞察または知覚が全部に影響を与えるだろうという考えです。それは推断的理解に影響を与えるだけでなく、化学的レベルを含むあらゆるものに影響を与えるのです。

質問者：そのすべてを一つの統合された過程として見ればいいのではないでしょうか？

ボーム：が、わたしたちはそれを〝見る〟ことさえないでしょう。なぜなら、それが働くとき、それはあまりにも素早いので、何が起こったのかあなたにはわからないでしょうから――あなたはそれを瞬時に手に入れるのです。後になってからあなたはそれを言葉で言い表わすのです。さて、決定的に重要な質問があります。すなわち、洞察が言葉で言い表わされるとき、それを言葉で言い表わすのは何なのでしょう？それは思考でしょうか、または洞察でしょうか？　わたしが示唆したいことは、洞察それ自体が言葉の中に入って、それを適切に表現するだろうということです。それは、ほとんど、あたかも言葉が、それらを外に出そうと試みている誰かによってではなく、拡声器から出て来るようなものです。

質問者：あなたが議論しているものの文脈の中で、身振りにはどんな居場所があるのでしょう？

ボーム：それは表現の一部であって、思考の結果ではありません。現に起こっているものは何であろうと、言葉により、仕草により、そして他の様々な仕方で、それ自体を表現します。表現は、言葉によるものであれ、そうでないものであれ、知覚または洞察の一部です。それは洞察の作用です。そして表現が重要なのは、知覚が、例えばシナプスのいくつかを変化させるだけでなく、洞察の本質的内容を思考に伝達するようになるのです。すると思考はいままでとは異なった基盤に立って、新しい方向へと進んでいくことができるからです。それゆえ、それが言葉で表現されることが重要なのです。しかし、それらの言葉は洞察から出てこなければなりません。他方、もしも言葉が単に記憶から出てくるだけなら、それらは洞察の本質的内容を表現していないかもしれません。

質問者：あなたは、人がこの創造的過程への洞察を持つとき、それは言語ではない様態《モード》をしており――それは創造的な作用である――とおっしゃっているのですか？　また、それをわたしたちが伝え合うことができる言葉の言い回しへと変換することは、脳のもう一つの創造的作用なのでしょうか？

ボーム：ええ。しかしそれはすべて一体の作用だとわたしは思っています。創造的作用は反射のいくつかを改変すると同時に、思考が受け容れ、以後異なった仕方で思考を前進させることを可能にするであろう、そういう言葉または他の何らかの手段による表現を生じさせるのです。

質問者：簡単なアナロジーは、一組の九九表を丸暗記することと数式を理解することとの相違だろうと思うのですが。いったん関係の仕組が理解されれば、すべてのデータを記憶するという手間がはぶかれ、それに直接関わることができるようになります。

ボーム：ええ。あなたが何かを理解するとき、何らかの仕方でそれはより深いレベルに触れ、それから再び言葉として現われ出るでしょう。

要点は、わたしたちは洞察の可能性を持っているということです。かりにわたしたちが自分自身に向かってこう訊ねるとします。「わたしたちは、思考は物質的過程である、または思考は常に知覚に関与してくる、ということを洞察として持っているだろうか？」もしもわたしたちがその洞察を持てば、そのときにはそれは、そのように働くことへの妨げのいくつかを取り除くかもしれません。

が、わたしたちの一組の反射は、束になってそれに反対します。それは「思考は物質的過程ではない。」と言います。わたしたちの最初の反射は「思考は物質をはるかに超えている、または物質から隔たっている。それは何らかのスピリチュアルな真理または意義を持っている。」というものです。この観念はわたしたちの中に反射として組み込まれて、わたしたちを条件づけてきたのです。

しかしながら、わたしたちは思考は物質的過程であり、また思考は関与してくると申し上げているのであり、それはつまり、思考は単にあなたに事物の状態をありのままに告げているだけだという観念は、実は真に受けるべきオプションではないことを意味しています。もしもそれが洞察として来るか、またはもしもあなたが思考は自己知覚せず、それゆえ自己知覚を必要としているという洞察を得れば、そのときにはそれは、それらの反射を掌握しているシナプスに触れ始めるようになります。それから、言葉もまた思考の中に変化を生じさせ、そして思考はこれらの事物を見ることを妨げるのをやめ始めるでしょう。

わたしたちの条件づけは自己知覚への様々な障害を含んでおり、それらの一つは、思考が暗黙のうちに「自己知覚は必要がない。」と言うことです。で、もしも思考が事物の状態をありのままにあなたに告げているだけだったら、そのときには知覚すべきものが何もないので、自己知覚は不必要でしょう。それゆえ、思考は単にあなたに事物の状態をありのままに告げているだけだという観念は、真に受けるべきオプションではありません。それは、真に受けて考慮すべきものではないのです。それは明瞭でしょうか？

あなたがその洞察を持つとき、あなたはもはや、以前はきわめて重要だとぼんやり思われていたそれらの事物をもはや真に受けなくなっていきます。以前はそれらはあなたを非常に大きく動かし、そしてとてつもなく大きな意味を持っていたのですが、一転して、あなたはそれらに対して動じなくなります。いまやあなたはこう言うのです。「それらは何の意味も持っていない。それらは単に機械的な代物にすぎない。」

質問者：明らかに自己知覚には度合いがあります。これは気づきに、または気づきないしマインドフルネスの欠如に関連しているのでしょうか？　そして、起こっていることへのより高いレベルの自己知覚またはマインドフルネスを持っていたかもしれない人々が、クリシュナムルティの他にもいるのではないでしょうか？

ボーム：いるかもしれませんが、しかしわたしたちは、システムの中に取り込まれてしまう憶測の領域に巻き込まれてしまいがちです。わたしたちはそれをわたしたちの思考と反射のシステムにしまい込み、するとそれは妨げになる一種の知識になってしまうでしょう。ですから、この種の想像的憶測には危険性があるのです。重要なポイントは、思考の自己知覚を実際にあなた自身の目で見て、それが作用していることを確かめることです。

ここでわたしは**想像**（imagination）について議論し、その役割を理解することができるようにしたいと思います。なぜなら、それはこの問題に非常に密接に関わっているからです。〝想像〟は〝イメージを作る〟（making an image）こと、ここにはない何かのイメージを見ることを意味しています。言い換えれば、空想、思いつき、等々のことです。が、実は、想像と知覚の過程には根本的な区別がありません。すでに言いましたように、意識全体が、実は、感覚からの情報によって誘導されている一つの**過程**(process)によって創り上げられているのです。

その過程がわたしたちの知覚を引き起こし、そしてその過程は一種の想像なのです。わたしたちはそれを一**次的**想像(primary imagination)と呼ぶことができるでしょう。

また、わたしたちはそこにはない事物、知覚によって指し示されない事物を想像し始めることができます。そしてそれは、**創造的**想像(creative imagination)かもしれません。わたしたちは未知の事物の形態を想像することができ、するとそれらは生じさせられることができるのです。

わたしたちはまた、過去から、反射から来る他の種類の想像——**反射的**想像(reflexive imagination)——を持っており、それは〝思いつき〟または〝空想〟と呼ぶことができるでしょう。これもまた有用でありえます。なぜなら、わたしたちは事物およびわたしたち自身が一定の仕方で進んでいき、一定のことを行ない、そしてそのようにして問題を解決することができると想像することができるからです。が、それはまた危険になる可能性があります。なぜなら、この空想は見かけの知覚の中に滑り込むかもしれないからです。それは、前述した思考がするような仕方で知覚に関与することができるのです。あなたが空想に耽っているとき、あなたは想像されている事物をほとんど知覚しているように思われます。そしてあなたは空想をめぐらせているものを明らかに知覚しているだけでなく、そうしている自己(self)を明らかに経験し、そして知覚しています。言い換えれば、それらはすべて思考から築き上げられているのです。

あなたは、空想の中では、*The Secret Life of Walter Mitty*［訳註1］という本の中で描かれているような、外側でそうであるあなたとはまったく異なった人になることができるのです。

それゆえ、空想の中では、あなたはあなた自身を創造し、一つの世界を創造することができるのです。が、それから、空想は現実についてのあなたの知覚と溶け合い始めるかもしれません。何人かの人々は、幼児の記憶が働き始めるとき、それはたいていは空想であると示唆しました。児童心理学者ピアジェによれば、小児は思考の中にかなり多くの空想を持っています。彼らは、魔法によって事物に影響を与えていると想像するかもしれません。そしてそれから彼らは、〝現実〟と呼ばれるべき一定の〝空想〟、すなわち、現実であることを証明するテストに合格するそれら――検証に耐え、誰もが見、押しやられることに逆い、それらについてのあなたの考え方によって左右されないもの――を識別することを学ばねばなりません。

そのように、あなたが知覚する現実はあなたの思考によって左右されます。思考は、あなたの知覚の中に注入される一種の想像として働いているのです。それはあなたが見るものの一部になります。そしてその想像は必要です。が、もしもそれがあまりにも強く保持されて、首尾一貫性のなさの証拠に逆らうよう

［訳註］

1　一九三九年に発表されたジェイムズ・サーバーの短編小説。邦訳『虹をつかむ男』(ジェイムズ・サーバー著、鳴海四郎訳、早川書房、一九七六年)。ダニー・ケイ主演映画『虹を掴む男』として映画化され、一九四七年に公開された。二〇一三年にはアメリカ合衆国の叙事詩的コメディドラマファンタジー映画としてリメイクされ、映画化名「LIFE!」として公開された。監督と主演はベン・スティラーが務めた。日本では二〇一四年に全世界で最も遅く公開された。

になれば、そのときにはそれはわたしたちが話しているすべての問題に帰着していきます。

それは概要です。あなたは、それゆえ、想像を注意深く見守らなければならないということを見ることができます。それは創造的であることも、非常に破壊的であることもありえます。なぜなら、空想の領域は現実と合併して、それが空想であることを見ることへの抵抗を作り出す可能性があるからです。それは、それを見ることに抵抗する反射を作り出すでしょう。なぜなら、あなたはあまりにも美しい空想を創り上げるので、それらを放棄したくなくなるからです。それらは非常に快く感じられ、エンドルフィンなどあらゆるものが生じさせられます。ゆえに、それらを保持し、それらは適切ではない、またはそれらは本来あるべきものではないと言う思考に抵抗しようとする動き——反射——が起こります。かくしてあなたは錯覚、等々を持ってしまうのです。

わたしは、この空想という観念は、いかにして思考が知覚の中に入り込むことができるのかを、あなたがより良く理解するのを助けるだろうと思います。そして、たとえあなたが空想していないと思っているときでさえ、それは依然として知覚の中に入り込んでいます。なぜなら、知覚はすべて、基本的に想像の過程と性質が同じだからです。もしもあなたが、知覚は脳から、情報に応えて引き起こされるという事実を考慮すれば、必然的にわたしたちは不適切な知覚を容易に生じさせることができ、そしてわたしたちはそれらを是正しなければならない、ということになります。

質問者：心理的依存なのですが、アルコールや薬物常用者のそれのような化学物質依存も含んでいるような依存のせいで起こる首尾一貫性の欠如はどう思われますか？　これもまた知覚に影響を与える可能性があります。

ボーム：ええ。しかし心理的依存が常に最も厄介なものです。例えば、動物に何らかの薬物、おそらくモルヒネが注射されて、それらを化学的に依存させるという実験が行なわれました。二つのグループがあり、一方は自分で注射できるようにさせられ、他方は注射されました。それから両グループへの薬物投与が差し控えられました。注射されたグループは撤回過程を経て、もはや依存することはなくなりました。自分自身に注射するためのボタンを押すことができた動物たちも撤回過程を経ましたが、しかし彼らがボタンを見たときはいつでも、それを押すことによって薬物が与えられなかったにもかかわらず、彼らはそれを再び押しました。要点は、その快楽の記憶がボタンを押すための反射を生じさせたということです。そのボタンが記憶の全システムをかき立てたのです。

質問者：空想と想像は、たいていは記憶と過去の経験に基づいているのですか？

ボーム：先ほど言ったように、数種類の想像があります。まず記憶に基づいた想像があり、それは過去を思い出すか、または未来を投影するかです。さらに創造的想像があり、それは何か新しいものを投影することができ、あなたはそれからそれを出現させることができます——例えば、いままでけっしてなかった新しい何かを創造するための新しい着想《アイデア》。事実、わたしたちがここで見ている実に多くのものはその結果だったのです。

そしてわたしは、**知覚**（perception）は**想像**（imagination）に類似している過程だと申し上げているのです。さて、これは覚えておくべき重要な点です。が、わたしたちはそれをどうすることもできません。それはただ起こるのです。それは勝手に起こっていて、まるごと一つの世界を構成しているという印象を与えます。その世界は、わたしたちが感知するもの——直接知覚するもの——だけでなく、過去の影響をも含んでいます。思考はわたしたちの知覚に影響を及ぼしているのです。

質問者：空想の中にはけっして創造性はないのでしょうか？

ボーム：一般的にはありません。なぜなら、それは過去に基づいているからです。わたしは、創造的想像と空想との間には明確な相違があると思います。空想は非常に創造的に見え、非常に創造的だと感じられますが、しかしそうではないかもしれません。あなたは、自分が非常に創造的であると空想することさえできます。どんなことも空想されることができます。空想力は限度を超えているのです。そしてそれはその居場所を持っています——例えば、もしもあなたが部屋の事物をいままでと違う仕方で配置することを想像すれば、それは空想的なものであっても役に立つかもしれません。

質問者：言葉によるイメージの知覚は、本質的には物理–感覚的（physical sensory）なタイプの知覚なのですか？

ボーム：ええ、それは物理的な過程の一部です。それは、あなたが実際に見たり、聞いたりするときに起こる過程に非常に似ていますが、しかしそれは部分的に過去から来ているのです。

質問者：では、それは脳および身体内での実際的な物理的事物であり、ほぼ一体となって来るのですか？

ボーム：そうです。

質問者：問題の一部は、わたしたちが非常に素早い言葉とイメージを抑圧してきたことだと思うのです。わたしたちはそれらにあまりにも慣れっこになっていて、すぐそばにあるのに見えなくなっているのです。ですから、わたしたちが自分は純粋な知覚を経験していると考えるとき、快楽を引き起こすために言葉とイメージがその知覚に潤色しているということに気づく必要があるのです。快楽への依存を打破することができる洞察とは何なのでしょう？

ボーム：まず、それをしばらく調べてみましょう。空想の中では、あなたは快楽、恐怖、等々、何でも創り出すことができます。なぜなら、あなたは記憶から、もしもそれが記憶ではなかったら生じさせられるかもしれない経験に似ているそれを生じさせているからです。もしもあなたが敏感なら、あなたは常にそこには相違があると告げることができますが、しかし空想は常に、あなたがその相違に敏感でなくなるほど強くあなたを魅惑するかもしれません。事実、あなたはその相違を知りたいと思わなくなるかもしれません。なぜなら、それが次のように言う反射を創り出したからです。「これがとても気に入ったので、余計なことは知りたくない。わたしはその正体を知りたくない。わたしは、それが実はそうではないかもしれないという証拠を欲しない。」これは誰にもおなじみの経験です。

が、あなたはそれが基本的には記憶、思考から来ていることを見ることができます。言葉によってあなたは空想を創り出すことができます。例えば、それが広告がいつでも行なっていることです。言葉とイメージの組合せが空想を創り出します。その目的は、あなたが得るであろう快楽への期待または快い感覚を生じさせるか、あるいは売られている製品からあなたが得るであろう利点を創り出すことです。それは、その製品についての何かをあなたが空想するようにさせることを目ざしています。それらの広告を生み出すためには多くの作業が必要とされます。彼らはそれを非常に周到に考え抜き、そしてイメージが慎重に選ばれ、そして言葉と結合されなければなりません。あなたは、この過程がいたるところで進行していることを目にすることができます。広告主たちがそれを案出したのではありません。彼らはたんに、長きにわたり続いてきた何かを利用しているだけです。

さて、あなたは「知覚または洞察についてどう思っているのですか?」と訊ねていらっしゃる。わたしたちはそれをあつらえて作ることはできません。が、思考と空想は〝現実〟の感じを生じさせることができる、という洞察をわたしたちが持つことはできるとわたしは示唆しているのです。

質問者：わたしは自分がその洞察を持っていると感じます。が、人は思考と空想から快楽を手に入れてしまうということ、快楽または苦痛を生じさせるあの結合、メカニズム、等々が脳内にあるということを考慮すると、どうにかしてその結合、等々を打破する必要があると思われるのです。

ボーム：ええ、あなたは、なぜ精神が最初の洞察の帰結を免れてしまうのかに対するさらなる洞察を持つ必要があります。わたしたちは推断のレベルにある洞察を持っているのですが、にもかかわらずこれらの反射は依然として働いているのです。

そこで、なすべきことの一つは、それを見守り、快楽を生じさせる言葉を、以前話し合った、怒りや恐怖を呼び出すための言葉を用いた場合と同じやり方で用い、それに最後までついていくことによって、それにより多く馴染むことです。もしもあなたがそれとともに留まり、それらの言葉に由来する快楽を増進させれば、あなたは、結局はそれが機械的であり、そして単に身体内で続いている何かにすぎないという感じを掴むでしょう。それはあまり大きな意義を持っていないのです。

質問者：わたしはそれを若干違ったふうに見ています。わたしがこの洞察を持っているとしましょう。にもかかわらず反射がやって来て、シナプス結合ができたとしても、それは影響を及ぼしません。それは、こう言うようなものです。「なるほど、それは勝手に事を運んでいるが、しかしわたしはそれを同じように信じたりはしない。」

ボーム：それは反射を弱めます。が、もしもあなたがお望みなら、反射が弱まったいま、それを本当に働かせるようにするエクササイズを実施することができます。それが弱められるまで、あなたはこのエクササイズを実施することはできないでしょうから。あなたが反射を信じているかぎり、エクササイズをするというような着想は不可能だったでしょう。いまやあなたは「わたしはそれをもはや信じておらず、それゆえわたしは反射が働くように試してみることができる。」と言うことができるようになり、そしてそれが反射であることをなおいっそう明らかにすることができるでしょう。

質問者：では、もしも人があなたが示唆していることを行なえば、それはシナプスを取り除く過程を加速させることができるのでしょうか？

ボーム：できるかもしれません、ええ。それは何かを行なうかもしれません。そしてそれからある段階で、あなたはその全体が何の意味も持っていない——それは単に機械的な過程にすぎない——という洞察を持つことでしょう。

質問者：が、その時点では、その洞察は、もはや言葉について起こっている何かではなくなります。むしろそれは、起こっているその過程の**中にある**、空想行為と知覚行為間の交差についての何らかの直接的な知覚なのです

ボーム：ええ、あなたはそれについての直接的感覚を掴むのです。するとそれは、それは逆だとあなたに告げている反射を取り除き始めます。わたしたちを混乱させている原因は、それは見当違いだとわたしたちに告げているかなり多くの反射をわたしたちが依然として持っていることにあるのです。

質問者：それが問題かどうかわたしは知りませんが、しかしすべての反射を疑う反射についてはいかがでしょう？

ボーム：あなたはこれらの反射を疑わなければなりません。なぜならあなたは、膨大な数の反射があり、そしてそれらが英知に則しているということを示すいかなる理由もないという洞察を持ったからです。それは洞察なのです。

質問者：わたしは反射のことを一つのボタンと見なしています。ボタンが押されているとき、その行為が起こっている最中に、後でそれについて考えるというよりはむしろ、それへの洞察が起こることがありう

るでしょうか？

ボーム：ええ、またはそれが起こる前にでさえ。なぜなら、あなたはすでにこれを徹底的に見抜いたので、ボタンを押すというういかなる願いも持っていないからです。

質問者：が、洞察の真の証拠——もしもわたしたちがそういう呼び方をしてよければですが、——は、それがあると何の反射も起こらないということです。

ボーム：ええ、しかしわたしたちは洞察を試験してみなければなりません。なぜなら、わたしたちは常に自分はそれを持ったと空想することができるからです。わたしたちは洞察を、それが合理的かつ論理的に持ちこたえることができるかどうか、わたしたちが実際にそれを行なうことができるかどうか、等々を見極めることによって、試験することができます。あなたはそれをずっと見守らねばなりません。なぜなら、洞察らしきものを空想して、自分は洞察を持ったと言うことは非常に容易だからです。

質問者：わたしたちは、〝洞察〟という言葉を用いるときには非常に慎重にし、何が洞察かに対して敏感でなければなりません。**わたし**が洞察を作り出しているのではなく、洞察はおのずから起こるのです。

ボーム：さもなければ、洞察と思い違いされる可能性のある何かに敏感にすることです。

質問者：思考はそれ自身を騙すことができます。それは洞察の印象をでっち上げることができますが、しかしそれは洞察とは無関係なのです。

ボーム：ええ、それは反射的想像（reflective imagination）です。あなたは記憶からやって来る、反射である想像を手に入れることができるのです。ですから、それは洞察とは無関係です。が、あなたが何か新しいものを見るとき、洞察はほとんど一種の創造的想像（creative imagination）であるが、しかし実際に物質的過程の中で作用すると言うことさえできます。

神経構造、シナプス、等々は限りないほど複雑なので、記憶はけっしてそれらすべてに対応することはできないでしょう。記憶はけっしてそれらすべてを知ることはできないでしょう。が、洞察は、それが働いている瞬間に、——これがきわめて重要なのですが、**時間**なしに、——実際にあるがままのそれらすべてに応えることができます。もしも時間をかければ、洞察はそれらに応えることはないでしょう。

質問者：ある意味で、人はけっして洞察を〝持つ〟ことはできない——特定の有機体の内側で何かが起こるかもしれず、そしてその事実の後、それは洞察であったと誰かが言うことはほぼできるだろう——というふうにわたしは考えています。が、あなたがそれを想像したのであろうと、何かが実際に起こったのであろうと、それはけっしてあなたが持ったものではなく、ただ有機体の内側で異なった組織があるだけかもしれません。

ボーム：ええ。その洞察は起こったのであり、そして有機体の中で変化があったのです。その洞察は多分、とてつもない微妙さの深みから——多分、わたしたちが知っているものとしてのすべての有機体をも超えたものから——やって来るのです。それがどこから来るのであれ、要点はそれが有機体の物理化学的レベルで、他のあらゆるものと一緒になって直接働いているということです。ですからそれは、あなたに徹頭徹尾影響を与えているのです。

質問者：洞察はわたしたちすべてに利用できるのでしょうか？　そしてそれは、それが入ってくるための感情的な入口を必要としているのでしょうか？

ボーム：わたしたちは、それがどこからやって来るのか知りません。わたしは、それはわたしたち全員に利用できると示唆しています。が、思考の反射はそれに抵抗し、それから身を守り続けています。なぜなら、洞察は、あなたが保持することを欲している構造にとっての脅威と見なされるかもしれないからです。

質問者：洞察は条件づけに影響を与えます。その多くは残存しなくなりさえするかもしれません——条件づけのかなり多くは瓦解し、消滅してしまうのです。

ボーム：それは条件づけにとっての脅威なのです、ええ。が、条件づけは、実はたいしたことではありません。しかしながら、条件づけは、「条件づけは非常に重要である。」とあなたに告げる反射を含んでいるのです。

さて、わたしたちは**自己イメージ**（self-image）の問題を探ってみるべきではないでしょうか？　わたしたちはすでに、あなたの通常の感覚から非常に異なったものである可能性のある、そういう自己の感覚を与える想像と空想について考えることによって、それに多少触れました。そしてあなたは本当にそれを実感し、経験するのです。または、テレビ、演劇、映画を鑑賞して、登場人物たちに夢中になり、そして登場人物は実はあなたであると感じます。実は、あなたは、あなた自身を通して登場人物を経験しているのです。なぜなら、テレビ画像《イメージ》は、テレビ画面上にある多数の光の点以外の何ものでもないからです。あなたがそこに見ている事物は、実はあなた自身なのです。

そしてそれが、あなたがあらゆるものを知覚するやり方です。明らかに、テレビ画像を見つめていると き、それには一種の想像が随伴しているのです。もしもあなたがそれを注意深く見つめてみれば、閃光以外の何も見えないでしょう。が、あなたは人々、木々、登場人物を見ます。あなたは感情的葛藤や危険性を見ます。あなたは怒り、恐怖、快楽を見ます。が、それらはすべてあなた自身です。それらはすべて、画面上の絵の中にしみ込んでくる想像です——ちょうど知覚の中にしみ込んでくるのと同様に。ですから、あなたがテレビを鑑賞しているとき、あなたが経験しているものは想像のような何かから来ているにちがいありません。それ以外のどこから来ることができるというのでしょう?

いかにして思考が知覚の中に入り込んでくるのかがますます明らかになってきます。思考は、けれども、自分がそうしていることを知りません。実際には、ほとんどの時間、あなたは自分がそうしていることを知る必要がありません。しかしながら、首尾一貫性の欠如が生じるときには、あなたはぜひとも知る必要があります。なぜなら、もしもあなたがそれを知る必要があるときに、それを知ることへの抵抗があるなら、そのときには厄介なことになるからです。

あなたはそのすべての跡を辿る(絶えず注意している)こと——テレビを見るつど、「そう、これは実は、テレビ画面の中に投影されているわたしなのだ。」と考えること——はできません。それは虹のようなものです。わたしは向こうの方に虹がかかっているのを見ます。が、物理学によれば、実際にそこにあるのは落下している雨滴と、それらからの屈折光です。同様のことが、あなたがテレビを見ているときに起こります。光の斑点があり、そしてあなたはあらゆる種類のことが起こっているのを見ます。が、それは虹と同じ性質のものです。テレビの中で進行している一つの過程——光、あなたの神経、等々のあらゆるものとともに進行している非常に複雑な過程——があると言うほうが、より実情に近いのです。あなたはそのすべてを掌握することはできません。それは表象(representation)なのです。そのドラマは何かを、きわめて多くのレベルで表象しているのです。で、あなたが見、そして経験するものはその表象なのです。

わたしは、いかにしてこのことが実際にはごくありふれた経験であって、さほど難しくはないということをもっと明白にさせるべく試みているのです。わたしたちは自分の想像、自分の過去、自分の知識を自分が見るものの中にしみ込ませています――〝わたしたち〟がそうしているのではなく、〝それ〟が勝手にそうしているのです。そしてそれはかならずしも悪いことではありません。それは、多くの文脈においておおいに必要かもしれません。しかしながら、これが起こっていることをわたしたちが見そこなうときには、わたしたちは危うくなります――とりわけ、もしもそれを見ることへの抵抗があるときには。そしてわたしたちは、これが起こっていることを見ることに抵抗するよう条件づけられています。実は、まさにそこで自己欺瞞が起こるのです。

さて、問題が最もややこしくなるのは、自己イメージをめぐってなのです。わたしたちは、内側で続いているほとんどテレビ番組のような一種の自己イメージをすでに持っています。それは神経、等々の中で続いているのです。そしてこのイメージはいくつかの部分を持っています。一つの部分は、あなたが見つめている内なる〝誰か〟であるように思われます。他の部分は、見つめている〝誰か〟であるように思われます。わたしたちは、これらを指す異なった言葉を持っています。〝わたし〟(I) という言葉は主体(subject)――行為し、実行し、あらゆることを決定し、**意志**を持っている存在――を表わしています。〝意志〟は、〝決心〟(determine) および〝意図〟(intention) と同じです。〝わたしは決心する〟は、強い意志を含意しています。〝わたし〟は能動的行動者 (active agent) です。わたしは意志し、わたしは決心し、わたしは見、わたしは選び、わたしは考えます。また、すべてがそれに対してなされる〝わたしに〟(me）があります。〝わたしに〟は客体（object）であり、あらゆることがそれに向かって起こります。それから、基本的概念、〝自己〟(self）があり、それは右の両者を合体させます。〝わたし〟と〝わたしに〟は〝自己〟の二つの側面です。ですから、わたしに（me)、わたし自身（myself）およびわたし（I）があるわけです。それが自己の概念です。

これについてはすでに何度も議論し、そして〝わたし〟という言葉それ自体は〝神〟(God）とほぼ同じことを意味していると言いました。それは万物の究極の源です。砂漠の中で燃えているしばしばに近づいて、しばの中から呼びかけてくる声に向かって名前を訊ねたモーセの物語の中で、その声は、自分は「有って有る者」(I Am That I Am）だと言いました。[訳註2] 最初の〝I Am〟は〝彼〟の個人名（ファーストネーム）で、二番目の〝I Am〟は彼の姓（セカンドネーム）だったのです。後でその声は再び、〝I Am〟(わたしは有る）が彼の名前だと言いました。「わたしがイスラエルの人々のところへ行って、彼らに『あなたがたの先祖の神が、わたしをあなたがたのところへつかわされました』と言うとき、彼らが『その名はなんというのですか』とわたしに聞くならば、なんと答えましょうか」とモーセが訊ねたとき、その声は「わたしは、有って有る者」だと言い、さらにモーセにこう命じています。「イスラエルの人々にこう言いなさい、『「わたしは有る」というかたが、わたしをあなたがたのところへつかわされました』と」。明らかに〝I Am〟(わたしは有る）は非常に神聖で、反復されたりすべきではない神の名前と見なされたのです。

それは一種の知覚です——〝わたしは有る〟(I am）という成句は、それだけで純粋な主体、純粋な源、一者、万物の源を表わしており、〝わたしに〟(me）は客体を表わしています。が、わたしたちは、〝わたしは有る〟(I am)を〝わたしに〟(me)と同一化または同等視し、「わたしはこれだ、わたしはそれだ、わたしは、有って有る者だ、わたしは〝わたしに〟(me)に帰せられるすべての事物だ。」と言うのです。が、〝わたしは有る〟を〝わたしに〟と同等視することから問題が生じてきます。なぜなら、〝わたしに〟は常に限られているからです。「ちっぽけなおまえよ、自分が偉大である、偉大な〝わたしは有る〟者だと思い込むとは、自分を何様だと思っているのだ?」と彼らは言います。これに対して、〝わたしは有る〟者は、余計なものを何も付け加えられていないので、いかなる暗黙の制限も持っていません。

要点は、〝わたしに〟は常に限られているが、しかしわたしたちは〝わたしに〟は〝わたしは有る〟、〝わたし〟(I)と同じだと感じているということです。さて、これは葛藤を引き起こします。人々は「わたしは最も偉大である。わたしは最良である。わたしは最も素晴しい。」と言うことを欲します。わたしたちは、この偉大な、明るい、輝かしいイメージを持っているのです。そしてそれから世界がやって来て、言います。「あなたはつまらない人間だ。思い違いしているだけだ。」それはそのイメージをすぼませ、ショックを与え、そして大きな苦痛を生じさせます——快楽の空想は、等しく苦痛と恐怖と嫌悪の空想へと転じる可能性があります。空想の中では、あなたは本当にそういったすべてに陥ることがありうるのです。

が、〝わたし〟と〝わたしに〟についての思考を整頓すること——それを理にかなうようにし、首尾一貫させること——は非常に困難です。人々は、〝わたしは有る〟と〝わたしに〟との間にあるこの矛盾をいかにして解消したらいいか知りません。人々は言います。「あなたはわたしを客体として扱うべきではない。わたしはそれを好まない。わたしは侮辱され、傷つけられてしまう。」そして社会は言います。「あなたは他の誰からも異なっているべきであり、客体として扱われるべきではないと誰が言っていると思っているのですか？　あなたは、自分は制限されるべきではないと思っている。」けれども、〝わたしに〟は、定義により（当然）、客体なのです。

小児は、制限などなく、自分は万物だと感じるかもしれません。彼はその思考、その反射、その空想を形成します。それが現実の何かを反映しているかどうか、わたしたちは知りません。重要なことは、それ

［訳註］

2　『出エジプト記』第3章。3:13 モーセは神に言った、「わたしがイスラエルの人々のところへ行って、彼らに『あなたがたの先祖の神が、わたしをあなたがたのところへつかわされました』と言うとき、彼らが『その名はなんというのですか』とわたしに聞くならば、なんと答えましょうか」。3:14 神はモーセに言われた、「**わたしは、有って有る者**」。また言われた、「イスラエルの人々にこう言いなさい、『「**わたしは有る**」というかたが、わたしをあなたがたのところへつかわされました』と」。3:15 神はまたモーセに言われた、「イスラエルの人々にこう言いなさい『あなたがたの先祖の神、アブラハムの神、イサクの神、ヤコブの神である主が、わたしをあなたがたのところへつかわされました』と。これは永遠にわたしの名、これは世々のわたしの呼び名である。3:16 あなたは行って、イスラエルの長老たちを集めて言いなさい、『あなたがたの先祖の神、アブラハム、イサク、ヤコブの神である主は、わたしに現れて言われました、「わたしはあなたがたを顧み、あなたがたがエジプトでされている事を確かに見た。3:17 それでわたしはあなたがたを、エジプトの悩みから導き出して、カナンびと、ヘテびと、アモリびと、ペリジびと、ヒビびと、エブスびとの地、乳と蜜の流れる地へ携え上ろうと決心した」と』。（文中の**太字**は訳者による）

［訳者補註］神の名前はヘブライ語で「ヤハウェ」で、これは「いつもそこにいるもの」という意味なので、「わたしは有る者」というのは、「わたしはいつもそこにいる者」というふうに解すればわかりやすいのではないかと思われる。

が反射を築き上げて、「それは〝わたしに（me）だ〟と言うことです。彼は、それなしにアイデンティティを形成することはほとんどないでしょう。彼はまた、彼が何であり、誰であるかを告げてくれる他の人々に依存します。いかに偉大で、明るい、輝かしい存在であると彼が内側から見ようと、外側からはかならずしもそうは見られません。他の人々はそれを支持してくれません。彼がごく幼い子どものときは、彼らは彼を神様扱いするかもしれませんが、しかしやがてそうしなくなるときが突然訪れます。

かくしてあなたは、このとてつもなく大きな葛藤を抱え込みます。あなたは、フロイトが自己愛的イメージと呼んだものを持つのです。ギリシャ神話に登場するナルキッソスという青年は美しい容貌を備えていましたが、彼に恋をした精霊のエコーに冷淡にふるまったことで女神ネメシスの怒りを買ってしまい、自分の姿に恋焦がれるという罰を受けます。彼は泉に映っている美しい顔が彼自身のイメージであることに気づかず、それに見惚れてしまいます。が、彼はけっしてそのイメージに近づくことができず、とうとう痩せ衰えて死んでしまいました。皮肉にも、彼は自分が切望していたものをすでに持っており、彼はすでに自分が切望していたものであった**あった**のです。しかしながら、彼はそれを信じようとしないか、または容認しようとしませんでした。彼は「それは、わたしが必要としている他の誰か」だと言ったのです。

要するに、わたしたちが空想の中でこの自己イメージを生じさせるとき、それはそれ以後切望される事物になるということです。そしてわたしたちは「それはわたしからずっと離れたあそこにあり、そしてわたしはそれに到達しなければならない。」と言います。が、これはもう一つの空想、もう一つのイメージです。そしてそれは「わたしはそれを持つ必要がある。」という感覚を引き起こします。

必要（必然）性の感覚は、人事の中で最も大きな威力を発揮します。あなたはそれを解消することができません。そして子どもは、このイメージから自由になり、このイメージに束縛されることを免れる術を、――わたしたちの現在の社会の中でも、わたしたちが知っているいかなる社会の中でも、――多分、けっして本当に学ぶことはありません。

それゆえ、そのイメージに穴を開けられるとき、子どもは傷つきます。この偉大で、輝かしい、まばゆい存在についての空想は、それから、軽蔑され、見下され、限られた――高の知れた、等々の――誰かについての空想へと転じ、それは傷を負わせられます。するとそれは、自分がいかに偉大かを他の人々がわたしに告げる必要を生じさせ、そしてそれは「わたしは、いかにわたしが偉大かについての証拠を、わたしが行なうことまたはわたしが所有するもの、等々によって確保する必要がある。」という感覚を引き起こします。

これは非常に強力です。人事はそういったすべてによって非常に強力に支配されます。そして誇大妄想患者は、アレクサンダー大王がしたように、「わたしは、わたしが何者であるかを示すために、世界を統治しなければならない。」と言うでしょう。彼も彼の母親も、彼の父親とけっして折れ合わなかったと噂されていました。彼は母親と同一化し、そしてどういうわけか父親を憎むようになりました。多分、彼は、いかに自分が偉大かを父親に示すことの強い必要性を感じ、したがってそうするために彼は世界を征服したのです。そしてそれから彼がそれを実行したとき、彼は非常に悲しくなったと言いました。なぜなら、征服すべき世界がもはやなくなってしまったからです。言い換えれば、彼は世界を征服し続けなければならず、けっしてやめることができなかったのです。なぜなら、彼はそのイメージをいつも養わねばならなかったからです。

質問者：しかし哲学者のディオゲネスは彼の高慢の鼻をへし折りました。彼は自然の中で暮らし、ひなたぼっこを楽しんでいましたが、そこへアレクサンダー大王がやって来て、彼の前に立ちはだかり、影を投じました。哲学者は彼に向かって言いました。「どうかそこをどいてくれませんか？　あなたは、あなたがわたしに与えることができない何かを塞いでおられる――つまり、日光を。」哲学者の知恵が大王のイメージを挫いたのです。［訳註3］

ボーム：多分、アレクサンダーは、常々、自分の生き方がどこか真実ではないとうすうす気づいていたのです。つまり、彼は愚かではなく、それどころか、実は非常に聡明だったということです。が、彼はこのイメージに囚われていました。そして彼は、それのおかげでとてつもない権力を持っていました。人々は、

［訳註］
3　コリントスにシノペのディオゲネスという賢者がおり、いつも裸で樽に暮らしていたが、本人は人生に至極満足していた。ある日、ひなたぼっこを楽しんでいたディオゲネスを訪ねたアレクサンドロスは彼に「望むものがあるならば全て叶える」と問うたが、答えは「日陰になるからそこをどいてくれ」というものだった。アレクサンドロスは「もし私がアレクサンドロスでなかったら、私はディオゲネスになりたい」と語ったという。（Wikipedia）

彼がそのような権力を持っていたので、彼のためにはどんなことでもする気になったでしょう。あなたは、どのようにこの全部が作用するかを見ることができます。誰もが、挫かれてきたこの同じイメージを持っています。しかしながら、もしも兵士たちが、明るい、栄光に輝いているイメージでもってアレクサンダー大王を見れば、彼らはそれと同一化することができ、「わたしもそれに浴することができる。」と感じることでしょう。ですから、彼らは彼のために何でもするでしょう。それゆえ彼らは非常に強力になっていったのです。

わたしたちはこのすべての想像と空想の力を見ることができます。世界中で、その種のことがそれと似た影響を生じてきました。ヒットラーがおり、そしてありとあらゆる種類のその他の人々がいました。かくしてわたしたちはこの問題を解消せずにきたのです。

要点は、今度は、この自己イメージが二つの部分を含んでいるということです。初めは、それは理にかなっているように思われます。なぜなら、物理的にでさえ、見つめている〝わたし〟(I)と、見つめられている〝わたし〟(I)――主体である〝わたし〟と客体である〝わたし〟――がいるからです。わたしは言います。「ここにわたしの身体があります。わたしはそれを見つめています。」身体は見られる客体です。わたしはまた主体――見つめている〝わたし〟――でもあります。わたしがわたし自身を見つめているように思われます――反射的行為です。それは理にかなっています。そうですね？　わたしは顔を洗う、髭を剃る、等々のあらゆることをします。

そしてそれから、わたしたちが内側のイメージを形成するとき、主体である〝わたし〟(I)がいて、客体である〝わたしに〟(me)を見つめているように思われます。胸部の奥のどこかに、多分、客体がいて、頭部の上のほうに見つめている誰かがいる——それは空想によっていとも容易に配置されることができます。わたしたちは、いかにして思考が知覚に入り込むかについて議論しました——いったん思考が、それが現実だと言えば、そのときにはわたしたちはそれをそのとおりに知覚するのです。

が、今度は、もしもそのようにして知覚される〝事物〟が実際にそこにあったら、それはきわめて重要で、貴重になるでしょう？　そうではありませんか？　それはこの偉大な、栄光ある、輝かしい神であるでしょう——または、少なくともそうであるべきでしょう。それは存在およびあらゆるものの中心であるでしょう。幼児にとってはそうなのです。そして、事実、それはけっして誰からも立ち去りません。ですから、その内側にあるものはとてつもなく大きな重要性と必要性を持ってきます。それは単に化学作用に留まるだけでなく、その意味に付与された重要性と必要性によって、きわめて高い価値を与えられます。それらは相伴っているのです。なぜなら、そこにはとてつもなく大きな化学的効果——現実として知覚されるそのような偉大な、輝かしいイメージの神経生理的効果、およびそれを支えているとてつもなく大きな意味——があるからです。それゆえ、そのすべてが適切に働かなくなるときには、それは実際にシステムを壊乱させてしまいます。

かくして、この自己イメージは中心を成していきます。そしてあらゆるものは、できるだけ良いやり方でそれを養い、維持するために配されるようになります。わたしたちは思考をそのように仕向けるべく企てます。わたしたちは人々がそれを支持するようにさせるべく企てます。わたしたちは、富を獲得するなどして態勢を整えるでしょう——人々は、自分が本当に偉大な人間であることを示すために大金を貯えるでしょう。彼らは、何であれ彼らがすることを欲していることに必要とされるよりずっと多くのお金を稼ぎます。彼らはお金を稼ぎ続けるのです。そして、彼らが偉大な人間であることを示すために、もしも単なる金儲けだけでは不十分であれば、彼らは——彼らが必要としているよりはるかに多くの——あらゆる種類のものを購入します。

なぜ人々はこんなふうにするのでしょう？ 彼らがそのようにすることは容認されており、当然のことと見なされています。が、わたしたちはこれを調べる必要があります。なぜなのでしょう？ その奥には何があるのでしょう？ あなたは、ここにはシステム全体を巻き込んでいる一つの過程があることを見ることができます。そして人々はそのすべての中で互いに補強し合うでしょう。なぜなら、人々は彼らのアイデンティティを互いに手に入れ合うからです——誰もが「あなたはこれです、あなたはそれです、あなたは他の何かです。」と言うのです。さもなければ、あなたは、あなたが行なうこと、あなたが自分の出自、自分の先祖、等々について考えることによって、あなたのアイデンティティを手に入れます。そのように、あなたは、「それはきわめて重要だ。」と言う思考から築き上げられたアイデンティティ感覚を得るのです。あなたは、自分がその中にいることを証明しなければならないのです。

が、この構造物は実際には思考以外のいかなる基盤も持っておらず、それは非常に薄っぺらな基盤です。そしてその構造物は一見してきわめて重要なので、それが堅固に基礎づけられていることを証明することが非常に重要になるのです。さもなければ、このきわめて重要な構造物が何の根拠も持っていないことを見ることは、かなり不安を与えることでしょう。

質問者：わたしは、わたし自身に向かってわたしは誰なのだろうと訊ね、そしてわたしは同時にいくつかのイメージである——わたしの子どもたちの各々が私についての異なったイメージを持っており、わたしの夫も、友人も、他の誰もそうである——ということに気づきました。が、わたしは、自分はそれらのイメージではないと感じています。わたしは何か他のものです。そしてその〝何か他のもの〟でさえ問題となります。わたしが考えている〝本当のわたし〟は一日ごとに変わっていくからです。わたしは、わたしの身体について問い質し、もしもわたしがいま持っているより一本少ない腕を持っていたら、わたしが考える〝本当のわたし〟はその分だけ劣っているかどうか訊ねてみました。こうしてわたしは、〝本当のわたし〟はわたしの身体ではないと決定しました。何か他のものがあるのですが、しかしそれが何かをわたしは説明することができません。

ボーム：確かに、それが問題なのです。わたしたちが何であるのかを、どうやって見出したらいいのでしょう？　あなたはあなたの身体なしには存在することができませんが、しかし、通常、人々はそれをあまり真に受けません。彼らのアイデンティティは、彼らが行なうことができること、彼らが持っているもの、または彼らの関係のあり方にあります。それが、普通、より重要だと受けとめられているのです。人々は、それを優先するために、彼らの身体が悪化することを許容するでしょう。他の人々は、彼らの身体が最も重要だと見なすかもしれません。一様ではないのです。あなたは、あなたのアイデンティティをほとんどあらゆるもの——あなたの国、あなたの銀行預金口座、またはあなたの業績、等々——に嵌め込むことができるのです。

が、それらのすべては何の基盤も持っていないように思われます。さて、もしもこの自己が、それが一見してそうであることになっているものであったら、そのときにはそのための真の堅固な基盤を得ることが非常に重要になるでしょう。そしてそれが、わたしたちがこのアイデンティティを探し出そうとする衝動を感じる理由なのです。けれども人々は、彼らのアイデンティティについて、実はあまり確信していません。問題は、わたしたちはアイデンティティが必要なのだろうか？です。明らかに、いくつかの限られた意味では、わたしたちは自分が何であるかを知る必要が確かにあります——わたしたちは身分証明書を持っており、わたしたちは記憶、欲求および一定の関係、等々を持っています。わたしたちはそのすべてをしっかり保持しています。が、そのアイデンティティは、そう思われているようなこの上なく重要なものなのでしょうか？

質問者：アイデンティティは、あなたが話してこられたシステムに依存しているのでしょうか？

ボーム：わたしは、システムがあなたにアイデンティティを与えるのだと申し上げています。システムなしには、あなたはいかなるアイデンティティも持たないでしょう。世界中に広がっている思考の全システムが、あなたにアイデンティティ、世界の中でのあなたの居場所、等々を与えている当のものです。もしも何のシステムもなかったら、いかにしてあなたはそのアイデンティティを維持することができるでしょう？　アイデンティティは、社会的および文化的にのみ存在することができるのです。わたしたちは神または他の何かとわたしたち自身を同一化させるべく試みるかもしれませんが、その場合でもまた、あなたがそうすることを許す思考を与えるのは文化なのです。それは、私たちが心に留めておかねばならないことです。

次のような古い観方《ビュー》がありました。「わたしはわたしが何であるかを知らない。わたしが何であるかは未知であるが、しかしそれは絶えずみずからを現わしている。」これは、あなたが何であるについてのもう一つの観方です。それをちょっと調べてみましょう。〝わたし〟は未知のものです。もしも無限（infinite）なる何か――宇宙または宇宙を超えた何か[訳註5]――があるなら、わたしはそれをともかくも拠り所にします。おそらく、物理的存在の全部、そして多分物質さえもが、その微妙さにおいて無限なのです。さらに、それらを超えた**何か**があるかもしれません。それゆえ、わたしが何であろうと、**それ**[訳註6]（that）がその源であるにちがいありません。それは未知です――が、**それ**はおのずから現われるのです。わたしたちはアイデンティティという観念――わたしたちがすがりつこうとしている最も重要なアイデンティティというそれ――を必要としていません。なぜなら、それはわたしたちの反射を変える必要性の妨げになるからです。いったんわたしたちが何かと同一化すれば、わたしたちの反射はそれに従います――それが非常に重要で、〝必然的〟（necessary）になるからです。そしてわたしたちはそのアイデンティティを、たとえそれが偽りの観念を含んでいる可能性があっても、維持することを欲するようになるでしょう。

［訳註］

5　ボームは、われわれが住んでいる宇宙（**uni**verse）を超えた多元宇宙（**multi**verse）を念頭に入れているのかもしれない。

6　訳註2の**「わたしは、有って有る者」**に関連して、次のような解説がある。

最初の「I am that」の「that」は関係代名詞で、後に続く文、「I am」を表しています。ところがこの「I am」の後ろにあるもう一つの「that」が、重なるために省略されているのです。つまり本当は、〝I am that / I am (that)〟なのです。後ろの文の「I am that」は「私は《それ》である」という意味です。ですから《それ》が略されて「I am」となっている部分には、「《それ》と呼ばれているところの私」という意味が隠されているのです。

これらから、〝I am that I am〟の意味は、次のようになります。「私は、《それ》と呼ばれているところの者、それである」

これは実に意味深で巧みな表現です。一つには、いま言った《それ》という答え（自分では「神」とは名乗っていないことに注意）ですが、もう一つは、言葉が重なっていることの意味です。これは相似形を表しているのです。つまり、ヘルメス文書にある「下なるものは上の如く、上なるものは下の如し」という「全一の法則」（「全部が一つ、一つが全部」ということ。一者の法則（The Law of One）とも言う。天人合一、不二一元、万教帰一、アルファでありオメガ、これらも全ておなじことを言っている。）を、この一文が余すところなく表現しているのです。

さらに言えば、このことから、誰もがそのように宣言してよいということもまた表しています。なぜなら、万物が一つのものから分かれたかけらであり、なおかつ繋がっているからです。あなたという存在は、《それ》のかけらであると同時に、あなたの中にも《それ》の全てが含まれているのです。マクロコスモス（大宇宙）とミクロコスモス（人間）は相似形なのです。（http://homepage3.nifty.com/msasaki/kyuuyakusyutueziputohtmlhtml）

質問者：あなたは、わたしたちが慣れ親しんでいる特定の種類の化学作用を維持することが私たちにとって非常に重要なっているとおっしゃっているのですか？

ボーム：要するに、アイデンティティはわたしたちに一定の化学作用を与えてくれるだろうということが、暗黙のうちに意味されているのです。さらに、わたしたちは自分がそれを維持することを欲していると**感じる**ようになります。全身がそれに慣れていくのです。身体自体が一定の化学作用に慣れていく可能性があり、そしてその化学作用が維持されることを要求するようになるのです。かくして思考がそうするべく試みるようになるでしょう。が、さらに、思考は、維持されなければならない――絶対的に**必然的な**――より抽象的な形でのアイデンティティがあると言います。

質問者：わたしは、それをわたし自身の言葉で言うことができるかどうか見てみたいのです。アイデンティティは抽象物、つまりはイメージの中にあります。そしてそれらのイメージの一つは連続体（数珠つなぎ）で、化学作用を持っています。そしてその化学作用はある意味では**現実性**を持っており、すべて運動しているのでしょうか？

ボーム：ええ、それはすべて運動しています。それは化学作用および、おそらくは化学を超えた何らかの物質的現実――物理、電気およびそれを超えたもの――を含んでいるのです。

質問者：わたしがこれをどこかから見出すとします。そして〝わたし〟は、わたしの抽象作用の中で、変わることを欲します。が、わたしは、変わらねばならないのはイメージではないという観念を持っていません——変わらねばならないのは化学作用です。

ボーム：すべてのものが変わらなければなりません。わたしたちはイメージを変えるかもしれませんが、しかし化学作用はそれとともに変わりはしません。すべてのものが変わらなければなりません。わたしたちは全体への洞察を持たねばならないのです。

質問者：化学作用の固定性が病気の原因になりうるのでしょうか？

ボーム：化学作用の固定性とそのまわりの観念の固定性は不可分です。なぜなら、もしも化学作用についてのあなたの観念が、それを維持することが絶対に必要だと言えば、そのときにはそれは化学作用を固定させるのを助けます。あなたは、システム全体が化学作用を持ち歩いているという観念とは無関係に、それが固定されていると言うことはできないのです。

質問者：事物と人々にレッテルを貼って、それらまたは彼らを箱に詰める（分類する）必要にかられるのは、このイメージにすがりつくことの一部でしょうか？

ボーム：あなたがおっしゃるように、それ——わたしたちが人々を箱に詰める（分類する）こと——は、イメージの一部です。そして彼らは実際にいくつかの異なった箱を持っているかもしれません。いくつかの異なった帽子の着用についての一つの表現があります——仕事中と家にいるときとで、違う帽子をかぶる［首尾一貫していない自己イメージを持つ］。

そのように、過程全体としての首尾一貫性がないのです。あなたがそれを調べ始めるとき、あなたはそれにまとまりがないことを見ます。それはイメージの首尾一貫性のなさです。そしてもしもあなたがそれを本当に見るなら、——もしもあなたがそれをもはや信じなければ、——そのときにはあなたは、イメージ作りを最重要視することは思慮深い選択肢ではないと言わねばなりません。

おそらく、それは依然として働き続けており、わたしたちが突き止めずにきた大量の化学作用等々を依然として持っているのです。が、まさにここで非常に決定的なステップとなるのは、この全過程が実際には何の意味も持っていないという洞察です。それは何の基盤あるいは根拠も持っていません。それは、実は、最もはかない種類の事物なのです。思考以上にはかないいかなるものもありません。にもかかわらず、思考は「わたしはこのまま絶対的必然性とともに永久に留まらねばならない。」と言うことによって、それ自身を保持することができます。ここで重要なことは、**同一化した**（identified）存在という観念よりはむしろ、**創造的**（creative）な存在という観念を持つことです。

質問者：そのようにはかないものである思考それ自体は、実は、脳の中にはないのではないでしょうか？

ボーム：それは脳細胞の中にありますが、しかし、はかない運動——それは移り変わります——として、それは化学作用、電流、等々とごちゃ混ぜになります。

質問者：もしもアイデンティティの運動が強固なら、それは創造的エネルギーに対する障害物になる可能性がありますね。

ボーム：ええ、それは確かにそれを妨害します。アイデンティティの運動は主要な障害物かもしれません。わたしたちはいままでずっと障害物を追跡してきたのですが、今度はこれ——反射システムの一部である、このアイデンティティを保持するための企て——が主要な障害物の源に非常に近いかもしれません。

質問者：わたしは、人々はいままで同一化の危険性をあまり真剣に受けとめてこなかったと思います。この瞬間はあなたがそれを明らかにしているので、アイデンティティを持つことに本当の危険があるように思われます。アイデンティティのはかない運動がエネルギーを妨害する可能性があるわけです。それは強い依存になる可能性があります。なぜなら、それは必然性の力に非常に接近するからです。

ボーム：ええ、それはすべて結びついています。わたしたちはそれを調べることができます。アイデンティティは一定の限られた意義を持っています。わたしたちはそれを処分しているのではありませんが、しかしそれは根本的な、深い、朽ちることのないの意義を少しも持っていません。

果てしのない創造的な流れおよび運動があります。が、この創造性は、機械的であるように思われる一定の過程に巻き込まれてしまう可能性があります。この過程は実は機械的ではありません。なぜなら、それは常に新しい洞察とともに変わっていくことができるからです。もしもそれが機械同然だったら、それはけっして変われないでしょう。私は、それは充分に深いレベルでは機械ではないのだが、しかしなにか機械のような挙動をすることができると申し上げているのです。ですからわたしたちはこの過程を機械のように表象することができるのですが、しかしある点までしかできないのです。

ここで中断して、休憩に入りたいと思います。

ボーム：わたしたちはこの自己イメージ——観察者としての自己と観察されるものとしての自己——について話し合ってきました。それらは分離しているように思われます。なぜなら、それらはそのようにイメージされてきたからです。そのイメージは、その分離についての知覚を生じさせるのです。

多分、もしもあなたがお望みなら、それについてしばらくの間話し合いたいと思います。

わたしたちは、明らかに、人間存在はある意味で実際にそこにいると言いました——彼は**現実のもの**(actual) です。問題は、人間存在は恒久的アイデンティティとともに存在しているのか？です。そしてもしもそれがあるとしたら、それはどのようなものなのでしょう？　わたしたちは、このアイデンティティという観念はあまり首尾一貫しているようには思われないと言いました。その基礎の全体が思考の中にあって、非常にはかなく、薄弱なのです。

そこで、人間存在についての他の観方が示唆されました——あらゆる人の基底あるいは根拠は実は未知なのだ、という。それは森羅万象——すべての物質、さらには物質を超えたものさえもの——の総体の中にあるのかもしれません。わたしたち自身は、世界中から結集してきた物質です。わたしたちの中の炭素は、多分、全大気中に拡散していた二酸化炭素から来たのです。それは世界の向こう側のどこかにあったのかもしれません。そしてそれは動植物等々の中に入り、それからわたしたちの中に入ってきたのです。同様に、酸素、水、等々もそうです。ですから、物質的に、わたしたちの基底または根拠は全宇宙の中にあるのです。そのようにあなたはそれを科学的に徹底的に究明して、それは地球から来た、そして地球は星々からやって来た高熱ガスから形成された、そして星々は惑星間塵から形成された、等々というふうにして、とうとうビッグバンおよびさらにそれを超えたものへと遡っていくことができます。それゆえ、わたしたちは、そのすべてが相助けてわたしたち——**わたしたち**という物質的構造物——を生じさせたと言うことができるでしょう。ですから、わたしたちは、ある意味で、この物質は**現実のもの**だと言わなければならないでしょう。

が、それについてのわたしたちの思考は現実のものではありません。それらは表象であり、形態を含んでいます。テーブルについての思考は形態を含んでいます。が、テーブルは、実際には、わたしたちがそれを見ているとおりに終わっているのではありません——原子のレベルでは、それはしだいに変化していくでしょう。そして現代物理学で言われていることの一つは、虚空間 (empty space) はエネルギー、大量のエネルギーであふれているということです。虚空間のなかの各々の波は、たとえそれが空っぽでも、一定の最小エネルギーを持っており、そこでもしもあなたがすべての波を合計すれば、莫大な量になるでしょう。が、もしもあなたがすべての波を、プランク長[訳註7]と呼ばれている一定の長さ（1.616229(38)×10^{-33}cmという非常に短い長さで、その範囲を超えると現在の物理学の法則が当てはまらないかもしれない値）まで合計すれば、一立方センチメートル中の合計は、宇宙の中のすべての物質のエネルギーよりも多くなるでしょう。つまり、空間はほぼ充満していると考えられ、そして物質はその上のさざ波のようなものだということです。あなたはそれを、現代物理学に従って強く擁護することができるでしょう。

同様にして、わたしたちは、精神（mind）——意識、等々、どう呼ぶにしても——の背後には広大な流れがあると言うことができるでしょう。そしてその表面に思考というさざ波があるのです。これは一つのアナロジーであるように思われます。たとえわたしたちが〝ここ〟にある事物について話すときでさえ、それらは、実は、循環している何らかの広大なエネルギーの上の小さなさざ波なのです。このエネルギーがはっきり見えるようにならない唯一の理由は、物質と光が屈折することなしにそれを通過してしまうからです。わたしたちが経験するのは虚空間です。が、それはまた、すべての存在の根拠ないし基底である充満空間と見なされていいかもしれません。物質は、そのとき、この基底の上の一つの変異《ヴァリエーション》です。

［訳註］

7　Planck length：自然単位による計測系を作ろうとしていたマックス・プランク（一八五八〜一九四七。ドイツの物理学者で量子論の創始者の一人。「量子論の父」とも呼ばれていた）によって作られた長さの単位。

しかしながらわたしたちは、今度は、物質を表象するために用いる思考内の形態について考え始めます。それらの形態は物質よりもはるかに抽象的です。わたしたちはこれらの形態をあらゆる種類の仕方——非常に具象的な絵を描く、等々——で詳述することができます。地図のように、それらの形態は、もしもそれらが適正な表象なら、ガイドとしての役を果たし、首尾一貫した行為に帰着するかもしれません。さもなければ、それらは首尾一貫性のなさ、およびそれから起こるすべての問題に帰着します。

以上は概要です。わたしたちが実際に見る事物は、ある意味でそこにあります。そしてわたしたちは、それらと自分との関係の中で、もしも適切な思考があればわたしたちは首尾一貫するだろうということを発見するようになります。が、事物の基底ははるかに深いところにあります。少なくとも、それはそれについての思考よりもずっと堅固な物質的構造の中にあります。そして、それから、物質的構造を超えたところに、それよりもはるかに堅固かもしれない、またははるかに頑丈かもしれない、他の構造があります。

さて、おそらく精神は同じものの他の〝側面〟です——わたしたちが一方の側でエネルギーと呼んでいるものは、他方の側では精神なのです。すなわち、エネルギーは一種の英知で充満しており、そこから多分、洞察または真理についてのより深い知覚がやって来るのです。それはあくまでも示唆ですが。

では、わたしたち自身はどうなっているのでしょう？　わたしたちは、わたしたちの根拠ないし基底はそういったすべての中にあると言います。が、わたしたちは、実はかなり浅薄な、わたしたち自身についてのあらゆる種類の表象を持っています。そしてわたしたちはそれらと同一化すべく企てます。が、いったんわたしたちがそうすると、わたしたちはそれを知覚にしみ込ませてしまう思考の性質を持ってしまいます。わたしたちは自分が表象している事物を明らかに知覚します――それはそこにあるように思われるのです。それは虹のようなものです。わたしたちは虹を見ますが、しかしわたしたちが持っているのは雨滴と光なのです。同様に、わたしたちが〝見る〟のは自己（self）です。が、わたしたちが実際に持つのは、意識の中で起こり続けているたくさんの思考です。意識の背景幕に対して、わたしたちは虹というよりはむしろ自己を投影しているのです。もしもあなたが虹に向かって歩いていけば、あなたはけっしてそこに至らないでしょう。テーブルのイメージも同様の仕方で生じさせられますが、しかしもしもあなたがテーブルに向かって歩けば、あなたはそこに至り、そしてそれに触れるでしょう。

わたしが示唆しているのは、もしもあなたが自己に触れるべく企てれば、虹に触れるべく企てるのと同じ困難に直面するだろうということです。わたしたちは自己の表象を持ちますが、それは実は何らかの過程の中で起こっているのです。わたしたちはこの過程についてあまりよく知りません。が、自己を一つの客体（object）として扱おうとする企ては、あまり意味のあるものにはならないでしょう。ですから、かわりに、わたしたちはこの自己は**未知のもの**だと仮定しておきます。その起源、その基底は**未知のもの**なのです。そしてそれは、各々の人または自然または他の様々な媒体を通して絶えずおのずから現われているのです。

質問者：自己は現われるのでしょうか？

ボーム：それはあなたが〝あなた自身〟(yourself) によって何を意味しているかしだいです。〝自己〟という言葉の基本的な意味は、辞書によれば〝精髄〟(quintessense) ──随の随 (essence of the essence) ──です。いわゆる、第五元素です。古代には四元素〔地水火風〕があり、それから万象の本質である第五元素が〔四元素の外にあり、万象に拡充して宇宙天体を構成すると考えられた要素として〕追加されたのです。これは、事物〝それ自体〟はまさにその随（本質）を意味しているという考え方です。ですから、あなたが〝自己〟によって意味しているものが、まさにあなたの随（本質）なのです。あなたは〝わたし〟(I) と〝わたしに〟(me) および〝わたし自身〟(myself) と言います──〝自己〟は、〝わたし〟(I) と〝わたしに〟(me) の根拠または基底となっている本質なのです。が、そのような言い回しは、実際にあるものと思い違いされやすい表象を生じさせる元になるでしょう。

わたしは、要するに、自己が何であろうと、その本質は未知のものであるが、しかし絶えずおのずから現われていると言っているのです。

要点は、わたしたちは限られた、既知の何かであるという思考を片づけることです。わたしたちは限られた、既知の何かではありえないとわたしは申し上げているのです。いかなるものも、限られた、既知のものではありえません。限られた、既知のものは、せいぜい、抽象または表象になることができるだけです。この実際の本質はそれにはなりえないのです。

質問者：これを方向性の相違の見地で調べることは役立つのではないでしょうか？　ある意味で、わたしたちが話し合っていることは、〝わたし〟はすでに学んでいるということです。そのレベルでのすべての記憶、自己の同一化の感覚はすでに学ばれているのです。異なった方向性は〝わたしは学んでいる〟かもしれません。

ボーム：もしもあなたが学んでいれば、ええ。しかしながら、もしもあなたが学んでいれば、あなたは**知ることができません**——あなたが学んでいるということは、未知のものを含意しています。未知のものは、それゆえ、あなたが学んでいるものの中におのずから現われている、とわたしたちは言うことができるのです。しかしながら、常にそこには未知のものがあります。言い換えれば、わたしたちは、未知のものを使いつくすことにはならないのです——すでに言ったように、物理学においてさえ、虚空間の中にほとんど無限のエネルギーがあると思い描かれているのです。ですから、示唆されることは、広大なる未知のものがあるということです。それはおのずから現われているのです。そう言いたければ、わたしたちは学んでいるところです。そしてたとえ学んでいなくても、未知のものはおのずから現われているのです。

それは一般的な概念です。それは、存在のアイデンティティの観念というよりはむしろ、存在についての**創造的な**ものの観方です。

質問者：何がおのずから現われているのですか？

ボーム：未知のものが。万象の未知の基底が。それが多くの仕方でおのずから現われるのです。それは存在についての創造的な観方、創造的な観念です。限られており、反復的である等々のアイデンティティの観念よりはむしろ、それがわたしたちが示唆しているものなのです。

わたしたちは知らないのです。で、もしもあなたが「わたしは永久にこれだ。」といったん言えば、そのときにはそれは事物をかなり妨害します。あなたは常に「いかにしてわたしは、それが自分であると知るのだろう？」と訊ねることができるでしょう。あなたはそれであったかもしれませんが、しかしあなたが何であったにせよ、これからも常にそれであるだろうという証拠は何もないのです。

質問者：もしもわたしが手を上げれば、わたしはこれがおのずから現われている未知のものだと言うことができるでしょう。もしもわたしがあなたのコップを見つめれば、わたしはそれをおのずから現われている未知のものとして見つめることができます。

ボーム：ええ、どんなものも。未知のものは、以前そうであったものと類似した仕方でおのずから現われるかもしれません。多くの事物は単に一定の類似した仕方でおのずから現われ続けるものの、そのすぐ下ではそれは永遠の流れなのですが、しかしわたしたちが自分の思考の中で表象しているのと類似した形態を生じさせているのです。いま、わたしたちの思考はそれらの形態を表象するのに適しており、そしてすぐ下にあるものをほのめかすかもしれませんが、しかし実はそれを捉えることはできないのです。

質問者：もしもわたしが、絵を描くといった何かを行なうなら、それもまた未知のものがおのずから現われているのですか？

ボーム：その可能性はあります。あるいは、それはあなたの記憶からのものであるということもありえるでしょう。しかしながら、記憶の基本的現実性でさえ未知のものなのです。ここで言っておかねばならないことは、わたしたちが知っているあらゆるものは、わたしたちが虹についてするように、意識の背景の上に投影する一つの形態だということです。それは正確に投影される可能性もあれば、不正確にそうされる可能性もあります。あらゆる形態が他のあらゆるそれと同じように適正であるわけではないのです。

きわめて多くの形態が投影されることができます。わたしたちは、異なった度合いの首尾一貫性を持つ異なった文化、異なった人生観、等々を持つことができるのです。重要な点は、全般的な観方は文化の中にあり、そしてわたしたちはどれだけそれが首尾一貫しているか問わねばならないということです。あなたは、このことは個人的にだけでなく、はるかに多く集合（集団）的に行なわれるということを見ることができます。わたしたちの思考と意識を分有することによって、わたしたちは様々な形態をあらゆるものの中に投影しているのです。これについては、午後、ダイアローグに関連して議論したいと思います。

質問者：文化が首尾一貫している、またはいないとあなたがおっしゃるとき、その表象または抽象が首尾一貫している、またはいないとおっしゃっているのですか？　しかし基盤それ自体——いわば、画枠およびカンバス――は常に首尾一貫しています。

ボーム：ええ、物質的構造は常に首尾一貫しています――ただし、それはわたしたちが考えているものではないかもしれませんが。

質問者：では、首尾一貫性のなさは表象の中にのみありうるのですか？

ボーム：表象の形態の中に。および、それらの形態が帰着する作用の中に。

質問者：限られそして知られているものは、それを見間違いすることによる場合以外、何もないのではないでしょうか？

ボーム：思考は常に、相対的妥当性を持っている制限を与えます。

わたしは、あなたは二つの可能性を持っていると示唆しているのです。一方は、あらゆるものは限られており、そして知識はそのすべてを〝受け容れる〟ことができると言うことです。他方は、知識はそのすべてを受け容れることができないと言うことです。人々は、究極の知識は何かを見出すべく試みています。科学者たちは、それを十九世紀に持ったと考えました。それから彼らは「いや、それは事実ではない。」

と言いました。人々は、手に入れることを欲している〝万物の理論〟〔一七〇頁参照〕について話し合っていますが、いままでのところでは最終的理論をわたしたちが持っている徴候はまだありません。が、わたしたちは、まず第一に、わたしたちがいままで持ってきたいかなる知識も限られたものであったと言うことができるでしょう。さて、それは何の証明にもなりませんが、しかしそれは一つの問題を提起します。

かりに物理学者たちが万物の理論を――〝アルティモン〟(ultimon)という名の究極的、最終的粒子とともに――とうとう見出したとしましょう。そしてそれから、それはそのまま何世紀にもわたって続いていくかもしれません。彼らはアルティモンを単位にして計算し、あらゆるものが解かれていくかもしれません。しかしながら、彼らが翌分、翌時、翌日または翌世紀にそのすべてに限界があることを発見し、それが無効になることなどないだろうという何の証拠も依然としてないのです。

言い換えれば、あなたが究極的なものを手に入れたことを**知る**ためのいかなる手立てもないのです。ですから、そう思い込むことはまずい戦略なのです。なぜなら、もしもあなたが究極的なものを持ったと思い込めば、そのときには他のいかなるものも探求しようとしなくなり、それゆえ、それはあなたを窮屈な立場に追い込む傾向が生じるからです。あなたは、あなたが究極的なものを持ったことを知るためのいかなる手立ても持っていないのです。あなたは「神がわたしに告げたのです。」というような何かを言うかもしれませんが、しかしそのときには人々が「いかにしてあなたはそれを知ることができるのですか？」と言う可能性があります。あなたが究極的な知識を持っているということをいかに自分では確信していようと、それについての絶対的な保証を得ることはけっしてできないのです。あなたが言うことができる最善のことは、「わたしが見ることができる範囲では、そのとおりなのです。」と言うことです。

質問者：知識によって究極的なものを探求することは、それ自体が間違いかもしれません。

ボーム：ええ、それは非常に由々しい間違い――わたしたちが話し合っているシステムの中の欠陥――かもしれません。わたしたちは開かれていなければなりません。あなたは、いかにそれが重要かを見ることができるでしょう。もしも原子についての究極的な知識がありえるとしたら、それはわたしたちのアイデンティティについてもありえることを含意することになるでしょう。なぜなら、わたしたちは原子からできているからです。多くの科学者がその仮定に取り組んでおり――わたしたちはそのすべてを手に入れるだろう、人工知能があらゆるものを再生（複製）するだろう、等々、と言っています。が、わたしは、それは首尾一貫していない手順だと思われると言っているのです。

質問者：究極的な知識の探索と知識を超えた究極的な何かの探索とを、あなたはどのように区別なさるおつもりですか？

ボーム：あなたはそれを探索することはできません。なぜなら、まさに〝探索〟(search) という言葉は、対象を掌握する（捉える）ことを含意しているからです。わたしは、思考に関するかぎり、知識を超えた何かがありうる、確かにもっともらしいという可能性を開いたままにしておく必要があるとだけ言うにとどめなければならないと思います。まず第一に、わたしたちは、知識は完全であることはできないというかなり多くの証拠があると言いました。そして第二に、それを超えた何かがあるにちがいない、しかしわたしたちはその証拠を持っていない、と。それからわたしたちは訊ねます。「他の何らかのやり方で、なんとか**それ**（that）と接触することはできるだろうか？」おそらくそれは可能なのでしょうが、しかし可能ではないのかもしれません。

質問者：究極の知識の探索と、それを超えた何かの探索のための機動力は同じなのでしょうか？

ボーム：同じではないとわたしは思います。究極の知識の探索は安心（安全）を得るための探索であるにちがいありません。が、わたしたちは、それを超えたもの——未知のもの——を、安心（安全）を得るために探索することはできません。もしもあなたが**本当に**それを見つければ、それが安心（安全）を与えることはあるかもしれません。が、少なくともわたしたちが思い描くものとしての未知のものは、あまり安心（安全）を与えてくれるものとは思われません。

質問者：わたしたちは未知のものを、この観点から思い描いているのですね。

ボーム：ええ。おそらく、あなたがそれで**ある**ときには、それは安全（安心）であるかもしれませんが。

質問者：あなたは、過去の知識（knowledge）は現在刻々の知（knowing）のバロメータではないと示唆していらしゃるのですか？

ボーム：わたしたちはすでにそれについて知っています。なぜなら、過去の知識が現在刻々の知を超えているかどうかを確かめるためには、それは常に首尾一貫性のなさについての試験を受けなければならないからです。が、わたしたちは、首尾一貫性のなさを確かめるためのすべての試験を知ることはできません。

質問者：では、現在刻々の知の中には、過去の知識に基づいたそれ以外の他の要素があるのでしょうか？

ボーム：ええ、現在刻々の知は、未知のものに基づいた過程なのです。

質問者：究極の自己イメージと究極の現在刻々の知の探索との間の関係と、どのようにそれが以前話し合ったこと――感覚を引き起こす言葉、等々――に関わっているかを調べることはできるでしょうか？

ボーム：もしもあなたが、文化が全般的にしているように、究極的知識があると思い込むなら、そのときにはそれは一つの可能性として確かにある何かだと見なされるでしょう。それゆえ、あなたの意図、あなたの衝動、あなたの動機はそれに向かうでしょう。なぜなら、もしもそのような究極的知識があるなら、それを手に入れるべく企てることは適正なことになるでしょうから。さて、もしもそれがないなら、あなたはこう言うでしょう。「それはわたしにとっては無いも同然だ。わたしはそれには何の関心もない。」

質問者：普遍的〝真理〟または〝観念〟はすべての国、すべての文化を横断しているように思われます――例えば、十戒や黄金律など。それは反射のようなものですか、それとも地球上のすべての人々によって投影される単なる自己イメージですか？

ボーム：社会が機能し、何かが然るべき意味を持つためには、人々は一定の仕方で関わり合わなければならないという洞察――あなたは人道に反することをしてはならない。もしも反することをすれば、それはすべてあなたに戻ってくるだろう。それはうまくいかないだろう。それは首尾一貫していないという洞察――があったのかもしれません。

質問者：それは投影された自己イメージなのでしょうか？

ボーム：いいえ。元々の洞察はそれを超えていたのですが、しかしそれから思考がそれを掌握して、システムの中に取り込み、そして自己イメージを投影するのだとわたしは思います。言い換えれば、あらゆるものがこの製粉機にかけられる可能性が出てくるのです。

質問者：わたしたちは、何も制約したり決めつけたりせず、知識や結果を手に入れることを期待したりせず、ただ事物を流れ行くままに、〝あるがままに〟(let it be) させておくことができるでしょうか？

ボーム：それが、わたしたちが提起している問題です。唯一の答えは、わたしたちがそうするか、しないかです。わたしたちは、実は、知識からこれに答えることはできないのです。もしもそれが未知のものであって、知識から答えることができないなら、それは他の何か——わたしたちが〝真理の知覚〟または〝洞察〟と呼んできたもの——を必要とするでしょう。そこでわたしたちは様々な種類の思考を探査し、真理の知覚や洞察を妨げる——わたしたちの文化の一部である——思考を検証してきたのです。

多分、わたしたちは皆これに対する洞察をあるレベルまで持ちつつあり、それはある程度の影響を与えていると思います。しかし、古いあり方を保持しているすべての化学作用（chemistry）を実際に突き止めるには、かなり多くの作業が必要になるでしょう。

それがわたしが強調しておきたい点なのです。さて、もしもあなたが〝洞察〟と呼ぶことを欲しないなら、あなたはそれを〝真理の知覚〟と呼ぶこともできるでしょう。そこでわたしたちは、真理（truth）とは何かという問いを提起することができるでしょう。わたしたちの文化はそれをめぐって多くの混乱を生じさせてきたので、それを解明することを困難にしています。

真理についての一つの説は、テーブルについての真の観念はテーブルの現実に対応しているなどのように、現実に対応しているというものです。が、わたしたちは、これはありえない、なぜなら、あらゆる観念は表象――現実のほとんどを無視した抽象――だからだ、ということを見たばかりだからです。それが何に対応しているかを知ることは困難です。例えば、もしも地図が適正な地図なら、それは国内の何かに対応しているでしょうか？　地図の上には、都市、道路、川および境界を表象している点と線があります。地図上のそれらの線は抽象物です。それらは、どのみち、実際には線ではありません――もしもあなたがそれらを注意深く見つめてみれば、それらは小さな点、印刷されたインクの点、すべてが互いに数珠つなぎにされたものであることを確かめることができます。また、同様にして、国と国との間の線は実際には存在していません。それらは人々によって想像されたものです。フェンスや壁がやがては立てられるかもしれませんが、しかしそれはそこに線があると思った人々によって立てられたのです。このように、一つの抽象物と他のそれとの間には対応があり、それはあなたのガイドになります。しかし、それは形態、一定の抽象的な形態の対応であって、現実のものではありません――現実それ自体はあなたを免れるのです。そのように対応している事物のどの一つも、それ自体が現実として自立してはいないのです。

適切な観念の一部である、その種の対応があるかもしれません。そして適切な観念はその種の対応にだけでなく、首尾一貫した行動にも帰着するでしょう。が、わたしは、真理はより以上の何かであると申し上げたいと思います。観念は適切か、不適切か、またはその中間にあるかもしれません。が、真理はより深い何かです。わたしたちは、〝真理〟という言葉を、もっとはるかに深い何かのために取っておくべきなのです。

英語の〝真〟(true) という言葉の語源は、〝まっすぐ〟(straight)、〝正直〟(honest)、〝忠実〟(faithful) を意味しています――〝直線〟(true line) のように。そしてラテン語で true に相当する *verus* という言葉は、〝あるがままのもの〟(that which is) を意味している基語です。ですから、〝真理〟という言葉の意味のおおよその観念は、〝あるがままのものに対してまっすぐで、正直で、忠実である〟ということになるでしょう。しかし、精神がまっすぐで、正直で、忠実でないかぎり、それが自己欺瞞に陥ったりしていないかぎり、化学作用がそれを許容しているのでないかぎり、いかなる真理もないでしょう。真理が起こるためには、脳内に一定の状況がなければならないのです。

質問者：ギリシャ語で truth に相当する言葉は、〝無気力から抜け出す〟、〝眠りから覚める〟ことを意味している *alethia* です。

ボーム：〝眠りから覚める〟、ええ。あなたは目覚め、真理に対して機敏にならなければなりません。言い換えれば、それは〝一定の精神状態〟と呼ぶべきもの、ならびに、実際には物質的システムの状態も必要としているのです。システム全体があまりにも調子を乱しているときに一般に起こることは、知覚に干渉してあなたを眠り込ませる、首尾一貫していない思考が及ぼすあらゆる種類の化学的影響で、それがいっぱいにさせられるということです。脳が、わたしが〝電気化学スモッグ〟と呼んでいるものでいっぱいにさせられる、と言うことができるでしょう。そして、それが存在しているときには、わたしたちは真理を持つことができないのです。

わたしは、抽象的な真理がある――どこかに、どういうわけかあって、わたしたちが捉えるのを待ち受けている――という観念は、再び、究極的真理という観念と同じものだと思います。真理はそれよりもはるかに活力に満ちた何かです。それは、あの、それ自体を欺かない種類の運動でなければなりません。そしてそれから、それは〝実際にあるもの〟(that which is) に適合し、それと首尾一貫していなければなりません。真理は一つの知覚であり、同時に一つの作用 (働き) です。真理の作用 (働き) は電気化学スモッグをきれいに片づけるでしょう。それは、いわば、あなたがより明瞭に見ることができるように、スモッグを一掃するのです。また、システムが汚染されること、等々がなくなるのです。かくしてそれは真理の一部になります。真理は単に〝あるがまま〟(what is : 真実在) についての情報ではありません。むしろ、真理は〝あるがまま〟(真実在) の中の一つの主要因なのです。

質問者：真理は、みずからを現わしている未知のものとどのように関わっているのですか？

ボーム：真理の源は、洞察の源のように、思考が把握することができるものを超えたものであるにちがいありません。そして真理は向こうからやって来て、脳の物理化学的状態に触れ、併せてそれを思考に伝える言葉を生じさせるのです。

真理はただ抽象的にふわりと浮かんでいるのでなく、それは実際に**ある**のです。すなわち、真理は実際の現実の中の一要因なのです。真理は〝実際にあるもの〟に**出会い**ます。それは、脳内で起こっていることに触れるとき、〝実際にあるもの〟に首尾一貫した仕方で触れ、そしてその中の何らかのものをきれいに片づけます。そして、そこからさらに、その真理についての知覚は、また、より首尾一貫した仕方で作用する（働く）ことができる思考を引き起こすのです。

質問者：あなたは、〝実際にあるもの〟から真理を分離しておられないのですね？

ボーム：ええ。真理は〝実際にあるもの〟の一部です。真理は、〝実際にあるもの〟の内側での一つの運動または作用（働き）なのです。それは実際に**ある**のです。

質問者：真理は作用（働き）であり、そしてそれ自体の現実を持っていると言うことができるでしょうか？

ボーム：ええ、真理はそれ自体の現実を持っているのです。

質問者：では、現に生きられる真理は、反射なしの生なのでしょうか？　わたしたちは、反射なしに生きていくのでしょうか？

ボーム：真理は反射ではありません。それは創造的な知覚です。わたしたちは反射を必要としていますが、しかし反射によって支配されてはならないのです。

質問者：洞察は、どのようにシステムが働くかについての真理を示すことができるのでしょうか？

ボーム：それをこんなふうに言い表わしたらいいかもしれません――ほんの一瞬間の洞察であるかもしれない真理についての知覚がシステムを変化させ、それをより首尾一貫したものにさせる。そして同時にそれは、思考のための新しい基礎を伝達する言葉を生じさせる。

質問者：それには、わたしたちが真理に触れるためには首尾一貫性を必要とするということが含意されていると見なすことが可能でしょうか？

ボーム：脳が静まらなければなりません。この首尾一貫性のなさが電気化学スモッグの発生源です。わたしたちの文明は大気を化学スモッグで充満させてきました、そして、時々、肺は適切に呼吸する状態ではなくなります。同様にして、脳は真理に応える状態になっていないのです。

質問者：では、どのようにしてそれは真理に応えるのですか？

ボーム：このスモッグの中では、それは応えません。または、混乱した仕方で応えます。そしてそれゆえ、それは真理ではないのです。

質問者：真理は記述の範囲内にあるのですか？

ボーム：いいえ。わたしたちは多少ともそこを指し示すであろう言葉を与えようと試みているだけです。が、それは実際にあるものです。それは記述されることはできませんが、しかし実際にあって作用する（働く）ものです。真理についての知覚は、事物を変化させる実際の作用（働き）です——それは、単に、異なった何か**について**の真理であるだけではないのです。

また、虚偽についての真理もあります。虚偽についての真理は、それが虚偽であるということだけではありません。例えば、電気化学スモッグの場合には、虚偽についての真理は、それは物質的過程であるということです。結局、虚偽の根底には真理があるのです。

質問者：が、虚偽は抽象の中にのみあるのです。

ボーム：虚偽は、不適切な抽象、それ自体の防御につながるような種類のそれを通して起こるのです。

質問者：絶対的な真理は時間によって左右されることはないでしょう。

ボーム：真理は時間ではないでしょう。それが時間の中で起こることはましてないでしょう。真理の作用(働き)の一部は、このスモッグ、シナプスに影響を及ぼして、首尾一貫性のなさを取り除くことだと言っておきましょう。もしもそれが時間を要するなら、そうすることはできないでしょう。なぜなら、〝実際にあるもの〟(that which is)はいつも変化しているからです。そして、ある一つの瞬間の知覚は、次の瞬間に対しては必ずしも当てはまらないことでしょうから。

質問者：では、真理は思考の不在中に現われるのですね。それは美および歓喜と同じことを表わしているのではないでしょうか？

ボーム：ええ、それは多かれ少なかれ、同じエリアにあるかもしれません。

質問者：それらの線に沿って、偉大な芸術作品は、どのジャンルのそれであれ、まさにそれが表現しているものについての適切な表象を持っていますが、しかし何かそれ以上のものがあるように思われます。それは真理でしょうか？

ボーム：ある意味では、ええ。何かそのようなものが。単に事物を表象することを超えた、より以上の何か――知覚――があったのです。そこには表象があるかもしれませんが、偉大な芸術作品はそれ以上のものなのです。多分、芸術家がその傑作を描いていた、または造形していたときには、真理についての知覚があったのです。

質問者：そしてそれが、抑圧的なタイプの全体主義体制が芸術を制限し、コントロールすべく企てた理由の一部なのでしょう。

ボーム：彼らは芸術だけでなく、ほとんどあらゆるものを制限し、コントロールしようとするでしょう。彼らは、例えば、科学を彼らが適切だと考えているエリアへと制限してしまいます。彼らは芸術を、ちょうど科学を利用するのと同じように利用するのです。

わたしは、真理についての知覚は自由があるときにのみ可能になるだろうと思っています。ですから、わたしたちは自由の問題を提起する必要があるのですが、いまはそのための時間がありません。が、真理と自由は本質的には一つの場を構成しているにちがいありません。

質問者：真理は究極的知識に似しているのでしょうか？

ボーム：しかし、それは知識ではないでしょう。真理は時々刻々に作用する（働く）――これがわたしが言おうとしていることです。真理は時々刻々の作用（働き）なのです。

質問者：アインシュタインが想像を知識よりはるかに勝っていると見なした理由は明白ではないでしょうか？　彼は次のようなことを言いました。「想像は知識よりもはるかに多く人類の役に立ってきた。」

ボーム：もしもそれが創造的想像（creative imagination）なら、確かにそのとおりです。なぜなら、それは新しい知覚と新しい作用（働き）をもたらすからです。

質問者：が、わたしたちの文化は芸術と科学の両者においてその創造的想像を抑圧するので、わたしたちは二重拘束《ダブルバインド》（解決不能のジレンマ）に陥っているのです。

ボーム：ええ、ですからわたしたちは文化について議論しようとしているのです。とりあえず、いま、その準備だけしておくことにしましょう。そうすれば、午後の最初の部分でわたしたちは文化とダイアローグについて議論し、それから観察者と観察されるもの、時間、等々のその他の問題を議論することができきるでしょう。

わたしたちは、諸々の事物を抑圧し、すべてのスモッグを引き起こしている社会と文化の問題を提起してきました。厄介事は主として個人の中で起こっているのでもなければ、個人がまったく一人きりでそれに対処することができるわけでもありません。個人の変化はとてつもなく大きな重要性を持っています。が、たとえ彼が変化したとしても、その変化は依然として限られた意味を持っているだけでしょう。わたしたちは依然として、スモッグにおおわれたこの全文化を持っていることでしょう。それゆえ、文化全体が変化させられないかぎり、それはあまり深い意味を持つようになることはありません。根本的には、アイデンティティ、自己イメージ、抑圧、思い込み、等々の全問題は、**共有された意味**（shared meaning）であるところの文化の中で起こっているのです。わたしたちはそのすべてを共有しています。それは入り込んでくるのです。わたしたちはそのどれかを拒み、そのどれかを受け入れるかもしれませんが、しかしそうすることができることさえもが文化の一部なのです。それはすべてシステムです。そして文化がその根底にあるのです。

午後は、文化について、またわたしたちが話し合ってきたこの分野の中でどのように文化が働いているかを調べ始めるための手段としていかにダイアローグが役立ちうるかについて議論することから始めたらいいのではないかと思います。こういったすべてがわたしたち自身の中で起こっているのを見るだけでは充分ではありません。なぜなら、そのほとんどはわたしたち同士の間で起こっているからです。

質問者：あなたが真理と洞察について話していらしたとき、ふと思いついたことがあります。数学には、何通りの仕方で事物を組み合わせることができるかを計算する〝階乗〟(factorial)と呼ばれているものがあります。もしも三つの物体があれば、そのときには一×二×三＝六通りの組合せがあることになります。十の階乗は三〇〇万余りです。脳は約二〇〇億個の神経細胞《ニューロン》を持っており、もし二〇〇億を階乗したら、その積はすべての意図および目的に相当するようなとてつもなく大きな値になるでしょう。もしも脳がそのような状態にあり、そしてあなたの条件づけと思考が作用していなければ、そのときには脳には無際限の、または限りのない特質が備わるのではないでしょうか？　脳が真理および洞察と深く交わり、または真理と洞察の真の性質によって触れられるのは、そのような状態においてなのではないでしょうか？

ボーム：もしも脳が本当に深く条件づけられておらず、そしてこれらすべての組合せが自由に動きまわるなら、そのときにはそれは数限りない仕方で真理に応答し、そしてそれとの密接な関わりの中で運動することができるでしょう。

　では、そろそろおしまいにしてよろしいでしょうか？

第5セッション——1990年12月2日（日曜日）午後

◎ダイアローグ　◎　文化とは基本的に共有された意味　◎　下位文化《サブカルチャー》　◎　イスラエルでのダイアローグ集会　◎　シオニズム　◎　必然性についての思い込み　◎　資本主義と共産主義　◎　文化―培養　◎　〝意味〟という言葉の三通りの意味合い　◎　一般と特殊、必然と偶然　◎　レーガンとサッチャー　◎　環境運動　◎　事実を見つめることが出発点　◎　なぜわれわれは結束するのか？　◎　スモッグを本当に取り除く洞察　◎　グループプロセスの科学者　◎　ダイアローグのビジョン　◎　風土病のように世界各地に蔓延している憎悪　◎　思い込みへの固執と神経化学的動揺　◎　グループの中にある一種の触れ合いのレベル　◎　ボディーランゲージ　◎　一つの身体、一つの精神　◎　フットボールの観衆と非個人的な連帯感　◎　クリシュナムルティと悲嘆からの逃避　◎　国家間の問題は物質的過程の一部　◎　ダイアローグの持続　◎　分離の問題　◎　観察者と観察されるもの　◎　思考者と思考　◎　自己と世界との間の区別　◎　性癖　◎　ほとんどあらゆるものとの同一化　◎　文化が思考のほとんどを生じさせる　◎　洞察があるときには、宇宙的な起源を持つ何かが直接身体の中で働くようになる　◎　真の個性　◎　高度に分割され、葛藤している個人　◎　自由の問題　◎　創造的なアーティスト　◎　自由とは新しい次元の必然性を知覚し、創造すること　◎　聖アウグスティヌス　◎　モーツァルトとベートーベン　◎　新しい文化と社会が出現する可能性　◎　創造性を奨励しない文化　◎　脱条件づけ　◎　レーザー光　◎　時間の問題　◎　ライプニッツ　◎　空間は共在の秩序　◎　時間は継起の秩序　◎　ニュートンの絶対時間　◎　すべての過去および未来はいまの瞬間の中にある　◎　過去、現在、未来は一つの運動　◎　自己変革・改善の欺瞞性　◎　洞察または創造性の源　◎　思考と時間　◎　ダイアローグは洞察への入口　◎　洞察は自由への――ひいては友情と友愛と愛への――ドアを開ける

デヴィッド・ボーム（以下ボーム）：午前中のセッションの終りにわたしたちはこのすべての思考――この全システム――は、個人的であるよりははるかに多く社会的および文化的であると言いました。そこで、それを調べて、その全部を見、さらにその本質的特徴を見てみる必要があります。そうするためにわたしたちが提案しているやり方は、ダイアローグによるものです。〝ダイアローグ〟(dialogue) という言葉の語源は〝ディアロゴス〟(dialogos) です。ギリシャ語では〝dia〟は〝through〟を、〝logos〟は〝言葉〟(word) または〝意味〟(meaning) を意味しています。わたしたちは、意味が人々の間を流れている様を思い描くことができるかもしれません。〝Dia〟は〝two〟ではなく〝through〟を意味しています。それゆえ、多くの人が参加することができます――それはわたしたち二人の間、またはわたしたちそれ以上の間にあるのです。

関係についての一つの観方は、二人の人を、彼らの関係を二次的な特徴として示す点線によって結びつけられた、二つの点と見なすことです。他の観方は、各端に点のある実線です――つまり、関係が主要なことがらで、人々は端にあるということです。そしてこの二つが両極端の観方です。そしてこのダイアローグでは、わたしたちは多分後者の側にいます。思考が自己を主体と客体、観察者と観察されるもの――という、実はすべて一つの過程を成しているもの――に分離するのとちょうど同じように、思考は人々を分離します。が、人々が本当に意思疎通し合っているときは、ある意味で一体感が彼らの間に、各人の内側で起こるのと同じように、起こるのです。

もちろん、〝ダイアローグ〟は、一般的にはその意味で用いられてはきませんでした。例えば、国連では人々はダイアローグについて話し合います。彼らは、「われわれは折衝する（negotiate）。」というようなことを言います。しかしながら、折衝は単なる始まりにすぎません。もしも人々が開始のさせ方すら知らなければ、様々な点で折り合いをつけ、少なくとも進め方を見出すべく試みるかもしれません。しかし、もしもあなたが単に様々な点で折り合いをつけたり折衝したりしているだけなら、そのときにはあまり遠くまで進捗することはないでしょう。

わたしが示唆しているダイアローグ観は、それよりずっと先まで見通したものです。わたしは、狩猟採集民のある北米インディアン部族を訪れた文化人類学者の本を読んだことがあります。彼らは参集し、約三十ないし四十名で円陣を組み、互いに直接話し合うことを習わしにしていました。一見すると特定の権威者はいませんでしたが、より年長者たちはより賢いと見なされたので、彼らのほうがより多く傾聴されました。彼らは、あらかじめ打ち合わせたいかなる協議事項もいかなる目的もなしに話し合いました。彼らはいかなる決定もせず、そして明らかないかなる理由のためでもなしに円陣を終わらせました。そしてその後、彼らはどうやら互いを充分に理解し合ったので、何をすべきかを知りました。それが彼らの生き方でした。こうして彼らは、ある種の持続的なやり方で何度も何度も会ったのです。

その当時、わたしには、これこそが正しい生き方だろうと思われました。が、現代文明においては、またはいくつかのより古いそれにおいてさえ、わたしたちはそうすることができないように思われます。人々は権威またはヒエラルキーを必要としているように思われます。あるいは、決然とした決定を下します。彼らは、話し合っているとき、あまり互いに理解し合っておらず、そのため、この種のことを真に維持することがけっしてできないのです。

が、人々が一緒に話し合うことができるようになることがますます急務になりつつあります。なぜなら、もしわたしたちがそうできなければ、技術がますます危険なものになっていくからです。ポイントはこうです――人々が真に意思疎通することができ、一緒に話し合うべく試みるということは何を意味しているのだろう？

かりにわたしたちが四ないし五名の人々を参集させるとします。それは、二十または三十名を参集させることとはかなり異なった状況です。四ないし五名の人々は互いに知り合い、調節することができるようになります。彼らは、すべての難しい問題を避けることができるようになります。ある意味で、彼らはより家族的な状況を再現していくかもしれません。もしも彼らが何かをすることを欲するなら、誰かが権威またはリーダーシップを担うかもしれません。が、三十または四十名の人々、あるいは二十名の場合でさえ、新しいことが現出します。つまり、多数の異なった観点が出てきて、あなたは社会の文化的状況により多く似たような何かを手に入れるのです。

社会の中でわたしたちは文化を持っています。わたしは、文化とは基本的に**共有された意味**（shared meaning）であると申し上げます。共有された意味なしには、社会はばらばらに壊れてしまうでしょう。それは、社会をくっつけておく（結合させておく）一種のセメントなのです。もしも人々が何かをするために参集することを欲するなら、事物は彼らにとって同じものを意味しなければなりません。さもなければ、彼らは何かをするために参集することができません。もしもあらゆるものが異なった人々にとって異なった意味を持っていたら、互いに誤解してしまうでしょう。

しかしながら、わたしたちの社会には多くの下位文化《サブカルチャー》——エスニック下位文化、宗教的・政治的下位文化、教養のある専門職、異なったグループの成員、等々——があり、何千もの異なった区分を成していて、その中では事物が非常に異なった何かを意味しています。で、もしも人々がこれらのグループから参集すべく試みれば、またはそれらのグループの一つの中でそうすべく試みる場合でさえ、彼らは采配を振るう誰かを持つかもしれません。そうすれば彼らは、彼らが望むことを行なうべく試みることができます。が、もしも彼らが指導者のいない、協議事項のないグループを与えられたら、彼らは多分非常に心配に感じ、どうしたらいいかわからないかもしれません。たとえ彼らがその心配に耐え抜いたとしても、彼らは、遅かれ早かれ、彼らが全員異なったものの観方と意見を持っていること——互いに意思疎通し合っていないこと、各々が他の人々を苛立たせたり怒らせたりすることをしていること——を見出すでしょう。各々の人が、他の人々を不愉快に感じさせたり、憤激させたりするような考え方を持つことでしょう。彼らは、わたしが目撃してきたように、これらすべてのことのために互いに非難し合い始め、そして全部が悪化していきます。彼らはただばらばらになってしまうのです。そして彼らは言います。「話し合ったって何になるというのだ？」

事実、その種の困難は、人々が共通の目的のために参集すべく努めるときはいつでも、政府の中でであれ、実業の中でであれ、他のどこでであれ、起こってきます。あなたは、これが現に起こっている種類のことであることを見出します。例えば、国会（立法府）議員たちは、共通の意味に至るために議会に参集するのではありません。彼らは、法案を通過させるために、一定の点で折り合いをつけるだけです。これとは対照的に、合衆国憲法が起草されたとき、起草者たちが同じ場所で長時間かけて一緒に作業したとわたしは理解しています。彼らは、全員が憲法に同意するようになるまで頭を絞り、その結果、それは比較的統一された文書になったのです――南北戦争、等々に帰着した、一定の統一されていない問題はありましたが。

さて、以上は、ダイアローグの概念への一種の序言です。そして単に実際的な目的のためにも、わたしたちはダイアローグを必要とするでしょう。が、それに加えて、それはより深い意義を持っており、それについては後で調べてみるでしょう。

けれども、もしもあなたがこの過程を経験したことがあれば、あなたは困難を見出したことでしょう。まず第一に、誰かが優位に立ち（支配的になり）ます。彼らは流暢に話し、采配を振います。他の人々は、多分、無言のままでいます。なぜなら、彼らは馬鹿なまねをしてもの笑いになることを恐れているからです。が、彼らは優位に立っている人々に憤りを感じ、そしてそれもまたグループの仲を裂くでしょう。何人かの人々は役割を演じ、そして他の人々はこれが非常に苛立たせることを見出します。あらゆる種類のことが起こることでしょう。これらが、グループが結束すべく試みるときに起こるであろうすべての問題です。が、それらは依然として表面上のことです。

かりにわたしたちがそのすべてに耐え抜いたとしましょう。それから、より困難なものが現出してきます。人々は、人生における重要な事柄についての異なった基本的思い込み（assumption）――本当に必要なもの、本当に真実なもの、人々はどうあるべきか、何が本当の目的であるべきか、等々、についての思い込み――を持っています。そしてすでに見ましたように、これらの思い込みは**反射**（reflex）の形をしています。人々は、自分がそれらを持っていることをまるで知りません。が、反射が挑戦されるとき、突然、人は感情を高ぶらせて飛び上がるかもしれません。そしてそれから、それは行ったり来たり動きます。グループ全部がそのような二つの思い込みの間で分裂する可能性が生じるのです。

わたしたちは、かなり以前にイスラエルでダイアローグ集会を開催したことがあるのですが、そのとき誰かが、ユダヤ人とアラブ人との間の苦しみの種はシオニズム〈訳註1〉である――主要な苦しみの種は、シオニズムが彼らを引き離していることだ――と、非常にもの静かに、何気なく言いました。すると突然、誰かが、目を飛び出させんばかりにして立ち上がり、そしてシオニズムなしには国家は崩壊してしまうだろうと言いました。このように、二つの思い込みがあったのです――シオニズムという観念を退けることが本当に必要だというそれと、それなしにはイスラエルはありえないというそれが。どちらもある意味で正しかったのですが、しかし両者を和合させるいかなるやり方もありませんでした。

そのような思い込みはとてつもなく大きな力を生じさせます。それらは、実は、**必然性**（necessity）に

［訳註］

1　Zionism：イスラエルの地（パレスチナ）に故郷を再建しよう、あるいはユダヤ教、ユダヤ・イディッシュ・イスラエル文化の復興運動（ルネサンス）を興そうとするユダヤ人の近代的運動。後者の立場を「文化シオニズム」と呼ぶことがある。「シオン」（エルサレム市街の丘の名前、英語ではザイオン）の地に帰るという意味である。（Wikipedia）

ついての思い込みなのです。そして、そのような場合に起こりうることは、以前は巻き込まれていなかった多くの人々が巻き込まれてしまうということです。この事例においては、場が非常に熱を帯びてきて、――電気化学スモッグで満たされて、――初めのうちは思い悩んでいなかった人々が、すべて巻き込まれてしまいました。が、若干の人々がその方向をややそらすことができたので、集会は行き過ぎることなく収束しました。それは解決されることなく終りましたが。このような事態を解決するためには、ダイアローグが長時間維持されねばならないでしょう。しかしながら、それは、人々が少なくとも互いに話し合うことができる地点に到達することはできました。参加者は突然退場したりせず、そして彼らは、ある程度まで、これら二つの対立する思い込みまたは意見を聴くことができたのです。

これは小さなステップのように思われるかもしれませんが、しかしそれは、実は、きわめて重要なのです。世界はその種の異なった思い込みであふれています――最近まで世界を二分していた、資本主義と共産主義間のそれらなど。各々の国家はその主権についての思い込みを持っています。そしてその隣国は、自国が正当で、主権を有しているという、相反する思い込みを持っている、等々。これらは初めから終りまで思い込みです。「ボスにふさわしいのはあの人だ。」、「それをとりしきるのに適任なのはわたしだ。」、「わたしのほうがそれをよくこなすことができる。」実に多くの思い込みがあり、そしてそれらは非常に強力です。それらは**必然性**（necessity）についての思い込みです。文化におけるすべての文学と演劇はそれらを含んでいます。それらは暗黙のうちにそこにあります。ギリシャの演劇はそれらの必然性についての思い込みであふれており、それが悲劇を招いたのです。実際は非常に繊細な人間であるヒーローが、必然性についての彼の思い込みに非常に一貫して固執し、かくして彼自身だけでなく、周囲のあらゆる人も滅ぼしてしまったのです。

そしてこれはすべて集団的です。それは単に個人的なことがらではないのです。グループの全成員がそれのおかげで結束するのです。わたしたちは、これらの思い込みを文化の中から拾い上げます。〝文化〟(culture) は、〝培養〟(cultivate) と同じ語根を持っています。わたしたちはそれを何らかの仕方で培養するのです。文化は、必然的なものについてのこれらすべての意味を含んでいます。わたしたちはそのすべてを持っているのです。

さて、このグループを含む、人々の任意のグループについて、もしもわたしたちがそれにこだわり、そしてたとえば週に一度、いつまでと決まっていない期間の間中会うようにしていけば、初めのうちは丁重にし、互いに同意し合うことができる様々な話題を見出すようにするでしょう。例えば、一方の側には何人かのリベラルな左派がおり、他方には保守派がいる、あるグループがありました。彼らは、彼らの政治とは無関係な多くのことを見出しました。それから、徐々に彼らはそれらのものを使い果たしていき、とうとう彼らが同意していないことについて話し合い始めました。それからは、話し合いは容易ではなくなっていきました。

遅かれ早かれ、このグループまたは他のどのようなグループにおいても、この種の問題が起こるようになるでしょう。そしてもしもわたしたちがそれらに直面することができなければ、そのときにはわたしたちは一緒に取り組むことができなくなります。で、もしもわたしたちが協力しなければならない場合、わたしたちの何人かが最近考えていた典型的な問題についてお話しましょう。複数の会社の取締役や執行役員たちは、一つのグループの中で、またそれぞれの社内の残りの部分とも協力する必要があります。が、各々の人が、一種の反射であり、そして自分がそれを持っていることを当人が知らない、そういう異なった思い込みを持っています。かくして、人々は暗黙のうちに異なった方針に従っていき、それゆえ違う方向に進んで行くかもしれません。彼らは協力していることになっているのですが、実際には互いに抵抗し合っているのです。

同じことが政府にも言えます。明らかに政府は互いに抵抗し合っている人々であふれています。彼らはお互いに他方の努力を打ち消し合っていて、ものごと全部を混乱させていきます。そしてどのような組織の中にもあなたはそれを見出すでしょう。たとえあなたが主任《チーフ》を主席に就かせても、他の人々は彼ら自身の意見を持っていて、トップからの指令にかならずしも従おうとしないでしょう。彼らはそれらに従っているように思われるかもしれませんが、しかし表面下には抵抗があります。彼らはトップに従っておらず、そして彼は彼の方針を実行させることができません。

ですからわたしたちは話し合うための努力を必要とするのです。わたしたちはこれにどう対処することができるのでしょう？　わたしは方法があると申し上げています——つまり、ダイアローグという方法が。

それは、実は、個人の場合と同じ問題なのです。個人は彼の内側に相反する意図、相反する反射を抱えている、とわたしたちはすでに言いました。かりに誰かが怒っていて、彼がそうしないよう欲しているとします。彼は言います。「怒っていることはとてもひどいことだ。それはわたしがしていることをだめにしてしまう。だが、わたしはまだ怒っている。」一方では、彼は怒ったままでいようとする意図を持っており、他方では、怒っているのをやめようとする意図を持っています。二つの意図は同じ人の中にあるかもしれませんし、違う人々の中にあるかもしれませんが、しかしそれらは相反する働きをします。また、もしもあなたがグループを設ければ、それは似たり寄ったりの働きをします。

わたしたちが個人について話していたとき、わたしたちはあなたがこの葛藤に耐え、それから逃避しないようにしなければならないと言いました。あなたはそれに耐え、それを明らかにしさえするのです。するとあなたは何らかの洞察を得始め、いかに思考が葛藤を生じさせているかを見始めます。一人の個人として、あなたはこれに耐え、これを行なうことのほうが、あなたが解決すべく努めている特定のいかなることがらよりも重要であることを見る必要があるのです。言い換えれば、もしもあなたがこれを行なうことができれば、あなたは、あなたの悩みの種となっていることがらを超えた、より深いレベルへと至ったのです。

同じことがグループにも言えます——わたしたちは、この、複数の意図、反射、思い込みの葛藤に耐えるのです。あらゆる思い込みは、暗黙のうちに一つの反射および一組の意図を構成しています。そしてちょうど個人について起こるのと同じように、それは個人の中から出て行ってグループの中へと移動します。各々の人が他の人々の思考によって影響され、したがって一人の人の反射は他の人の反射になります。もしもある人が怒っていれば、他の人も怒ります。それはすべて広まって行くのです。

質問者：わたしたちは、必然性についてのより幅広い、またはより深い、共通の思い込みを見出さねばならないのでしょうか？　あなたが個人についてのそれをおっしゃるとき、過程を理解することの必然性または意図がどこにあるか見ることができます。その必然性のほうが、自分の怒りから離れることの必然性よりも強いかもしれません。

ボーム：ええ、もしもあなたが本当にそれを見れば。けれども、これを見るためには、現在進行していることの意味、より深い意味、を見てみなければなりません。しかしながら、あなたがこれを、社会の中でわたしたちが持っている条件づけに基づいて見ることはありそうもありません。が、わたしたちはそれを探査し、この状況全体のより深い意味を見なければなりません。ここでわたしが強調したいことは、目的または意図を押し付けることからダイアローグが始まることはないということです。もしもわたしたちが、「全員がこうすることに決めましょう。」とただ言うなら、何をすることにわたしたちが決めようと、それは押しつけになるでしょう――それは、実際、より多くの葛藤に行き着くでしょう。

質問者：人々は、あらかじめその意図を持ったうえで参集しなければならないのでしょうか？

ボーム：いいえ、おそらくそれは、わたしたちが意思を疎通し合っていくうちに育まれていく可能性があります。要点は、わたしたちが、いますぐにそうしていないように、ただちにダイアローグを開始しようとしないことです。わたしたちは、ダイアローグ**について**話すことによって始めます。わたしたちは、自分たちがダイアローグを交わしているふりをしていません。むしろ、ちょうどわたしたちが他の万般のことについて話し合っているの同じように、わたしたちはダイアローグについて話し始めるのです。わたしたちは意味を確かめていきます。ちょうどわたしたちが思考の全過程の意味、およびいかにしてそれが道を誤ってしまうかを見たように、わたしたちはまた、この状況の意味を集合（集団）的に見ていくのです。

では、この**意味**（meaning）という問題を調べてみることにしましょう。辞書は、〝意味〟という言葉の三通りの意味合いを与えています。それらの一つは〝意義〟（significance）です。それは、何かを指し示す〝標識〟のようなものです。他の一つは〝価値〟（value）です。そして〝目的〟（purpose）または〝意図〟（intention）があります。これらは関わり合っています。なぜなら、もしもあなたが「何かはわたしにとって多くのことを意味している。」と言えば、それは高い価値を持っているということをあなたは意味しているからです。そしてもしもあなたが「わたしはそれを行なうつもりだ。」と言えば、「それはわたしの目的、わたしの意図だ。」と言うのと同じことです。明らかに、それらは関連し合っている言葉です。大きな意義のある何かは一つの価値観を生じさせるでしょう。そして価値はあなたにしみ込んでいるエネルギーです。それはするだけの価値がある、やりがいがあるとあなたに感じさせるのです。

質問者：あなたがここで話しておられるとき、あなたは意識的または無意識的に意義を創り出していらっしゃいます。

ボーム：それがポイントです。わたしは意義を伝えていると申し上げたいのです。

質問者：が、もしもわたしが一群の人々と参集することになったら、わたしはその意義を明瞭に表現することができず、それを利用できるものにすることができないかもしれません。

ボーム：そうなる見込みがあるとわたしは思います。わたしは、まずこの意義を伝え、そしてわたしたちがどこに行くことができるかを見ることによって始めることを提案しているのです。もしも思考とダイアローグのこの全過程についてのいかなる観念も持っていない人々が参集すれば、彼らが進め方を見出す可能性はあるものの、おそらく彼らは見出さないでしょう。にもかかわらず、創造的な一歩を踏むことによって、なんとか見出すかもしれません。

質問者：が、他の可能性もあるように思われます。もしも彼らが充分に開かれていれば（オープンであれば）、彼らは共通の必然（必要）性を見る（認める）かもしれません。

ボーム：かもしれません。しかしわたしは、わたしたちの社会の中の代表的な人々はその開放性に逆らう反射を持っていると申し上げているのです。

質問者：わたしたちは何らかの意義を創出したり、または投影したりする必要はないのかもしれません。なぜなら、わたしたちはこの過程の中でおそらく共通の必然（必要）性を発見することができるかもしれないからです。

ボーム：わたしたちは意義なしに必然（必要）性を見ることはできません。必然（必要）性は一つの意義なのです。状況が必然（必要）性を告知します。それは、それ以外ではありえないと告知するのです。さもなければ、何かが必然（必要）だということをあなたはいかにして知るのでしょう？

質問者：わたしは、それについての知覚、気づきによって、と言うでしょう。

ボーム：しかし、それは意義なのです――あなたは、何かが必然（必要）であることを暗示している状況の意味を認めるのです。あなたは、何が必然（必要）かをどうやって知るのでしょう？　状況を調べてみることによって――わたしは〝X〟が必然（必要）であることを知覚します。が、それは一定の意義です。必然と偶然は二つの意義なのです。

質問者：知覚はそれに意義を与えるのではないでしょうか？　いったんあなたがその知覚を持てば、それがまず最初に起こるものになるのではないでしょうか？

ボーム：ええ、そうなるでしょう。が、もしもあらゆる人が明瞭に知覚していたら、わたしたちはこの問題を持たないでしょう。

質問者：明らかにわたしたちはそのように知覚していません。が、おそらく、わたしたちがこの共通の意味を見ることができるようになる可能性はあるのです。

ボーム：ある時点で、わたしたちは共通の意味を見るかもしれません。それがわたしが言おうとしていることです。わたしは、いま、意味という観念のあらましを述べ、ある時点でわたしたち全員が共通の意味――何が必然（必要）なのか、何が価値があるのか、何がやりがいがあるのかを含むそれ――を見るかもしれないと言っているのです。また、わたしは、どんな目的および意図がそれを実現することができるのか、そのあらましを述べています。価値と目的は意味についての知覚から流出してきます。さて、目的は変化していくかもしれません。なぜなら、あなたが意味をより深くまで見ていくにつれて、あなたは目的を移し替えねばならなくなるからです。それは明瞭でしょうか？

わたしたちが意義を見ることから始めなければならない理由を、わたしは示したいと思います。多分、初期の人々は意義を容易に見たのです。が、スモッグ等々とともに何千年もの文明を経てきたいま、この意味を見ることは非常に困難です。たとえわたしたちがそれを知性によって、推断によって見るとしても、それは依然として反射の中では働いていません。言い換えれば、わたしたちが参集することを必要としているということを認めている人々が依然としてそうすることができないのは、反射が頭をもたげてくるからです——シオニズムとアンチシオニズムのように。

質問者：わたしにとっては、〝必然〟という言葉は〝意味〟という言葉と同じ意味を持っています。

ボーム：それは一種の意味ですが、しかし必然に加えて非常に多くの意味があります。例えば、一般と特殊があり、必然と偶然があります。また、そのような他の多くの事物があります。多くの意味があり、そして必然は特殊な種類の意味なのです。

質問者：けれどもそれはダイアローグにとって不可欠なのではありませんか？　そこには必然性があるのではないでしょうか？

ボーム：そのとおりです。そこには必然性があるのです。もしもわたしたち全員がダイアローグの必然性を見れば、わたしたちはただそれを行なっているでしょう。が、わたしは、その中に共通の知覚がない状況から出発しているのです。

質問者：必然性は意味から起こる、もしもあなたがそれが何を意味しているのか理解しなければ、それが必然的であることを理解することができないとあなたはおっしゃりたいのですか？

質問者：まさにそれがわたしが疑問を感じていることです。なぜなら、必然性はすでにそこにあるからです。わたしたちは、世界がそうであるような仕方でこの必然性を持っているのです。

ボーム：が、ほとんどの人はそれを見ていません。

質問者：彼らはそれを見ておらず、その意味を見ていません。が、それは事実なのではないでしょうか？

ボーム：あなたがちょうどおっしゃったように、彼らは意味を見ていません。意味は彼らが見ていないものです。が、事実を見るためには意味が必要です。あなたが首尾一貫した意味を見ないかぎり、事実を明瞭に見ることはありません。事物があなたにとって意味していることが、あなたの行動の仕方を決めるでしょう。もしも何かが敵、等々を意味していれば、あなたはそれに従って行動するでしょう。それがわたしたちが言っていたことです。わたしたちの現在の思考が知覚の中に入り込んで、それに異なった意味を与えるのです。同様に、かなり多くの過去の思考が知覚の中に入り込んで、それに異なった意味を与えているのです。そして意味——わたしたちの思考が付与するそれ——は、いかなるダイアローグも不必要である、わたしたちはみんな個人として何でもしたいほうだいすることができる、最高の形態の文明は何かをただ彼自身のために、他の誰にも相談せずに行なうあらゆる個人だということです。そしてそれが、ほとんどあらゆる人が言っていることです。事実、ロナルド・レーガンのような人々はそれが最高だと言ってきました。そしてマーガレット・サッチャーも得々としてそう言ったのです。等々。

質問者：かりにわたしたちが、世界では様々なことが起こっているというような、任意の数の事実を持っていると言うとします。ある人には、その言はわたしたちが丘の中に潜伏して弾薬をかき集めるべきだということを意味しています。他のある人には、それはわたしたちが参集して、話し合うべきだということを意味しています。

ボーム：また他のある人には、それはそういったすべてを忘れて、ただ自分だけを大事にすることを意味しています。

質問者：それゆえ、多くの異なった意味がそれから出て来る可能性があるわけです。

ボーム：ええ、そういったすべての異なった思考のゆえに。おそらく、もしもわたしたちがそれを明瞭に見たら、わたしたちは実はダイアローグを必要としているということを一緒に見ることでしょう。が、膨大な数の思考がすでに押し寄せてきていて、それらが意味についての知覚に入り込んで来るのです。人々は意味を異なった仕方で見ており、それゆえにわたしたちは参集することができないのです。

質問者：まず第一に、あなたはどのようにして人々を参集させるおつもりなのですか？　彼らは、もしもこの（ダイアローグの）ためでないとすれば、どんな理由のために参集するのでしょう？

ボーム：人々は一定の程度までは寄り合います。なぜなら、彼らは様々なことをすることを欲しているからです。そして、さらに、彼らはこの理由（ダイアローグ）のために参集するかもしれません。が、人々は数え切れない理由のために参集すべく試みていますが、成功していません。例えば、環境危機（ecological crisis）に関心がある人々がいます。彼らはみな、何がなされるべきかに関して異なった意味を持っており、そして彼らは互いに争い合って、お互いの努力を相殺し合う可能性があります。彼らは参集すべく試みてはいるのです。が、起こっていることの要点を見ていない――どのように思考が働いているかを見ていない――ので、彼らはものごとを首尾よく運ぶことができないのです。

質問者：あなたは、これらの人々は特定の環境的理由のために参集することができると示唆していらっしゃるのですか？

ボーム：できるのですが、しかしそれから彼らは、このより深い意味の問題を探査しないかぎり、彼らがしたいと思っていること――それが何であろうと――を行なうことができないということを発見するでしょう。現在、環境運動全体が分裂する危険性があります。事実、それは、他のあらゆるものが分裂したのと同じように、かなり分裂しています。なぜなら、誰もが異なった意味を持っているからです。

質問者：では、それは事実から一歩ずれてしまったということではないでしょうか？　わたしたちはすでにそれに特定の意味を付与してしまっており、それがどのような内容であろうと、それは現実、世界の状況、等々についてのわたしたちの知覚の仕方を左右しているのです。それは、事実から個人的または主観的な方向に乖離してしまっているのではないでしょうか？

ボーム：それは乖離していますが、しかし事実はそれが乖離したということです。わたしたちはこの事実から出発しなければなりません。より高い次元の事実は、人々が本当の事実を見つめていないということです。ですから、事実を見つめること――それが、わたしたちの出発点です。

質問者：が、あなたがおっしゃっているように、情況が新しいやり方でダイアローグを行なうようわたしたちに強い始めています。

ボーム：情況がそれを行なうことを必要とさせつつあることは確かですが、しかしわたしたちがそれを行なうかまたは行なわないかは依然として予断を許しません。

質問者：ダイアローグを持つという企てのために結集する場合、その理由を持つことは重要または必要でさえあるのでしょうか？

ボーム：もしも任意に選ばれた三十人の人々がただ参集しただけであるなら、彼らは多分ダイアローグを持たないでしょう。わたしが言わんとしていることは、もしもわたしたちが、ダイアローグを起こさせるために必要とされる作業を維持するするつもりなら、わたしたちはダイアローグの意味、意義および価値を見なければならないということです。それはたったの五分では起こらないでしょう。わたしたちは一週また一週とダイアローグを持続させねばなりません。なぜなら、次々と頭をもたげてくる諸々の抵抗があるからです。ですから、人々はダイアローグの意味、情況全体の意味についての確固たる知覚を持つ必要があるのです。

質問者：が、この意味とは何なのでしょう？　わたしは実に多くのこうしたグループに顔を出したことがあります。時々わたしは訊ねます。「なぜわたしたちはここにいるのでしょう？」誰も理由を知らないように思われます。

ボーム：わたしは、人々は、まだ明確化されていない、それについての漠然とした感じは確かに掴んでいるのだと思います。それはわたしたちが切り抜けねばならない困難の一つです。わたしたちは、これをしっかり見るようになるために、創造的な一歩を踏み出す必要があります。もしもあなたがそれを見極める洞察を持てば、そのときにはあなたはそれを言葉で表現できるようになるでしょう。

さて、あなたはこうお訊ねになるかもしれません。「なぜ人々はこれを明瞭に見ないのでしょう？　それは非常に切迫した危機だと思われるにもかかわらず、人々はそれを見ることができないように思われます。」彼らがそれを見ないのは、集合（集団）的ならびに個人的なこの思考過程のせいです。様々な思考と個人的／集合（集団）的空想が知覚の中に入り込んでいるのです。神話は集団（集合）的空想であり、あらゆる文化はその神話を持っています。それらの多くは、あたかもそれらは知覚された現実であるかのように、知覚の中に入ってきます。誰もが、その中でこれが起こるかなり異なった仕方を持っており、そしてわたしたちは実際に事実を見ているわけではないのです。**それ**――わたしたちは事実を見ていないということ――は事実ですが。より高次元の事実があるのです――わたしたちは実際の事実を見ていない、という。すでに言いましたように、それがわたしたちが出発点としなければならない事実なのです。

質問者：もしもわたしたちが自分たちの文化を解体し始めなければならないのなら、わたしたちはまた、一歩一歩自分の個人的な条件づけを解体しなければならないのではないでしょうか？　それらはまったく同じものなのではないでしょうか？

ボーム：それらは同じ場——思考のシステムの場——にあります。文化は思考のシステムによってまとめあげられているのですが、そのシステムは、集合（集団）的であれ個人的であれ、同じ欠陥を持っているのです。

質問者：では、どうやってそれを解体し始めたらいいのですか？

ボーム：わたしはダイアローグがそれを行なうだろうと示唆しています。わたしたちはそれを探査すべく試みているのです。

かりにわたしたちが、情況が何かをしきりに必要としているということを見るのに充分なほど、情況の意味を見ていると言うなら、それは何かを必然的なものにさせます。それはダイアローグを必然的なものにさせるのです。また、わたしたちはダイアローグの価値、それが非常に重要であることを見ます。そこでわたしたちはある種の目的、少なくとも、何をしたらいいかについての当座の目的を生じさせ始めます。その目的は再三再四変わるかもしれません。なぜなら、わたしたちが進んでいくにつれて、わたしたちは何か他のことを欲するようになるかもしれないからです。わたしが言いたいことは、わたしたちは目的から出発することはできないということです。むしろわたしたちは、意味を見ることから出発しなければならないのです。そして意味についての知覚はますます深くなっていく可能性があります。

さて、なぜわたしたちは結束するのでしょう——こういったすべての相反する思い込みや反射を持ち、諸々の不快感や欲求不満を味わいながら？　なぜわたしたちは結束することを欲するのでしょう？　もしも何かが重要なら、わたしたちはそれをする気になっていることを知ります。もしもわたしたちが、これ（ダイアローグ）が重要であることを見れば、そのときには結束して、こう言います。「ダイアローグを持続させて、わたしたちがこれを創造的にやりとげるにはどうしたらいいかを見出せるかどうか、見てみることにしよう。」

質問者：もしもわたしたちがその必然（必要）性を見れば。

ボーム：その情況は必然（必要）であるということ――それが、情況がわたしたちにとって意味していることなのです。他の誰かにとっては、それはまったく必然（必要）ではないかもしれません――「わたしはただ自分自身を大事にすることができるだけだ。」わたしは、それは一定の思考の仕方のせいだと示唆しているのです。では、わたしたちは必然（必要）性への洞察、このスモッグを本当に取り除く洞察を持つことができるでしょうか？　人々はこれを手に入れるべく試みますが、しかしスモッグの中で道に迷ってしまいます。

質問者：何の必然（必要）性への洞察ですか？

ボーム：真に、自由に意志を疎通し合うことの。が、「わたしはただ自分自身を大事にすることができるだけだ。」といった諸々の思い込みが、わたしたちが意思疎通し合うことを止めているのです。それらは感情的激昂（emtional charge）を引き起こします。わたしたちは、それらは間違っているという証拠に背いて、それらを弁護するのです。わたしたちは、わたしたちを束縛する神経生理的な化学的過程全体を含む、そのすべてを見ることの必然（必要）性を見る必要があります。

質問者：では、通常のグループはその必然（必要）性を持つことがないのでしょうか？

ボーム：彼らはそれについて知ることすらないでしょう。もしもこれについて少しも知らなかったら、いかにして彼らはその必然（必要）性を見ることができるのでしょう？

質問者：あなたは、それは通常のグループの場合でも可能であると示唆しておられるのですか、それとも通常のグループの場合には不可能であると示唆しておられるのですか？

ボーム：可能である見込みはなさそうです。ただし、もしも彼らが非常に創造的で、意思疎通に固執すれば、彼らはどうにかしてその可能性を見出すかもしれませんが。だからといって、わたしたちが人間の可能性に制限を加えることを欲しているのではないということに注意してください。が、わたしは、それが可能である見込みはなさそうだと申し上げているのです。

質問者：グループプロセスの科学者たちは、ますます、グループが結成された目的を達成することへの最大の障害は、それが意味を共有しなければならないことだということを見、そしてそれを人々に示すようになってきています。つまり、グループが実行しようとしていることをすることができるようになるためには、まずいかにして意味を共有したらいいかを学ぶ必要があるのです。

ボーム：ええ、そしてそれはダイアローグを意味しています。それがわたしが言っていることです。意味を共有することの必然（必要）性をわたしたちは見る、とわたしたちが言うとき、わたしたちが発見する最初のことは、わたしたちはそうすることができないということです。それは個人についても同じことです――わたしたちは怒りとともに留まることの必然（必要）性を見ますが、しかしそうすることができず、立ち去ってしまいます。そこで、そのときわたしたちが見守らねばならないことは、どのようにわたしたちが立ち去るかです。そしてもしもわたしたちがそれについて本当に真剣なら、わたしたちはこう言います。「わたしは本当に必然（必要）性を見ており、さっき見損なったからといって、そこでただ停止したりはしない。わたしはそれに固執し、そしてなぜそれがうまくいっていないのかをわたしが見ることができないかどうか、確かめてみよう。」

質問者：人はそれをもてあそぶことができます。

ボーム：もてあそぶことはできますが、しかしいずれ頓挫するでしょう。なぜなら、非常に強力な思い込みが浮上してくるからです。そのときにはあなたは、たとえそれが困難で不愉快になっていこうと、それに固執するつもりだと言わなければなりません。

わたしたちは、これが首尾よくいくと保証することはできません。が、わたしたちは、あなたがすることを欲するかもしれない他の何らかの困難なことが首尾よくいくと保証することもまたできません。もしもあなたがあからじめ保証を求めるなら、それはけっして首尾よくいかないかもしれないのです。

質問者：ある意味で、わたしたちは〝首尾よくいく〟とは何を意味しているのかさえ知らないのです。わたしたちは、それは一定の仕方で作用することだと見なされると思うかもしれませんが、しかしそれはわたしたちが思いつかないレベルでは異なった仕方で作用しているのかもしれません。

ボーム：ええ、わたしたちもまた、それが何を意味しているのか知りません。

そこで今度は、わたしが〝ダイアローグのビジョン〟(vision of dialogue) と呼んでいるものを取り上げ、それが何を意味しているかについての観念を描き出してみることにします。あなたはそれを受け容れる必要はありませんが、しかしそれはダイアローグについての検証に役立つかもしれません。わたしは、わたしたちが思い描いていることが首尾よくいく、ただちに首尾よくいくと言っているのではありません。おそらく、初めて試みるときには、首尾よくいかないでしょう。が、それでもなお、それは重要なビジョンなのです。やりがいのあるほとんどいかなるものも、あなたが初めてそれを試みるときには首尾よくいかないのです。

かりにわたしたちがこのビジョンに固執することができるとしましょう。するとわたしたちはこの感情的激昂――すべてのスモッグ、苛立ち、欲求不満、等々――に直面し、そしてそれらは、もしもその場に非常に強い思い込みがあれば、実際に憎悪へと募っていく可能性があるのです。シオニストと反シオニストの間のスモッグは、何らかの思い込みとともに実際にありうるそれに比べたら、むしろ刺激性が弱いのです。わたしたちは、憎悪は非常に強い種類の神経生理的な化学的障害であり、それはいまや風土病のように世界各地に蔓延していると言うことができるでしょう。どこをあなたが見ようと、あなたはそこで人々が互いに憎み合っているのを見ます。そこであなたがこれに固執しているとしましょう。あなたは、わたしたちはみんな同じ立場にいる――誰もが思い込みを持ち、誰もが自分の思い込みに固執しており、誰もが神経化学的に動揺をきたしている――という洞察、共有された洞察、を持つかもしれません。人々の内面の基本的なレベルは同じです。表面的な相違はあまり重要ではないのです。

わたしはこれを一つの推断として提示しています。が、もしもあなたが実際に洞察を得れば、その瞬間にそれは全反射構造とそのすべての化学作用に触れ、影響を与えるかもしれません。それは、その瞬間に影響を及ぼされるかもしれないのです。

グループの中には一種の触れ合いのレベル（level of contact）があるということを見ることが可能です。思考過程は身体過程の延長であり、すべてのボディーランゲージ（身ぶり言語）はそれを示しています。人々は、実はかなり緊密に触れ合っています――憎悪はきわめて緊密な絆《きずな》なのです。わたしは、人々が本当に緊密に触れ合っており、彼らにとって非常に重要な何かについて話し合っているときには、彼らの全身――彼らの心臓、彼らのアドレナリン、すべての神経化学物質、等々のあらゆるもの――が参加させられると誰かが言っていたことを思い出します。彼らは、互いに、爪先などの彼ら自身の身体のいくつかの部分とよりもずっと緊密に触れ合うのです。ですから、ある意味で、その触れ合いの中で〝一つの身体〟(one body）が確立されるのです。そしてまた、もしもわたしたち全員が互いの意見を聞き入れて、それらを判断することなしに、保留することができ、そしてあなたの意見が他の誰かのそれと同じ基礎の上にあれば、そのときにはわたしたちは**同じ中身**（same content）――すべての意見、すべての思い込み――を持つので、全員が〝一つの精神〟(one mind）を持つことになります。その瞬間には、相違は二次的なものになるのです。

要点は、そこで、みなさんはある意味で一つの身体、一つの精神を持っているということです。それは個人を呑み込むものではありません。もしも個人が他の思い込みを持っているなら、彼はそれを持つことができ、それはグループと分かち合われ、そしてグループはそれを受け容れます。個人が同意しないという事実の中には何の葛藤もありません。あなたが同意するかしないかは、あまり重要ではないのです。同意する、またはしないことへのいかなる圧力もありません。

質問者：あなたは、触れ合いはあるが、しかし人々が持っている様々な思考はかなり異なっているかもしれない――同意がある必要はない――とおっしゃっているのですか？

ボーム：わたしたちは、誰かが正しいということに同意する必要はありませんが、しかしあらゆる思考を聞き入れて、その意味を見るようにしなければなりません。

質問者：では、結合は分子同士のものであって、それは思考の中にはないということですか？

ボーム：それはかなり分子同士のものです。それを述べることは難しいですが。つまり、それは何か他のレベルにあるのです。昔の人々はかなり頻繁にそのような結合を持ったのです。そして、人々はそれを非常に多く欲しているのだとわたしは思います。

例えば、イングランドでは、フットボールの観衆は彼らのフットボール競技場で椅子を持たず、ただ一団になって立っているだけのほうを好みます。とても多数の人々がおり、そして何かエキサイティングなことが起こるとき、彼らは互いに押し合い、そして時々、群衆のために人々が殺されることがあります。彼らはそれを抑制することができなくなり、そして人々がとうとう呼吸することができなくなる程度まで圧力が募っていきます。最近、かなりの数の人々が殺された出来事がありました。いままでにも、同様の性質の他のいくつかの出来事があったのです。そこで何人かの人々は「これらすべてのフットボール競技場に椅子を設けたらいいのではありませんか？」と提案し始めました。しかし、他の多くの人々がそれに反対しました。彼らは「わたしたちは椅子を欲しくはありません。わたしたちはあの触れ合いを欲しているのです。」彼らがフットボールゲームに出かけていく理由は単にゲームを観戦するためだけではありません。ゲームが、社会が他のいかなる場所でも許容しないこの触れ合いを持つための、社会的に容認できる理由になっているからです。

質問者：もしもわたしが思い込みの先を見据える――あなたのそれらを尊重し、わたし自身のそれらを持つ――ことができれば、そのときにはわたしはあなたの中にわたしを見ることができるのでしょうか？

ボーム：わたしたちは、誰もがそれぞれの思い込みを持っていることを見ることができ、ですからわたしたちはそれらすべての思い込みを調べるのです。わたしはあなたの思い込み、そしてわたしの思い込みを調べていくのです。それらはすべて保留されます。わたしは、それらは正しいまたは間違っていると決めつけません。または、もしもわたしが自分のそれのほうが良いと思うなら、それで一向にかまいません。が、それでもなお、わたしはあなたが言っていることの意味を調べ続けるようにします。そしてそれゆえ、わたしたちは共通の意味をともにしていきます。そのとき、もしも他の誰かが他の思い込みを抱えてやって来れば、わたしたち全員がそれに耳を傾けるでしょう。わたしたちはその意味を共有するのです。さて、それは〝ダイアローグのビジョン〟となるでしょう。

ポイントは、非個人的な連帯感（impersonal fellowship）と呼ばれているこの種の絆を、わたしたちが他のレベルで築き上げるようになるということです。あなた方は互いに顔見知りになる必要はありません。あのフットボールの観衆の中では、ごくわずかの人々しか互いに知り合っていませんが、しかし彼らは依然として何か——彼らの通常の個人的な関係の中では欠けている、あの触れ合い——を感じているのです。そして戦時中には、平時には見落としている一種の友愛（仲間意識）があることを多くの人々が感じます。それは、あの緊密な結びつき、あの連帯感、あの相互的関与と同じ種類のものなのです。

これが、分離した個人を称賛するわたしたちの社会の中では欠けていることを人々は見出しているのだとわたしは思います。共産主義者たちは他の何かを築き上げるべく試みましたが、しかし彼らは非常に悲惨な仕方で完全に失敗してしまいました。今度は、彼らのかなり多くがわたしたちが持っているのと同じ価値を採用してきました。が、人々はそれでもって申し分なく幸福であるわけではありません。彼らは孤立していると感じています。成功している人々でさえ孤立していると感じ、彼らが見逃している他の側面があると感じているのです。

質問者：わたしたちはいまダイアローグについて話し合っています。これを身近な課題と見なし、帰宅してから人々をダイアローグに参集させることが望ましいのではないでしょうか？

ボーム：示唆させていただくなら、わたしたちはそれを課題として考えるべきではありません。ダイアローグ全体の肝心な点は、わたしたちが議事日程（予定表）や目的を持たないようにすることです。わたしたちは**意味**を見、そしてそれに従って行動するようにしていくのです。

質問者：わたしたちがしてきたように、三十～四十人が一堂に会するという事実が依然としてあるのではないでしょうか？　何かがそれが起こるようにさせなければなりません。

ボーム：が、わたしたちはそれが起こるように〝させる〟ことも、それが起こるように強いることもできません。わたしは、わたしたちにできることは、個人についてしてきたように、見つめることができるだけだと言おうとしているのです。わたしたちは情況を**知覚する**ことができるだけです。そしてわたしたちの洞察は、これに対する障害物を変化させるかもしれません。

質問者：ですから、いかなる処方箋もないわけです。それは、わたしたちが話し合っていることに矛盾するでしょう。けれども、これが起こるためになされなければならない――なされることができる、またはできない――未知の何かがあるのです。

ボーム：ええ、何かが起こらなければならないのですが、わたしたちはそれが起こるか起こらないか知りません。わたしが提示しようとしているものはダイアローグの**意味**――〝ダイアローグのビジョン〟――

です。意味を見ることによって、わたしたちはその価値を感じ取り、そして目的を確立し始め、それがわたしたちをダイアローグへと向かわせるのを助けるかもしれません。

質問者：意味が見られれば見られるほど、それだけより多くの行動が起こるのですね。

ボーム：意味から価値の感覚が流れ出します。そしてそれから目的と行動が流れ出すのです。

質問者：わたしたちは、優先順位と重要性における重点のシフトについて話し合っているのでしょうか？ わたしたちは意思疎通の重要性を見、そして事実とともに留まることのほうがわたしたち自身の思い込みよりずっと重要だということを見ることができるのでしょうか？ また、わたしたちはその観念を状況の中に持ち込むべく試みているのでしょうか？

ボーム：いったんわたしたちが意思疎通の重要性を見れば、それはおのずから起こるでしょう。それゆえわたしたちは「もしもわたしたちがその重要性を見たら、なぜわたしたちはそれを行なっていないのだろう？」と訊ねなければなりません。その答えは常に「そこにはわたしたちが触れたことのないさらなる化学作用、さらなる反射がある。」です。

質問者：では、それはわたしたちが働きかけることができる何かなのですか？

ボーム：ええ。ダイアローグを持続させることによって、わたしたちは、隠れていたあのより深いところで起こっているすべての化学作用を突き止め始めるのです。そしてこれらの反射の全過程の一部は、手押し車をひっくり返す〔計画を台無しにする〕のを避けるために、姿をくらますことです。わたしが示唆していることは、もしもわたしたちがこの〝ダイアローグのビジョン〟を実現すべく試みるなら、自分がそうすることができないことを見出すかもしれないということです。が、あらゆる〝ビジョン〟は最初はそのような特質を持っているのです。

ですからわたしたちは、欲求不満やすべての困難にもかかわらず、ダイアローグを持続させなければなりません。この欲求不満、憎悪、等々のエネルギーはいずれ払いのけられて、連帯感として解放されるでしょう。その欲求不満の中には何らかの緊密な絆があるのですが、しかしいまやそれは異なった種類のそれになりうるのです。人々が深い思い込みに抗しているとき、彼らの間には緊密な絆が生まれてきます。もしも彼らがお互いに対して無関心であったり、問題を丁重に避けたりしていれば、それは生まれません。

もしもあなたがこの状態に踏み留まっていれば、一定の変化が起こる可能性が出てきます。それは個々の問題の中であなたがしなければならないことに非常に似ています――困難な状況に耐え、それから逃避しない、という。それは、クリシュナムルティがしばしば語った悲嘆の問題に似ています――人々は、悲嘆に直面すると、しきりにそれから逃避し、それに気づくことから遠ざかろうとするのです。反射は、状況からあなたを遠ざけることによって、それを免れようとします。そしてそれは、それが何であり、何が起こっているのかをあなたがけっして見出せないことを意味しています。あなたはけっしてそれを知覚することができないでしょう。が、もしもあなたがそれから遠ざかっているのを見て、それとともに踏み留まるようにすれば、まさにその踏み留まりが多大のエネルギーを蓄積させます。あなたがそれとともに踏み留まれば留まるほど、それだけ多くあなたは、それは実はすべてある種の物理的緊張《テンション》なのだという感じを掴むようになります。するとあなたは、この全部は単に物質的過程の一部にすぎないという洞察を得るかもしれません。

社会的問題もまた物質的過程の一部なのですが、しかしわたしたちはそれに非常に異なった意義を与えています。例えば、人々は、国家間の問題は物質的過程の一部であるとは考えません。むしろ、それは超越的な意義を与えられます。が、実際にはそれはごっちゃになってしまった単なる物質的過程であり——それはこのスモッグ状態の中にあるのです。グループの中の一瞬の洞察の中で、わたしたちはこの物質的過程を共有しており、そしてわたしたちが共有しているこの物質的過程のほうが、わたしたちを異ならせているすべての特定の思考よりはるかに意義があるということを見るかもしれません。

質問者：自分自身の内側でダイアローグを持続させることが、他の人々とのダイアローグの可能性を増加させるとあなたはおっしゃっているのですか？

ボーム：ええ。なぜなら、いったんあなたがこのことへの洞察を持てば、あなた自身の中でダイアローグを持続させることが他の人々を助けるでしょう。または、他の人々とのダイアローグを持続させることが個人を助け、さらにグループの外側での意思疎通を助けるでしょう。そしてこれを理解する人々がダイアローグ・グループを結成すべく試みることができるようになるでしょう。

通常、そのようなダイアローグ・グループには、それが進行するのを助け、何が起こっているのか、等々を指摘するのを助け、そして徐々に不必要になっていくファシリテーターがいるべきです。彼は、参加者たちに伝えることができる〝ダイアローグのビジョン〟を持っているかもしれません。グループはダイアローグの意味を見て、それについてのこの種のビジョンを持ち、それを持ち続け、さらにそれを発展させ続けることが重要です。グループはダイアローグについて、随時再び話し合うかもしれませんが、しかし「わたしたちはダイアローグを持っているでしょうか？」と問い続けることは、やりがいがないでしょう。時には、それはやりがいがあるかもしれませんが。

ここで休憩に入ったらいいのではないかと思います。

ボーム：わたしたちはダイアローグについて議論し、その意味を与え、〝ダイアローグのビジョン〟を提示しました。明日、居残る方々はダイアローグに取りかかり、一日中それを試みるでしょう。が、本日の残りの時間に、これらのセミナーで常に考慮している他のいくつかの点を議論したいと思います。

それらの点の一つは**分離**（separation）の問題です。いったんわたしたちが分離についての思考――分離のイメージおよび想像――を形成すると、わたしたちは事物および人々を分離しているとして知覚します。それからわたしたちは、国と国の間に線を引いて、二つの国として知覚し、それから二つの国を作り上げるときのように、それらを分離させるのです。

実際には、すでに話し合ったように、わたしたちの身体は個々別々ですが、にもかかわらず、意思疎通を通して他のレベルで緊密に関わり合うことが可能であると言うことができるでしょう。思考過程は、根本的にはとにかく集合的システムです。あなたは、文化と社会によって以外、その現在の形でそれを持つことはなかったでしょう。言語はそのようにしてのみ存在することが可能になったのです。

わたしたちが持っている――または持っていると思っている――個性は、かなりの程度まで、個人についての特定のイメージを作り上げるわたしたちの文化の産物です。が、一定の文化の中にいるすべての人々は、彼らの個性についての多かれ少なかれ同じイメージを持っています。事物が関わり合っているかまたは分離しているか、それをどのように見るか、等々を決めるのは思考であることは明らかです。

わたしたちの個人的な意識の中では、観察者と観察されるものがあり、また思考者がいて、彼自身から分離している思考を生じさせているという印象があります。そしていったん思考が〝わたしに〟(me) および〝わたし〟(I) としての自己 (self) のイメージを形成してしまうと、思考を作り出すのは〝わたし〟であるという観方ができあがります。言い換えれば、思考は、あなたがちょうど電話の音をテレビの中のイメージに帰することができた〔一七九〜一八〇頁参照〕ように、その起源をイメージを通して、それ自体をイメージに帰することによって、説明したのです。同様の仕方で、頭の中のどこかに思考の源があるという気持ちが作り上げられることができたのです。

あなたはまた、自己と世界との間の区別を持っています。あなたは「わたしはわたしの皮膚で終わります。外側は世界です。」と言います。そしてあなたはそれを、そのように経験します。が、その経験は非常に変化しやすいのです。例えば、杖を持った目の不自由な人の例があります。もしも彼が杖をしっかり握っていれば、自分は杖の先で終わると感じるかもしれません。が、もしも彼が握力を緩めれば、自分は爪先で終わると感じるかもしれません。同様にして、もしもある人が彼自身を国の一部と同一化させれば、彼は自分が国境で終わると感じるかもしれません。そしてもしも誰かが国境を横切れば、彼は攻撃されたと感じます。またはあなたは、自分は宇宙と一体だと感じるかもしれません。または、あべこべに、あなたはその正反対の感覚を持ちます――自己のまさに本質、中核を目ざして奥へ奥へと向かい、とうとう一点に達し、その点こそは〝わたしに〟(me)であり、残りはわたしによって観察されているという思考を。

が、そうしたものはすべて一つのイメージです。それは状況に従って方向転換します。そのイメージは様々な状況の中でより適正であるかもしれませんし、あまり適正ではないかもしれません。結びつきが緊密である場合は、それは適正な表象であるかもしれませんし、それが緩い場合には、適正ではないかもしれません。ですから、それが各々の場合にどのように働いているかを見るためには、その首尾一貫性を見極めることが必要になるでしょう。

わたしたちは、それから、この観念、行為者(agent)、思考者、が思考を作り出すというそれ、を持っています。そして人は彼自身をほとんどあらゆるものと同一化させます。デカルトは「我思う、ゆえに我あり。」と言いましたが、それは彼の本質的存在が思考するという行為の中にあるということを意味していた――彼は、行為が彼の存在の意味を明確にすると感じていた――のです。そして多くの人々は時々そのように感じるかもしれません。

さて、わたしたちは、思考は全文化および社会に属し、歴史を通じて進化してきた一つのシステムであり、そしてそれは、思考の源ということになっている個人のイメージを作り上げていると示唆しています。それは、知覚され、経験される、等々の個人の感覚を与えます。これは次のステップ、すなわち、思考が、おのれだけがあなたに事物のありのままの状態を告げ、そしてそれから内なる個人が情報をどう処置すべきかを決める――彼が選ぶ――と主張することを助けることでしょう。これが徐々に出現してきた映像です。すなわち、思考はあなたに事物のありのままの状態を告げ、それから〝あなた〟がその情報からどのように行動するかを選ぶということです。

質問者：が、思考は本当に事物のありのままの状態をあなたに告げるのでしょうか？　わたしは、思考はそれを歪曲すると思います。観察者なしの観察のみが、事物の状態をありのままにあなたに告げるのです。なぜなら、思考者は思考を巧みに操作し、それから彼は自分が見たいと欲するものを見ようとするからです。

ボーム：わたしはただ、この映像またはイメージの中では、思考があなたに事物のありのままの状態を告げていると言っただけです。それは、事物は思考があなたに告げているとおりの状態になっていると言っているのではありません。一定の程度までは、それは、適正に働いているときには、あなたに貴重な情報を与えます。が、思考は「これが事物のありのままの状態であり、そしてあなた——思考者——が何をすべきかを決めなければならない。」と言います。そして、それはすべて、わたしたちが言っていることに従えば、誤報なのです。

あなたが、善良な人間としてのあなた自身のイメージを持っており、そして何かが起こる——多分、あなたの友だちがそのイメージを後押ししない——と言うことにしましょう。あなたは傷つけられたと感じます。そのイメージは取り除かれ、そしてあなたは心を撹乱させられます。そしてその撹乱の瞬間の後に、「何が起こったのだろう？　わたしは傷つけられた。」という思考が起こります。そのイメージの中にあった快感のかわりに、反射が苦痛となるのです。

何が起こったのかというと、思考がいまや二つに分離して、「傷つけられた〝わたしに〟(me) がいる。また、観察者である〝わたし〟(I) がいて、傷を見つめている。」と言うのです。それは葛藤を引き起こすでしょう。なぜなら、あなたがそう考えるやいなや、それには、傷を見つめている者がそれを止めるべく試み、そしてそれに立ち向かうだろうということが含意されているからです。が、わたしたちは、それはうまくいかないだろう、なぜなら、そこには実際には〝わたし〟および〝わたしに〟というイメージを作り上げている思考の過程以外の何もないからだ、と言っているのです。それらはどちらも土台が同じ——

すなわち、思考――です。それらは一つのものなのです。

質問者：〝わたしに〟は傷つけられたが、しかし〝わたし〟は仕返ししようとしているというのは興味深いですね。

ボーム：普通、まず起こることは〝わたしに〟が傷つけられ、そして〝わたし〟は苦痛を取り除く、または除去しなければならないということです。「わたしは何をすることができるのだろう？」それが最初の反応です。そこでわたしは一連の思考を始動させます。「誰がそれをしたのだろう？　誰が悪い（誰に責任がある）のだろう？」そしてあなたは言います。「そうだ、その人が悪いのだ。わたしは仕返ししなければならない。」それが一つの解決策になるでしょう。または、「その人は謝罪しなければならない。」またたは、他の反応は「わたしは傷つけられるべきではない。」と言うことでしょう。が、そのときには葛藤が起こります。なぜなら、あなたが傷つくようにさせるのと同じ思考過程が立ち向かって、あなたは傷つけられるべきではないと言っているからです。

このようにしてあなたは、これら二つの状況、これら二つの動きを持つのです。それは実はすべて一つなのですが、しかしそこには、この思考の過程によって築き上げられた、あの見かけの区別があります。わたしたちは、観察者でありかつ観察されるものであることができる、自己の表象を持つのです。ちょうど「わたしは自分の身体を見つめることができる。」と言うように、わたしたちは「わたしは内側を見つめて、それが傷つけられたことを見ることができる。」と言います。その類推が引き出されるのですが、しかしそれは役立ちません。その中でわたしが自分の身体を見つめる過程は一定の意味を持っています。が、内側の傷を見つめるために一歩退く観察者がその中にいる過程は意味を持っていません。なぜなら、それは単に二つのイメージだからです。それはテレビ画面の中で進行しているようなものです。それは、実際にはそこにないのですが、しかしその奥には現実の過程——雨と光——がある、虹のようなものです。

そのように、このすべての奥には、何かをすることになっているこの観察者の感覚を作り出す、一つの過程があるのです。その観察者は明白に知覚されます。そしてそれから思考がやって来て、それをあたかも一個の事実であるかのように受けとめ、傷を克服すべく試み始めます。これに反して、もしもその思考が止まったら、何の問題もなくなるでしょう。子どもたちは「棒や石は骨を折るかもしれないが、言葉は少しも傷つけない。」[訳註1]ということわざを持っています。それはある意味では本当かもしれませんが、しかしそれは通用しません。人々は依然として名前によって傷つけられます。なぜなら、思考が快感または傷を生じさせるイメージを作り出すからです。

さて、快感を与えるイメージまたは空想をあなたが持っているかぎり、その同じ空想に反対の情報が入り込むときには、それは一転してあなたに苦痛を与えるようになります。あなたが快感を与えてくれる空

［訳註］

1　Sticks and bones can break my bones but words can never hurt me.「言葉は無力で、実害もない。」「厳しい言葉も骨は傷つけない。」「悪口だけで手出ししなければ傷つかない。」等々。「言葉は剣よりもよく切れる」などの対義ことわざ。

想やイメージに依存するやいなや、あなたは非常に傷つきやすくなります。なぜなら、それは〝わたしに〟の感覚を作り出すからです――そして快感が起こらなくなり、かわりに苦闘、戦い、葛藤、等々が起こります。もしもその区別が起こらなかったら、何の葛藤もなかったことでしょう。

実際には、いかなる現実の区別も起こらないのですが、しかしわたしがすでに言ったように、見かけの区別がイメージの中に起こります。もしもそのような見かけの区別がなかったなら、葛藤のためのいかなる機会もないでしょう。これは思考なのだ、という知覚があることでしょう。「これは苦痛を生じさせる一連の思考だ。」というように、言葉で表現される思考の自己知覚があるでしょう。すると思考は自然に停止するでしょう。なぜなら、あなたは苦痛を欲しないからです。

が、「わたしは、この思考をあきらめるには似つかわしくないほど重要である。わたしは自分自身が苦痛を免れるのを容赦することができない。」などといった、あらゆる種類の思い込みがあります。その思い込みは明瞭でしょうか？　それはありふれたものです。傷つけられる人々は言います。「わたしは自分自身がその苦痛を免れることを容赦することができない。なぜなら、容赦すれば、わたしは自分は何の重要性も持っていないのだと言って、自分自身を否定することになるからだ。それを容認することはできない。自分の重要性を維持することは絶対に必要だ。」

もしもわたしたちがすぐにそのすべてへの洞察――観察者は観察されるものだという、クリシュナムルティがしばしば言ったそれ――を持てば、そのときには、それらはすべて消え失せてしまうでしょう。要点は、わたしたちがその洞察に対する抵抗を持っているということです。わたしたちは、混乱と首尾一貫性のなさがあるという事実を抱えています。また、わたしたちは、現に起こっていることを見る知覚を持っていない、という事実を抱えています。人々を同じような仕方で歩ませ続けるこの化学作用、この反射があるのです。この化学作用は区別によって影響され、そしてこの区別は化学作用によって持続させられます。なぜなら、身体は今度は苦痛の除去を求めるようになるからです。化学作用によってかき乱されたので、身体は苦痛の除去を求めるのです。

かりにあなたがあなたの腕を傷つけたとします。あなたはかき乱されたことに気づいて、「わたしは痛みを感じる。」と言うでしょう。そしてそれから思考が現われて、「何がこの撹乱の原因なのだろう?」と言うでしょう。そこであなたはあなたの精神の中に一歩退いて、「そうか、わたしの腕が傷つけられたのか。わたしは何か対処しなければならない。」と言うでしょう。それは道理にかなっているでしょう。なぜなら、思考と腕は実はあまり密接に関わり合っていないからです。しかし、心理的苦痛となると、それは道理にかなわなくなるのです。

質問者：まず身体のイメージが形成されるのでしょうか?

ボーム：身体のイメージは、ある意味で常にそこにあります。わたしたちは常に自分の身体を感知しています。

質問者：が、あなたは身体のイメージについて話していらっしゃるのではなく、それとは異なったイメージについて話していらっしゃるのですね。

ボーム：ええ、わたしたちは自己イメージを形成するのです。それは非常に漠然としており、あまり明確にされる必要はありません。それは単に〝わたしに〟(me) です。あなたは、あなた自身のことを頭または胸またはみぞおちまたは他のどこかの中にある存在として指し示すかもしれません。あなたは、内側のどこかに〝あなた〟(you) という点がある、または〝あなた〟という中心が収まっている小さな場所があると感じるのです。

質問者：そのイメージは、いかにしてわたしたちが両親、教師、文化によって限定されるかに関わっているのでしょうか?

ボーム：そういったもののすべてがイメージを作り上げ、それゆえそのすべての中身がイメージに帰せられます。電話の鳴り響く音がテレビ画像の中の電話に帰せられるのとちょうど同じように、わたしたちはこの中身のすべてがイメージの内側に存在しているものとして経験します。イメージは、しかしながら、現実として知覚されてしまうのです。

質問者：わたしたちはそのイメージの中に存在しているように思われますね。

ボーム：わたしたちのすべての特性と特質がそのイメージの中にあるのです。わたしたちはそれらがそこにあると感じます。もしもあなたが傷つけられるなら、あなたは傷つけられた何かが本当に内側にあると感じるでしょう。人々は「わたしの胸が張り裂けた。」と言います。そして実際に彼らは何かを感じます。なぜなら、胸またはみぞおちのあるあたりに明らかに大きな撹乱があるからです。

質問者：わたしたちが成長し続け、学校に行き、そして結婚等々していくうちに、わたしたちはそのイメージを付け足していくのでしょうか？

ボーム：ええ、社会はそれに付け加えていきます。あなたはその種の人間であり、その種の存在であり、あなたはこれこれのことをすべきだ、等々と言います。そしてあなたもまた付け加えていき、それに分相応の務めを果たしていきます。そのすべてが合わさって、イメージを築き上げていくのです。そしてそれからそのイメージが反応をするようになります。それは、そのイメージに従って作用する一組の反射から成っています。もしもそのイメージが〝わたしは偉大である〟なら、そのときにはその作用は〝わたしは人々がそう言うのをぜひとも聞きたい〟となります。さもなければわたしはそう自分自身に向かって言うか、またはそれを証明するために何かをすべく試みるでしょう。

質問者：するとそれは常に不完全の感覚になっていくのではないでしょうか？

ボーム：ええ、それは常に不完全として感じられます。なぜなら、それは単なるイメージだからです――それはけっして完全ではありえないのです。

質問者：文化的イメージについてはどう思われますか？　わたしたちの文化はそれ自体の自己イメージを持っているのではないでしょうか？

ボーム：それは自己イメージであふれており、そしてそれらはすべて、ちょうどわたしたちの個人的自己イメージが矛盾撞着しているように、互いに矛盾撞着しています。

質問者：では、個人のイメージと文化のイメージは実は二つの別々のものではないのですね？

ボーム：わたしたちの個人的自己イメージは、たいてい、文化から来るのです。〝性癖〟(idiosyncrasy) と言う言葉は、〝私的な混合物〟(private mixture) というギリシャ語の原意を持っています。文化の中の随所に浮かんでいる無数のイメージの巨大な混合物があり、それからあらゆる人が彼自身の混合物を取り出します。各々の個人があれこれの理由のために複数のイメージを選び出すのです。彼はそれを意識的に行なっているのではありません。彼は複数のイメージのうちのいくつかを拾い上げ、他のそれらのうちのいくつかを退けます。彼はその他のいくつかに不快を催すのです。

質問者：男性として、女性としてのわたしたちの性的イメージにもですか？

ボーム：それらはすべて文化によって重く、非常に強く影響を及ぼされています。それらはすべてそこにあり、そしてわたしたちは特定のイメージを形成します。わたしたちは、〝わたしは思考を行なう〟、〝わたしは思考者である〟というイメージを持っています。が、実は文化が思考のほとんどを生じさせたのです。それはかなりわたしを通過していき、わたしは自分の分をそれに追加し、それに対してあれこれのことを行ないます。わたしが用いる、他に伝えられる種類の思考は、元々は全社会および全文化の中で基本的に起こるのです。わたしたちが分離の感覚を持っているのは、各々の個人は分離しているとわたしたちの文化がわたしたちに告げ、それゆえわたしたちがそれをそのように知覚するからです。

質問者：わたしたちは自分自身の皮膚の内側で分離しており、そして動き回ることができるので、わたしたちが分離していると感じないことは非常に困難であるように思われます。それは超越することが非常に困難な概念です。

ボーム：ええ。なぜなら、身体が実際にこの相対的独立性を有しているからです。が、すでに言いましたように、グループが一体になることは可能です。そして人々は本当にそれを欲しているのです。フットボールの群衆の中で一体感を持つために、彼らは死ぬかもしれないほどの危険をあえておかします。ですから、個としての身体を持ち、またグループとしての身体を持つことができるのです。が、ことが精神となると、精神は個別のものであるという観念にわたしたちはあまりにも慣れっこになってしまっているので、そうではないという明白な証拠、それは個別のものではないとあなたが推断することを可能にするすべての証拠があるにもかかわらず、わたしたちはそれに気づかないのです。

しかしながら、個性の一つの要素はあります。わたしたちが話し合っている実際の物理的な神経化学的過程――という言い方をしておきます――への洞察があるかぎり、それは実際に個性に最も近いでしょう。わたしたちは、洞察があるときには、おそらく**宇宙的**（cosmic）な起源を持つ何かが直接身体の中で働くようになると言うことができるでしょう。そしてそれが多分、わたしたちにとって最も身近なものとなるであろう真の個性なのです。

〝個〟(individual）という言葉は、字義どおりには〝分割されていない〟(undivided）を意味しています。が、わたしたちは、社会がまとめあげる個人（individual）は高度に分割され、葛藤しているということを見てきました。ですから問題は、何が個人かが明瞭ではないということです。そこにはかなり多くの首尾一貫性のなさがあるのです。その上、これらの区別のいくつかは単に〝点線〟であるということを見損なうことは間違った意味に行き着き、それは果てしない混乱に帰着するのです。

さて、それは、人にはどのような種類の**自由**（freedom）があるのかという問題を提起するかもしれません。わたしたちがこのシステムの中にいるかぎり、そこにはごくわずかの自由しかありません。あなたは「わたしは自分が欲していることをする。」と言うことができますが、しかしあなたが欲していることはシステムの結果です。わたしたちは、首尾一貫しておらず、そして不幸を招来するような事物を欲しているのです。しかもわたしたちはそれを放棄すべく自由ではないのです。

質問者：わたしたちは、特にわたしたちが若く、そして欲求それ自体が自由を妨げるということを悟っていないときに、自分が欲していることをするときに自分は自由だと考えるのです。

ボーム：欲求は条件づけから来るのです。

質問者：あなたが話していらっしゃるのは選択の自由のことであって、無選択の自由のことではないのですね？

ボーム：というか、そのレベルの自由はあまり意義がないということです。問題は、「自由はより深い意味を持つことが可能だろうか？」です。わたしは、これは必然性の問題に関わっていると思います。わたしたちは、必然性は外的（external）なものであり、一定の事物は必然的であると見なすかもしれません

――必然性が脇へ押しやられることはないので、わたしたちがそれを避けなければなりません。さもなければ、それはわたしたちを押しつぶします。が、わたしたちは、外的必然性と衝突するかもしれない、自分自身の内的必然性を持っており、そこで格闘を余儀なくされます。外的必然性があまりにも強力なので、あなたは押しつぶされてしまうかもしれません。あるいは、あなたはあなた自身の必然性を支配して、それを外部に押し付けるかもしれません。それがわたしたちがよく辿る行動パターンです。わたしたちは、自分自身の必然性を押し付けることが自由だと考えます。が、実は、それは依然として同じシステムの一部だとわたしは言っているのです。

そこでわたしたちは必然性と偶然性について明確にしなければなりません。自由は、もしも事物がそうなることが確実であって、それ以外ではありえないなら、そのときにはなんの自由もないであろうという意味で、多少の偶然性を必要とするでしょう。が、自由はまた多少の必然性を必要とするでしょう。なぜなら、もしも少しも必然性がなかったら、わたしたちの意図はなんの意味も持たないだろうからです。わたしたちは何かをすることを意図するかもしれませんが、しかし、もしもいかなるものも何らかの必然性とともに保たれなくなれば、わたしたちが何を意図しようと、それにはおかまいなしに何かが起こるようになるかもしれません。それゆえ、ある意味で、必然性と偶然性の両者が自由の中には含まれるのです。

質問者：たったいまあなたが必然性と偶然性についておっしゃったことが、わたしにはよく理解できませんでした。

ボーム：必然性とは事物がそれ以外ではありえないことであり、偶然性とはそれ以外でありうることです。あなたがおそらく様々なことをすべく自由であるのは、事物がそれ以外でありうるからです。もしも事物がすっかり偶然的であったら、あなたはなんの自由も持たず、何も当てにすることができないでしょう。わたしは、このテーブルがテーブルとして留まることの必然性を当てにすることができなくなるでしょう。わたしは「コップをテーブルの上に置いておきたい。」と言うことはできるでしょうが、しかしそのうちにテーブルが雲状の気体に変じてしまうかもしれません。そのようにして、言い表わすことが難しい何らかの仕方で、自由は必然性と偶然性の両者を必要とするのです。

質問者：では、偶然性は選択と同じものでないのですね？

ボーム：ええ、偶然性とは実は〝それ以外でありうること〟を意味しているのです。

質問者：それに反して選択とは、精神の中に生じさせられる何か——精神が、自分が持っていると思っている選択肢についての一つまたは複数のイメージ——なのでしょうか？

ボーム：あなたは「わたしはこれよりもそれのほうを好む。」と言って、様々な可能性の中から選ぶかもしれません。

質問者：それは現実の中に基盤を持っているのですか？　それは精神によって生じさせられた単なるイメージです。

ボーム：あなたはいくつかの適切な選択肢を持っているかもしれません。一定の場所に行くためのいくつかの可能な道路があるかもしれません。または、わたしが交差道路に出くわしたとしましょう。一つの道路はわたしをここに至らせるでしょう。もう一つはわたしをそこに至らせるでしょう。もしもわたしがこの道路を選べば、わたしはここに至り、そしてもしもその道路を選べば、わたしはそこに至るでしょう。ですから、もしもわたしがそこに行くことを欲するなら、わたしはその道路を選ぶべきです。

質問者：それはすべて、ある意味で一種のフィクションです。なぜなら、それは選ぶべき何かがそこにあるということを含意しているからです。

ボーム：それはわたしたちが用いる言い回しです。わたしは、もしもわたしの意図がそこに行くことなら、わたしはこの道路を選び取らねばならないと言うことができるでしょう。思考はそれをわたしに適切に告げることができるでしょう。もしもわたしがそこに行くことを欲しているのなら、わたしはその道路を辿らねばなりませんが、もしも他のどこかに行くことを欲しているのなら、他の道路を辿らねばなりません。それらは選択肢です。

質問者：けれども、あなたが行くことになっている場所に至るためには、一定の方向を辿ることしかできません。つまり、現実の中では行動があり、イメージの領域では選択があるということです。それらは二つの異なったものなのではないでしょうか？

ボーム：ええ。しかしわたしが申し上げているのは、選択肢の提供は思考が与えることができる適切な表象だということです。が、あなたがこの選択肢を選ぶと言うとき、それが何を意味しているのか——誰が選ぶのか、または何を選ぶのか、またはいかにしてそれが選ばれるのか——が明瞭ではありません。たとえそれが自由であったとしても、それはあまり意義のある種類の自由ではないように思われます。むしろ、それは実は自由ではないように思われます。なぜなら、もしもあなたの選択が条件づけられていれば、そのときにはあなたは自由ではないからです。

わたしは、自由とはもっと深い何かかもしれないと言おうとしているのです。わたしたちは、芸術作品を創造しているアーティスト、創造的なアーティストについて考えてみるといいかもしれません。彼の素材をここまたはそこに、様々な技法を駆使して、様々な仕方で配することができるようにする、数多くの可能な偶然性があるのです。それは開かれています。それが、彼が働くことができるフィールドです。そしてそれから、何らかの知覚から、——何らかの内的必然性の感覚によって、必然性についての創造的知覚によって、——創造的作品を具体的に実現するためのやり方を開発し始めるにちがいありません。さもなければ、それはまとまりを保たず、なんの価値または意味も持つことはないでしょう。言い換えれば、自由とは新しい次元の必然性についての**創造的**知覚なのです。

質問者：が、不思議なことに、その必然性はわたしが〝持っている〟何かではありません。それどころか、「おお、わたしはこの椅子に坐っている。なんと興味深いことか。」ということです。つまり、それはわたしが知っている、または離れ去る何かではないのです。

ボーム：というか、実はそれは創造的なのです。そしてその創造はまた科学と技術の中にも入ってきて、あらゆる種類の事物を創造することができるのです。事実、わたしたちが創造してきたあらゆるものは、結局、そのようにして出来上がったのです。わたしは、自由とは新しい次元の必然性を知覚し、創造することだと申し上げているのです。

このようにして、わたしたちは、必然性は自由の中に含まれていると言うでしょう。言い換えれば、わたしたちは必然性から脱することはありませんが、しかし自由が優先されるのです。わたしたちが思い描いていることの一つは、必然性は自由の邪魔をするということ、もしもわたしたちが必然性によって捉えられれば、わたしたちは自由ではないということです。もしもわたしたちが四つの壁によって取り囲まれていれば、そのときには抜け出すことができなくなります。それ——必然性は外部にある——は、わたしたちが持っている観方《ビュー》の一つなのです。

質問者：わたしには、人が自由になしうることのすべては、悪気のない傍観者（innocent bystander）であることだと思われます。人には、実のところ、それ以外の何もすることができないのです。

ボーム：が、それでもなおあなたはこの創造的行為に深く関わっています。あなたが創造的行為をコントロールするわけではありません。それは洞察のそれと同じ源からやって来るのです。

質問者：聖アウグスティヌスは言いました。「手放しなさい、そして神に任せなさい。」

ボーム：それは、人々がこの条件づけられていないものを神と見なしたことを含意しています。人々は、様々な時と場合に応じてそれに様々な名前を与えるかもしれません。

質問者：わたしは依然として偶然性と必然性一般について考察したいのです。これは何らかの意味をなす実例の一つなのでしょうか？　わたしがある非常に新しい音楽のための室内楽コンサートを聞いていたときのことです。それは作曲家がまったく偶然に事物を選んだかのように聞こえました。が、しばらくの間聞いた後、各々の音色の後に次の音色が意味をなすような一定の必然性が現われ始めたのです。たとえわたしがそのパターンを概念化することができなかったとしても、そこには何らかの必然性が貫通しているように思われました。

ボーム：もしも彼が本物のアーティストだったら、その音楽の奥には必然性があったのです。誰かが新しい次元の必然性とともに登場したとき、他の人々はそれをすぐには見ないかもしれないので、彼らにとっては単なる偶然のように思われます。そのため彼らは「これはくだらない。」と言います。多くの場合それはくだらないかもしれませんが、しかし時々はそうではありません。

質問者：必然性は衝動、勢いによって感じられるのでしょうか？

ボーム：それはそのように感じられますが、しかしその感情は条件づけからも起こる可能性があります。モーツァルト自身が、彼は楽曲全部を一気に見たと言っています[訳註2]。どうにかして彼はその必然性をまるごと見、それからそれを開示したのです。もしもそれが本当だったら、全曲を創造したのは一種の巨大な洞察の閃きだったのです。そしてあなたは、どこからそれが来るのかを言うことができません。同じことがどの洞察にも言うことができ、いったん創造されると、それは脳に影響を及ぼし、それから脳がそれを具体化する——演奏の仕方、個々の音色、等々を定める——のです。

これは、創造性にはとてつもなく大きな潜在可能性があり、また、新しい次元の必然性の創造を芸術または科学において持つことができるだけでなく、おそらく、文化、社会およびわたしたち自身のことも同じように見る——それを芸術、創造的芸術として見る——べきだということを示唆しています。ダイアローグは、潜在的には、創造的な芸術です——すなわち、もしもわたしたちがそれを持続させれば、新しい次元の必然性が起こるかもしれないのです。

わたしは、いかに容易にそれがモーツァルトにやって来たかは知りませんが、しかしベートーベンにとってはそれはかなりの努力が必要だったと言われています。彼は創作活動を持続させねばなりませんでした。そこで、もしもわたしたちがダイアローグを非常に真剣に持続させれば、そのときにはそれは創造的で新しい何か——それを伝達することができる小宇宙、種子になりうる何か——が起こることが可能になります。言い換えれば、一見すると単なる無意味な偶然性であるように思われるものが、何らかの新しい次元の必然性が起こるフィールドになるのです。そしてそれから、新しい文化、新しい社会が出現する可能性が出て来るのです。

ですから、わたしはこう示唆したいのです——この芸術的、科学的創造性の観念は、ばらばらにして、「それはここでは妥当だが、しかしそこではいままでどおりでかまわない。」と言って終わらせるよりは

［訳註］

2　他方、死去する三年前の手紙の中で、努力の必要性について次のように語っている。

「ヨーロッパ中の宮廷を周遊していた小さな男の子だった頃から、特別な才能の持ち主だと、同じことを言われ続けています。目隠しをされて演奏させられたこともありますし、ありとあらゆる試験をやらされました。こうしたことは、長い時間かけて練習すれば、簡単にできるようになります。ぼくが幸運に恵まれていることは認めますが、作曲はまるっきり別の問題です。長年にわたって、僕ほど作曲に長い時間と膨大な思考を注いできた人は他には一人もいません。有名な巨匠の作品はすべて念入りに研究しました。作曲家であるということは精力的な思考と何時間にも及ぶ努力を意味するのです。」(Wikipedia)

むしろ、これらすべてのエリアへと拡張されるべきだ。

質問者：これは、必然性はわたしが持っていない何かですが、しかしむしろわたしは自分自身を必然性のなすがままにさせればいいということを示唆しています。人々は、ダイアローグ・グループにやって来るとき、実は自分が何をすることになっているのか知ることができないのですが、しかし、ある意味で彼らは（その場の）〝求めに応じることができる〟(available) のです。

ボーム：あの創造的必然性は彼らの間のこの運動の中で起こるのです。そしてモーツァルトと同様に。ある意味では、彼はこのことを行なわなかったとあなたは言いうるでしょう――それはただ彼に起こったのです。

質問者：共有される意味は必然的なものなのでしょうか？

ボーム：それは必然性を含んでいます。初めには、意味はダイアローグの必然です。が、わたしたちが、いままで話し合ってきたすべての障害物を切り抜けていくとき、おそらく、意思疎通の自由な流れと、あの一体感とともに、まったく異次元の必然性が起こる可能性が出てくるでしょう。わたしが何を目ざしているか、おわかりいただけるでしょうか？　それは一種の芸術的創造なのですが、しかしそれはまた科学的思考の厳密さも持つようになるということです。

質問者：もしも新しい社会がいったん確立したら、もはやダイアローグの必要はなくなるのでしょうか？

ボーム：ただ寄り集まり、そして話し合ったあの初期の人々の場合にそうであったという意味で、ダイアローグはごく自然なものになるかもしれません。

質問者：わたしがお訊ねしようとしていることは、もしもシステム内のあの汚染が終わらせられたら、システムは以後はダイアローグを必要とせずに働くようになるのかどうか、ということです。

ボーム：わたしたちは改まったダイアローグは必要としなくなるでしょうが、しかし依然として話し合うことは必要でしょう。汚染は生じやすいでしょう。が、もしもわたしたちがそれに対して非常に臨機応変に対応すれば、それはさほどひどくはならないでしょう。

質問者：個々のダイアローグについてはどうなのですか？　脱条件づけ（deconditioning）が起こればほど、それだけダイアローグの必要は減じていくのでしょうか？

ボーム：わたしたちは補修の方法としてのダイアローグを必要とはしなくなるでしょうが、しかしむしろ意思疎通が創造的行為として起こることでしょう——意思疎通のアートのように。言い換えれば、主としてすべての混乱を克服するために、またはそれに対処するためにわたしたちが結集することはなくなるでしょうが、むしろそれは他の意味を持つようになるでしょう。

質問者：ダイアローグの初めには、かなり多くの汚染が溜っているのではないでしょうか？

ボーム：ええ。それを溜めたのはわたしたちなのですから、わたしたちはそれを通り抜けねばならないとわたしは言っているのです。

質問者：わたしたちがダイアローグを始めているとき、わたしたちは汚染が出て来るようにさせる必要があるとあなたはおっしゃっているわけです。その目的は首尾一貫性のなさを直ちに取り除くことではなく——むしろ、それが出現するようにさせることであるように思われます。

ボーム：ええ、それが出て来るようにさせるのです。わたしたちがそれを取り除くことはできないのです。モーツァルトがあの知覚を無理やり起こさせることができなかったのと同様に。

質問者：実際には、あなたがそれが出て来るようにさせる必要はない——それはひとりでに現われる——のですね。

質問者：いや、わたしたちは普通、もしもそれが出て来るなら、それを止めてしまうのです。

ボーム：そのときでさえ、〝わたしたち〟がそれを止めるのではありません。それを止めるのは反射なのです。が、思考は常に、思考がそうしたのではないと言っています。それは、〝あなた〟がそれをしたと言うのです。

質問者：ダイアローグの過程で、人々は思考の不適合と首尾一貫性のなさを見始めるのだ、とわたしたちは言うことができるでしょうか？　彼らは、そこにはかなり多くのイメージの防衛と防護——かなり多くの〝ふり〟(pretending)——があることに気づくのではないでしょうか？　それが脱落するにつれて、彼らは彼ら自身を開放させ、何か異なったものを通り抜けさせるようになります。そしてそれは様々の異なった仕方で各々の人に開示される可能性があるのです。

ボーム：脳とシステムは異なった何かに対して開かれています。その異なったものは創造的な意義、宇宙的な意義さえある何かであり、——おそらくは、単なる文化と社会を超えた何かと接触している——可能性があるのです。

質問者：が、あなたは首尾一貫性のなさから抜け出すことを求められるのです。

ボーム：ええ。なぜなら、そのすべての首尾一貫性のなさが脳をごっちゃにし、スモッグを発生させるからです。脳は適切に働くことができなくなります。それは何らかの仕方で毒されてしまうのです。

脳は物質的システムですが、しかしそれは限りなく精妙であり、創造的なものに応えることができます。もしもモーツァルトのそれのような一つの脳が創造的なものに応えることができるようになれば、一般的な潜在能力――かならずしも音楽におけるそれではなく、他のどこか、何らかのフィールドにおけるそれ――になるべきであることを示唆しているのです。モーツァルトは、音楽に向いていた何らかの非凡な才能または構造を持っていたかもしれません。が、特定のいかなるフィールドにも限定されない、その創造的潜在能力は、あらゆる人に、何であれ彼がすることができることの範囲内で利用できるようになるべきだと示唆されているのです。そして人々がそれを見ることが重要になるのです。文明が発達すればするほど、それだけそれは他のすべての事物に焦点が合わされる傾向が強まっていき、創造性は主として経済のため、または娯楽を提供するため、またはそういった他の種類の目的のために向けられるべきだと言うようになってきたのです。

そういうわけで提案したいことは、集合的（集団的）ならびに個（人）的な自由が起こるべきだということです。わたしたちは、こういったすべてのもので身動きが取れなくなっているかぎり、少しも自由ではないのです。

質問者：そして、その市民たちを支配することを欲している文化は、むろん、創造性を奨励しないでしょう。なぜなら、彼ら［文化の上に君臨している人々］は民衆が深く創造的であることを欲しないからです。

ボーム：文化は自衛を図ることを欲しているのです。そしてわたしたちは、そのすべては実はぼんやりと非常に大きく現われているのだと言います。しかし、実際には、それは非常に小さいのです。それは非常に中身の薄い何か――社会の隅々まで循環している、はかない思考――にすぎないのです。

質問者：いかに多くの文化と帝国が世界の歴史の中で没落してきたか考えてみればいいのです。おそらく、いまは、諸々の文化が没落し、新しい文化、新しい秩序が台頭しつつある時代なのです。おそらく、これ［この集会］はいま起こりつつあることの縮図なのです。

ボーム：それはありえます。確かなことはわかりませんが。が、要点は、新しい文化は、まずわたしたちがこの状況全体の意味を見、そしてその価値を見ることによって起こるだろうということです。そしてそれから、わたしたちがしなければならないことに関する特定の目的が、前進していくにつれて――固定された目的を目ざして出発するよりはむしろ、次々と――現われるでしょう。

質問者：お訊ねしたいのですが、唯一のエネルギーがあるだけなのではないでしょうか？　愛のエネルギーは暴力のエネルギーとは異なっているというのは錯覚なのではないでしょうか？　それは同じエネルギーであって、暴力の中のそれは汚染されているだけなのです。この区別が暴力を引き起こすのです。もしもわたしたちが暴力、またはその反対物である非暴力を非難するなら、その非難は単に一つの観念です。思考がそのイメージと区別を作り出すのです。が、もしもなんの区別もなければ、そのときには暴力の中のこのエネルギーは解放される――それは変質する――のです。

ボーム：そのとおりです。憎悪と暴力の状況の中にある人々は、それらをかなり多くのエネルギーと結びつけている状況の中にあるとわたしたちは言っているのです。そしてこれは、友情と連帯感と愛情という他の種類のそれへと変質できるのです。が、そのためには、わたしたちがこのことを真摯に受けとめて、意志を疎通し合う――ダイアローグに携わる――という仕事を本気で持続させ、一緒に取り組み続けることができるようになることが必要です。

一緒に取り組むことがぜひとも必要なのは、個人としての取り組みだけでは限られた意味しか持たないだろうからです。それを一緒に行なうことは、わたしたちが意志を疎通し続け、これらすべてのことがらに、また何が起ころうと直面すること――たとえその仕事が困難で不愉快になるときでも、それを持続し、やり通すこと――を意味しています。実は、わたしたちは暴力的で、全員がそれを持っているのです。自分はそれを持っていないと想像することは何の意味もないでしょう。ですからわたしたちは、自分はそれを持っていると言わなければなりません。そしてわたしたちはそれとともに留まらねばなりません。わたしたちはそれを知覚するのです。わたしたちはそれの本当の意味、すなわち、わたしたちは、わたしたちが〝暴力〟と呼んでいるこの物理的なものによって結びつけられているということを知覚する必要があるのです。

質問者：わたしたちは外観を異なったふうに見、そして自分自身を切り離して見ます。なぜなら、わたしたちの気づきが首尾一貫していないからです。が、いったんわたしたちがこれを探査してみると、それは首尾一貫し、きわめて力強くなります。

ボーム：それは非常に強力です。なぜなら、それは異なる方向に分散するかわりに、すべて結集していくからです。それは打ち消し合うことなく、一緒に働くのです。わたしは、時々、レーザーの例を挙げます。通常の光波は〝非干渉性〟(incoherent：インコヒーレント) と呼ばれています。それらはあらゆる方向に行き、そして互いに同調していないので、増強していきません。が、レーザーから来る光は干渉性 (incoherent：コヒーレント) です。なぜなら、波はすべて同じ方向に向かい、大きな力を蓄えるからです。同様にして、もしも人々が、たとえほんの数人でも、首尾一貫した仕方で一緒に考えるようにすれば、それは文化および社会の中でとてつもなく大きなパワーを発揮することでしょう。

さて、以上のすべてに含まれている問題の一つは**時間**（time）です。すべての思考は、わたしたちには見えない仕方で時間を含んでいます。わたしたちは、あらゆるものは時間の中に存在している、時間は独立した現実であると考える傾向があります。人々は時間を空間によって表象します。図形の中で彼らは線を引いて、それを〝時間〟と呼び、そしてここに一つの点があり、それが〝いま〟で、それから他の点、さらに他の点があると言います。明らかに、思考は空間を通して時間を表象しているのです。

が、わたしたちはまた時間を**心理的に**経験するように思われます。哲学者のライプニッツは、空間は共在の秩序（order of co-existence）であると言いました[訳註3]。共在するすべてのものは、わたしたちが〝空間〟と呼んでいる一定の秩序の中にあるということです。そして時間は継起的存在の秩序——**継起**（succession）の秩序——です。時間の真の基礎は継起です——事物が一定の秩序の中で互いに継起していくのです。時間は、継起を表象するために思考によって設けられた概念なのです。

あらゆる種類の時間の概念が可能です。昔の人々は時間についてあまり考えませんでした。彼らは過去と未来についての漠然とした観念を持っていた——漠然とした明日の観念とあまりよく思い出せない過去

［訳註］
3 「ライプニッツは」空間を事物の「共在の秩序」であると考えることで、空間を「純粋に相対的なもの」とした。空間は、「秩序あるいは関係に過ぎず、物体がなければまったくの無であり、単に物体を入れる可能性に過ぎない」と主張した。（佐野正博「空間のイメージの変遷」『数理科学』一九九〇年九月号）

を持っていた——のかもしれません。いかなる印刷物もなかったのです。過去はたいていは神話的であり、そして未来は、もしも彼らがそれについて考えたとしたら、多分、等しく神話的だったでしょう。彼らは多分、四季等々について考えることができたのでしょう。四季は事物の継起です。あなたの身体はリズムの継起を経験します。そしてその継起が事物全体の基礎——すなわち、実際にあるもの——なのです。

思考はそれに対処し、時間の概念によってそれを整頓します。わたしたちは線を引いて、それを〝時間〟と呼ぶかもしれませんが、しかし、先ほどわたしが言ったように、それは実は時間を空間によって表象しているのです。あなたは時計が時間を告げると言いますが、しかしそうではありません。あなたが実際に見るのは時計の針の位置であって、時間ではありません。針の位置が時間を意味するのです。それは、時間を測るような仕方で設定されているのです。が、わたしたちが実際に〝時間〟を見、知覚し、または経験することはけっしてありません——それは推断されるのです。

にもかかわらず、わたしたちは、わたしたち自身の心理的存在の中で時間を経験するように思われます。が、もしもあなたが時間は基本的現実であると考えたら、そのときにはあなたはパラドックスを持つことになるでしょう。過去はもはやありません——それはいま存在していないのです。未来はやはり存在していません——それはまだ来ていないのです。そして現在は、もしもそれが過去と未来を区別する点として思い描かれたなら、やはり存在しえません。なぜなら、それは存在していないものを存在していないものから区別していることになるからです。それがこの観方のパラドックスです。しかしながらそれは、もしもあなたがただ**時間は表象である**と言えば、それはなんらパラドックスではありません。表象はあらゆる種類の事物でありうるのです。

科学はあらゆる種類の時間の観念を開発してきました。ニュートンの絶対時間[訳註4]——全宇宙に対して同一の一定の瞬間があり、それを他の瞬間が引き継ぎ、またそれを他の瞬間が引き継いでいくという——の観念があります。アインシュタインはこれに挑み、時間は速度に対して相対的であると言いました。

あなたは時間と空間の観念を変更することができますが、しかしそれらはすべて表象です。その各々が、それが適正である領域を持っているかもしれません。そして、それを超えると、それは適正ではなくなり、首尾一貫した働きをしなくなるかもしれません。が、わたしたちの文化の中では、あらゆるものは時間の中に存在しているという暗黙の思い込みをわたしたちは持っているのです。

質問者：わたしたちは心理的なフィールドで時間を用いるという過ちを犯します。誰かが、彼は変容を遂げるために何年も必要とすると言うかもしれません。しかしそれは非常に危険な間違いです。なぜなら、いつ洞察が起こるか、あなたはけっして知らないからです。わたしは、時間は心理的フィールドでは居場

［訳註］

4　ニュートンの言葉によれば、絶対時間はいかなる観察者とも無関係に存在し、宇宙のいかなる場所でも一定の早さで進んでいく。相対時間と異なり、絶対時間は知覚できるものではなく、数理的に理解するものだとニュートンは信じていた。ニュートンによれば、人間が知覚できるのは相対時間だけで、それは知覚可能な物体（月や太陽など）の運動を測定することと同義である。我々は物体が動くのを見て時間の経過を知るのである。（Wikipedia）

所がないと思います。

ボーム：ええ、しかしなぜそれは居場所を持っているように**思われる**のでしょう？　思考は時間があると思い込んできて、時間を存在の本質として表象してきました。わたしたちは「時間は非常に重要である。」と言います。が、もしもわたしたちが時間は非常に重要であると言えば、そのときには時間は〝在るもの〟(being)、わたしたちと不可分のものでなければならなくなります。そして、一般に受け容れられているその考えから、時間は非常に重要だという知覚が起こるのです。時間が本当に非常に重要であるかいなかとは無関係に。なぜなら、いったんそれが広く受け容れられれば、わたしたちはそれをそのように**知覚してしまう**からです。すると、それは絶対的必然になるのです。

質問者：時間は測定可能なものの一つ――わたしたちが〝実体〟(substance) と呼んでいるもの――です。わたしたちは時間を測定し、それを当てにし、今日と明日の間の間隔を予想します。わたしたちは、その予想を、今日と昨日との間のわたしたちの経験に基づいて行ない、そして同じリズムを当てにします。ですから、それは何らかの実体を持っているように思われます。そしてそれは距離、形態、等々を測定するためなどにとても役立ちます。それゆえ、それはわたしたちの存在にとってきわめて重要なものの一つだと思われるのですが。

ボーム：それはそう思われるかもしれません。あなたは、それがきわめて重要であることに組する証拠を並べましたが、しかし要点は、にもかかわらずそれは抽象物だということです。わたしたちは、一つの抽象物または一つの表象として、それは一定の領域内で適正に働くかもしれない——それは継起の跡を辿る——と言うことはできますが。〔訳註5〕

質問者：あなたは、時間と空間は一つのものだとおしゃっているのですか？

ボーム：それらは一つのものかもしれません。相対性理論はそれらの一体性をほのめかしています。時間と空間の測定は、一つの過程の中に継起の秩序の跡を辿ることです。が、あなたはまず継起の秩序を持ち、それから時間の概念を持つのです。しかしながら、それがいまや逆転してしまっているように思われます——あなたはまず時間を持ち、そしてその時間の中で継起が起こるというふうに。

質問者：あなたは、もしもわたしたちが時間は一つの表象であるという事実を忘れてしまったら、それは問題となるとおっしゃっているのですか？

ボーム：ええ、または混乱させる、あるいは首尾一貫しなくなります。すべての思考に言えるのと同じ問題があるのです——表象が知覚の中に入り込んで、実際の事実のように思われてしまう、という。それに続く思考がそれを証拠と見なし、次いで、それから前進し続けようとします。それは、間違った土台の上にあらゆる種類のものを築き上げ始めるのです。

わたしは、心理的時間について考えることができるためには、その前にまさに時間という観念それ自体が誤解されているということを見る必要があると申し上げているのです。物理学においてさえ、それは一つの抽象物、一つの表象として適切に理解されていません。一定のエリアでは、これはあまり重要ではな

［訳註］

5　時間とは、そもそも人間が考えだした概念であり、実体ではないということをまずはじめに十分認識しなければなりません。この認識が、現代の物理学者にはあまりにも不十分なのです。

私たちの身の周りでは、いろいろと物事が変化していきます。時間は、その変化を表現するために、太古の昔に人間が考えだした観念的な、便利な思考〝道具〟にすぎない。

時間など、本来どこにも実在するものではないし、当然物理的な実体でもありません。にもかかわらず、現在の物理学者は、時間を実体のようにとらえています。これが誤りなのです。（実体とは、場や粒子などの物理的な実体と同義とお考えください）

巷ではよく「なぜ時間は、過去から未来へ流れるのか？　なぜ反転しないのか？」といった議論がなされますが、それは時間が単なる概念にすぎないということを忘れた誤った議論といえましょう。

人間がはじめに「時間とは過去から未来へ流れるもの」と皆の共通意識で約束していたのにもかかわらず、いつしか時間を〝実体〟のようにとらえるようになってしまい、また相対論の出現によりますます皆がそのように思いこんでしまって、「時間があるから変化がおこる。もし時間が逆にすすめば物事は逆転しはじめる。」などという奇妙な誤解を、いつからかもってしまったのです。　(http://www5b.biglobe.ne.jp/sugi_m/page002.htm)

いでしょう。なぜなら、物理的過程は、時間によって測定されるのに充分なほど規則的だからです。それゆえ、たとえあなたがこの誤解を持っているとしても、あなたは深刻な実際的首尾一貫性のなさに行き着くことはありません。例えば、わたしたちが全員一緒に時計の時間を合わせ、一定の時間に合うことにしようと言えば、時計が正確に動いているかぎり、同じ場所で落ち合うでしょう。もしも時計が正確に動いていなければ、そうなることはないでしょう。

ですから、物理的に、時間の概念は全宇宙の中に大いなる自然の秩序があることを含意しているということをあなたは見ることができます。最も遠くにある星々からここまで、あらゆる原子は、ここでと同じ速度で振動しています。時間の概念がいわば連動して広大な秩序のシステムを構成している、あらゆる種類の規則性があるのです。もしもその秩序がなかったら、時間はたいして役に立たないでしょう。もしも原子の速度が偶然的なものになり、大きくばらついたら、そのときには時間の観念を放棄したほうがよいでしょう。もしもその秩序に従うものが何もなかったら、それについて考えることは無駄でしょう。

質問者：あなたは、時間は抽象物であり、それは表象または思考から生じるとおっしゃいました。が、また、思考は時間を前提としているように思われます。思考は時間の中の過程であるように思われます。ある意味で、それは循環しているのです。

ボーム：それらは循環しています、ええ。もしもわたしたちが、思考は物質的過程であることを認め、また、もしも物質のことを時間の中の秩序の中で運動しているものと考えれば、そのときには、思考もまた時間の中で運動しているということが示唆されるでしょう。

質問者：思考についてのわたしたちの議論の中で、わたしたちはある程度まで時間を想定しているのではないでしょうか？

ボーム：わたしたちが持っているものとしてのあらゆる思考は時間を想定しています。わたしたちが思考または他の何を議論しようと、わたしたちは常に時間をもちろんのことと思っています。また、わたしたちは、あらゆるものは時間の中に存在しているという観念をもちろんのことと思っています。わたしたちは、時間は抽象物または表象であるということをもちろんのことと思っていませんが、しかし時間は非常に重要である、——現実である——、そして時間を含むあらゆるものは時間の中に存在しているということをもちろんのことと思っています。それには、その継起の秩序は時間によって築かれるという意味で、ある種の適正さがあります。

質問者：時間はニュートン物理学の不可欠の部分ですが、現代物理学の場合はどうなのでしょう？

ボーム：それは依然として基本的な部分ですが、しかしそれが何を意味しているかはあまり明瞭ではありません。相対性理論においては、時間は計測器の速度に依存しています。そして量子力学においては、それはある程度まで不確定です。が、時間の基本的概念は改変されていません――それは依然として万物がその上に置かれる基本的枠組と見なされています。

質問者：心理的思考においては、何が時間に関する誤謬なのでしょうか？

ボーム：わたしが申し上げたのは、時間の観念が真に首尾一貫して妥当であり、かつ適用可能であるためには、それが適合するのにふさわしい何らかの継起の秩序をわたしたちが持つ必要があるということです。すべて同時に起こり、一致対応している複数の継起の秩序がなかったら、そのときには時間の観念は無用の長物となるでしょう。

それは物理学においてさえあまり明白ではありません――物理学にとって頼りになる時計を入手するだけでさえ、そのために長い時間がかかったのです。が、心理的には、事はもっとはるかに複雑です。ご存知のように、あなたの心理的経験においては、一瞬が一年のように長く思われることがありえ、長時間が短時間のように思われる、等々のことがありえます。それは物理学においてほど単純ではないのです。全過程または運動がはるかに複雑で、非常に微妙です。あらゆるものが毎瞬ごとに変化しており、そしてその跡を辿ることは不可能です。

あなたは、いまのこの瞬間と次の瞬間との間に広がり（長さ）があると想像することができます。そのとき、それは実は空間であり、それによってあなたは時間を表象しているのです。あなたが「わたしの前方に未来がある。」と言うとき、それは空間的アナロジーなのです。あなたは、未来は前方へと伸びていき、そして過去は後方にあると想像します。が、過去はどこにもありません。未来はどこにもありません。にもかかわらず、あなたの経験は〝後方のあそこ〟に過去があり、そして〝わたしの前方〟に未来があるということになります。それは時間の一つの表象の仕方なのですが、しかしそれはまたそれを経験する一つの仕方でもあるのです。

ですから、わたしたちは過去から未来に向かって動いているように思われます。けれども、未来は存在していないのですから、その**経験**は意味をなしていない（道理にかなっていない）とわたしは申し上げたのです。それはあなたの前に繰り広げられていません。そして過去はあなたの後方のあそこにありません。あなたが持っているもののすべては現在です。心理的事実の場合は、あなたが持っている唯一の事実は現在、**いま**（now）だけです。

質問者：物理的事実についてはどうなのでしょう？

ボーム：物理的事実でさえ、現在から出発しなければなりません。物理学は継起の秩序についての事実を打ち立てることができます。が、その秩序は、心理的にはあまりうまく打ち立てることはできません。あなたは、過去に起こったことをほとんど思い出すことができず、そしてそれは、たいていはでっちあげられるということが証明されてきました。そして未来は、滅多に実現されることがない期待です。あなたは、わたしたちの腕時計が正しく動いていれば約束された時間に会うことができるなどの、物理的事実を当てにすることはできます。が、心理的時間の場合には、そういったことを当てにすることはできません。それゆえわたしたちは、それはあまり首尾一貫していないということを見始めます。

相対性理論は、時間の全体は、空間のように、一つの大きなブロックであると言うことでしょう。が、そのときには、あなたはなぜ自分がこのいまの瞬間を経験するのかまったく理解できません。一つの観方は、あなたは時間を通過している列車のようなものだと言うことですが、しかしそのときにはあなたは他の種類の時間を導入したのです。あなたは再びその中に忍び込んだのです。ですから、物理学に迫る最善のやり方は、それはあなたが継起の秩序を辿ることができるようにさせる、そういう抽象的な表象を作り出したのだと言うことです。継起の秩序が、実は事実なのです。

次に提起しなければならない質問は、継起の秩序があるとき、その秩序は必然的または偶然的なのだろうか？　物理学においては、わたしたちは〝自然法則〟(law of nature〔自然の事象の間に成り立っている、反復可能で一般的な関係〕）と呼ばれているものを探し求めています。わたしたちは、運動法則（law of motion）のような、必然的な継起の法則を見出すべく試みているのです。わたしたちはこれらを法則と呼んでいます。〝法則〟という言葉は、しかしながら、不適切な言葉です。なぜなら、それは立法者、等々を示唆しているからです。が、それは継起の秩序の中の〝自然的規則性〟(natural regularity）と呼ばれることが可能です。物理学においては、必然的な継起の秩序の中にそのような規則性をわたしたちは発見することができます。もしもこの秩序の中に何の必然性もなかったら、時間の観念はどのみち放棄されたほうがましかもしれないのです。

あなたが「わたしは、未来に自己を変革することに成功することを期待している。」と言うとき、あなたはその継起における何らかの必然性の秩序――あなたが必然的により良い状態に到達するまでの一連の歩み――を当てにしています。実際には、それはすべて偶然的です。それが事実なのです。わたしはそこに到達することを意図しているかもしれませんが、しかしわたしはまったく他のどこかに到達するかもしれないのです。

では、どんなポイントをその時間の秩序は持っているのでしょうか？　それは完全に想像されているのです。あなたはこう言うかもしれません。「わたしは旅に出かけ、ここととサンフランシスコとの間の一連の都市を通過するつもりですが、それらを通過するためには一定の時間がかかるでしょう。」で、もしもあなたが良いマップを持っていれば、それが実際に起こることになるでしょう。他方、もしもあなたが「わたしは、自己改善のために一連の歩みを辿っています。」と言えば、それは起こらないでしょう。

質問者：それは欺瞞なのではないでしょうか？

ボーム：ええ、一種の欺瞞です。

質問者：それは虹を登ろうと試みるようなものです。

ボーム：事実、これらすべての心理的な歩みは、あなたが追いまわしている虹のようなものなのです。それゆえわたしたちは、この時間の観念は、心理的には、物理的に持っているほどの意味を持っていないように思われます。それは、心理的には少しだけ意味を持っていますが。なぜなら、話したり、考えたりするには時間を要し、思考の生理的過程は時間を要し、わたしたちはあらゆる種類の体内時計を持っており、そして思考はそれに縛られている、等々、だからです。そのように、それはある点までは機能します。それはまったく無意味であるわけではなく、むしろあまり多くの意味はないということです。あなたは、それは非常に重要であると言うことはできないのです。

質問者：以前わたしたちは、精神的なものと物質的なものはそれほど異なっていないと言いました。しかし、今度は、わたしたちは物理的なエリアにおける時間と心理的なエリアにおける時間を区別しています。

ボーム：物理的なものの中ででさえ、あまりにも限りなく複雑なので必然性の秩序を見出すことができないような何かに達するときはいつでも、それは疑わしくなると言いうるでしょう。量子力学の研究に携わっている人々は、それに直面しています。彼らは、あなたの計測次第で、時間とは何かがかなり不確かになると言っています。ですから物理学においてすでに、必然性の秩序に限度があるのです。それは、依然として、ある点までは有効に働きますが。が、心理的領域では、この秩序を用いるべく企てることはかなり多くの混乱を引き起こしています。

質問者：わたしたちは、心理的領域の一部は錯覚であり、それゆえにそこでは時間が働かず、時間が非常に重要ではないと示唆しています。自己とともにある時間は用をなしません。なぜなら、自己は虹のようなものだからです。が、よりリアルであり、時間が依然として働かないであろうような他の心理的領域はあるのでしょうか？

ボーム：あるかもしれません。もしもわたしたちが、科学者たちが行なっているように、身体の物質的過程を分析し始めるなら、時間は確かにわたしたちを遠くまで連れていくだろう、と言うことができるでしょう。しかしながら、わたしたちが精神に近づくときには、わたしたちはわたしが述べた問題に直面します——過去はわたしたちの背後にあり、未来は前方にあるように思われる、という。が、それはただの虹にすぎないのです。そこでわたしたちは言います。「OK、時間をこの〝虹追いかけ〟に適用することは首尾一貫していないように思われる。」では、心理的にはどこに過去があり、どこに未来があるのでしょう？　物理的にでさえ、わたしたちは実際にはそれらを把握することができません。これらの概念を扱うことによって、わたしたちは継起をある程度まで捉えることはできますが。

示唆されていることは、心理的に——また、結局は、最も深いレベルでは物理的に——わたしたちは時間を根本的要素として用いることはできない、ということです。むしろ、**いま**の瞬間が根本的要素なのです。なぜなら、わたしたちが知るであろうすべての過去および未来はこの瞬間の中にあるからです。過去と未来は**いま**です——すなわち、それが何らかの印象を残した限りにおいて、何が起こったとしても、それは**いま**なのです。また、わたしたちの期待は**いま**です。そういうわけで、**いま**こそが出発点かもしれないとわたしたちは言うことができるでしょう。

電子について描くことが可能な一つの絵は、それがあまりにも素早くあっという間に出現しては消滅していくので、通常の装置の中に捉えられるとき、それは連続的に存在しているように思われるということです。それは一定の規則性を持っているので、必然性の秩序に従っているように思われるのです。が、それは根本的には創造的であるのかもしれません。つまり、創造的な作用がこの必然性の秩序を創造するのかもしれないということです。

質問者：それは、わたしたちが**いま**から逃避するときはいつでも、わたしたちは必然的なものを変化させるべく試みていることを意味しているのでしょうか？

ボーム：わたしたちは必然性の秩序を時間の秩序の中に押し込めようと試みているのです。わたしたちはこの秩序のなかに変化を起こさせようと試みているのです。が、わたしたちは、その種の抽象、またはその種の表象が働くことができないエリアにいるのです。物理学においてさえ、これが常に表象であったこと、実際の経験は常に**いま**であったことを認めなければならないのです。

質問者：では、**いま**からのいかなる逃避も無秩序、首尾一貫性のなさおよび暴力だということですか？

ボーム：この逃避は、結局、これらすべての反射——すなわち〝過去〟——がわたしたちの知覚に非常に強く影響を及ぼしてきたので、わたしたちが違ったふうに**見る**ようになってしまうということです。わたしたちは**いま**を、この時間の中の一瞬より以上のものとは見ないようになるのです。

質問者：継起の秩序の中の必然性と瞬間の中の必然性との間には相違があるのですか？

ボーム：偶然性の中に創造的作用がある芸術に関してわたしたちが話し合ったように、瞬間の中の必然性は一種の創造的必然性であると、わたしは示唆したいと思います。が、物質においては、創造は再三再四繰り返される**再**創造です——類似しているがしかし異なっている。形態が保持されるほど充分に類似しているのです。けれども、心の領域では、この類似性は思考の中で以外は保持されません。なぜなら、思考は記憶に基づいており、そして記憶はまさにこの類似性を保持すべく努める当のものだからです。記憶は物質的過程の中に基盤を持っており、そして物質的過程はその類似性を維持していくことができます。それは記録するのです。わたしが何を意味しているか、明瞭でしょうか？

質問者：過去、現在そして未来は一つの運動だということですね。もしもあなたが一歩一歩進んでいる誰かについてのスローモーションフィルムを見れば、あなたは過去、現在、未来の運動を見ますが、しかしそれは一つの運動です。

ボーム：それは一つの運動です。わたしたちは、エネルギーを含んでいる虚空間について話し合いました〔二八七～二八八頁参照〕。そしてその運動は、わたしたちが話し合った洞察または創造性はこの全部の源から発しているという意味で、基本的に創造的であるのかもしれません。この物質のレベルを超えた源――そこから創造性が現われて、類似と相違を生じさせる源――があるのかもしれません。そして一定の仕方の知覚の中でこの過程の一定の部分を捉えることが、連続性の感覚を生じさせるのでしょう。

わたしたちは、以前、過去と未来は思考に含まれているイメージであると言いました。思考は、運動と**連続**（continuity）の感覚を与えるために、これらのイメージを現在と結びつけるのです。フィルムの例を用いるなら――映画撮影機は一連のかなり異なったイメージを記録します。再生されるとき、それらは一連の動作感覚を与えます。これが起こるのは、十分の一秒以下しか離れていないイメージを脳が識別しないからです。ですから、かなり多くのこれらのイメージが高速で見られるとき、それらは連続したものとして感知されるのです。同様にして、かなり多くの流砂の粒は、水のように連続しているように見えるかもしれません。

あなたは、この連続感覚は、それらすべてをひとまとめにする思考から起こるということを見ることができます。

質問者：心理的領域では連続性は実在しておらず、思考によって創り出されているだけだとあなたはおっしゃっているのですね。連続性は、複数の類似心理的領域が生起するがゆえに確かに実在しているように思われる、物質領域から推断されるのです。

ボーム：そのとおりです。心理的領域においては、どんな連続性が実在していようと、それは思考によって——しかも、あまり首尾一貫的にではなく——保持されるのです。

質問者：では、心理的および物理的領域の相違は、心理的なそれのほうがずっと大きな複雑さを持っているということですね。

ボーム：それは非常に微妙で複雑です。が、おそらく、物理的領域はそれと同じくらい深く、微妙で複雑なのです。それは示唆です。わたしたちは推断を下して、考慮してみるべき示唆をしているのです。

さて、これは思考と結びついています。わたしたちは観察者と観察されるものが分離しており、両者の間に空間があるものとして知覚されていることについて議論しました。が、わたしたちは、それはイメージの中でのことだと言いました。もしもそれがイメージではなかったら、その分離は、行為するための時間があり、空間を渡るための時間がかかるだろうということを含意しているでしょう。また、観察者は、時間の中にその空間を持っているので、観察されるものについてしばしの間考え、それから何かを行なうほど十分に独立していることでしょう。

が、もしもその分離が単に一つのイメージにすぎず、実際には観察者と観察されるものがすべて一つの思考過程であるなら、そのときには、あなたが〝観察者〟と呼ぶものが何であろうと、それはすでに彼が観察することを欲している事物によって影響されているのです。すなわち、もしも彼が怒りを観察することを欲するなら、彼は歪められた仕方で怒りによってすでに影響されているのです。ですから彼は少しも時間を持っていないのです。いかなる空間もありません。いかなる時間もありません。怒りによってすでに影響されている思考以外のいかなるものもないのです。そしてこれは、全過程を自由にするであろう洞察を必要とします。一定の空間と一定の独立性があるところではどこでも、それは時間を置く可能性を残します。首尾一貫している物理的な意味で、それは首尾一貫した仕方で働くことができます――何かから遠ざかれば遠ざかるほど、あなたはそれに対処するためのより多くの時間を持つのです。が、思考過程の中では、事物はあまりにももつれている――からまりあい、そして重なりあっている――ので、その時間がなく、その空間がないのです。

質問者：それはあなたが言及された、空間は共在［の秩序］であるというライプニッツの所説［三八二頁参照］に関わっているようですね。ある意味で、この瞬間に事物は共在しています。そしてもしもあなたがこの瞬間に洞察を持てば、そのときには、その中ではあらゆるものが一緒に動く新しい種類の共在［の秩序］をあなたは持つのではないでしょうか？

ボーム：ええ、それは首尾一貫した仕方で、創造的に共在することでしょう。それは一つの示唆ですが。

さて、こういったすべてはまた、集合的なダイアローグの文脈においても起こらなければならないのかもしれません。わたしたちは、多分、これにすぐに着手することはないでしょう。が、もしもわたしたちがこれを追究し、このダイアローグを適切に持続することができれば、そのときには人々はそれにも着手し――時間を異なった仕方で一緒に経験するようになったりする――かもしれません。

そういったすべては可能であり、開かれているとわたしは思います。が、時間についてわたしたちがする必要があることは、わたしたちが怒りを扱うのと同じ仕方で始めることです。わたしたちは、時間についてのわたしたちの経験がどのように思考によって影響されるかを見始めなければなりません。わたしたちがそれに着手し始めるにつれて、わたしたちは、わたしたちの時間の感じ方に影響を与えている様々な思考を見出し、そしてそれらを言葉で言い表わして、注意深く観察するようになります。わたしたちは、そこにひとりでに、思考なしにあるように思われる時間が、――心理的時間はそうではありませんが、――実は思考なしにはないのだということを見なければなりません。実際には、思考なしにはいかなる時間もないでしょう。

要点は、このことへの洞察を得ることです。この過程から解放され、この首尾一貫していない種類の思考から解放されるためには、これらすべての問題――時間を含む、わたしたちが話し合ってきたすべてのこと――を提起することが必要なのです。わたしたちが時間を受け容れて、それをもちろんのことと思っているかぎり、わたしたちは絶えずこっそりと元に戻ってしまう〔元の木阿弥になってしまう〕でしょう。

質問者：時間のほうが自己イメージよりも基本的なのでしょうか？

ボーム：おそらくそうです。時間は、自己を含む世界を順序づけることができるというわたしたちの全観念に基づいた過程です。あなたがするつもりのあらゆることに対してあなたは時間を投影し始めます――あなたはそれをそれを持ち込み始めるのです。それが道理にかなうかもしれない場所はあります。が、それは概して道理にかなわないということを見、それを明瞭にすることが、何事にとってもきわめて重要なのです。

質問者：時間は、継起（succession）についての誤った表象なのでしょうか？

質問者：それは一定のエリアにおいては適切な表象であるかもしれません。が、それがあまりにも遠くまで拡張されるときには、それは誤った表象になるのです。

質問者：昨日あなたは、何が実体（substance）、構造（structure）に到達することができるのかという質問を出されました。何が実際にそうしたすべてのものの化学作用に辿り着くことができるのでしょう？

ボーム：それは、またもや、知覚または洞察であるでしょう。そして洞察は、すでに見てきたように、時間を超越しています。わたしたちは、洞察は時間をかけることができないということを見てきました。

質問者：ダイアローグは洞察への入口であると言ってさしつかえないでしょうか？

ボーム：一緒に洞察を持つために、わたしたちはダイアローグを必要としているのです。個人的に人が洞察を持つことはできます。が、わたしたちはそれを一緒に持つ必要があるのです。なぜなら、いまや文明は、それ以外の仕方で進むことができない段階に達してしまったからです。わたしたちは、いままではそれをある程度まで必要としていたのですが、いまや、それを本当に必要としているのです。

質問者：あなたは、以前〔二六九～二七一頁参照〕、自己イメージ、〝I Am〟（わたしは有る）は神々しさの感じを持っていると言われました。そして時間もまた神々しさの観念を導入します。なぜなら、もしも時間があれば、そのときにはあなたは支配力――事物を順序づける力――を持つからです。この、神のようになることを欲する強い衝動の奥には何があるのでしょう？

ボーム：あなたは、このイメージはどういうわけか子供の中に起こることがありうると想像することができるでしょう。そしていったんそのイメージが起こると、それは反射になってしまいます。このすべての源を突き止めることは非常に困難でしょうが、しかしこれらの要素のすべては結束して、それらは互いに支え合う絆を形成します。するとそれは非常に気分を浮き立たせるので、身体それ自体がそれを保持することを欲するようになるのです。

質問者：そして、いったんあなたが〝わたし〟という、分離した自己自身の感覚を持つと、なんとしても認められるために、ほとんど神のようにならざるをえなくなっていくのです。

ボーム：それもまた本当かもしれません。が、それは結びついているのです——もしもそれがこの心理的時間の観念のためでなかったら、自己イメージにはなんの意味もないでしょう。なぜなら、さもなければ、その中で自己イメージが何かをすることができる時間がないでしょうから。

質問者：本質的には、わたしたちが話し合ってきたことは、人間の問題は思考であり、欠点だらけのこの自己イメージであるということです。〝自己〟は複合体であり、こういったすべてのものの奥にあります。思考はそれ自体を自己として関与させているのです。

ボーム：そのとおりです。思考は絶えず事物を把握して、それらを順序づけようとしています。また、それはそれ自体を把握すべく試みます。なぜなら、それは、推断に基づいたそれ自体の証拠を見るからです。したがってそれはそれ自体のことを、一つの源――一つのイメージであり、作用するための時間を持ち、心理的時間を持っている、等々の源――から来ているとして説明します。もしもそういったすべてのものがなかったら、そのときには思考の過程の中にあるこれらの首尾一貫していない事物は起こらないでしょう。

が、それは、わたしたちが議論してきたすべてのものへの洞察を必要とします。そしてその洞察が、集合的ならびに個人的に、自由への――ひいては友情と友愛と愛への――ドアを開けることでしょう。

このあたりで終りにしたいと思います。わたしたちはかなり多くの事柄に言及しましたので、今年はこれからずっとそれらに取り組み、それからまた再会することができるよう願っています。

訳者あとがき

本書は *Thought as a System* by David Bohm: Routledge, 1992. の全訳で、一九九〇年十一月三十日（金）夕方から十二月二日（日）にかけて行なわれた五回の連続セッション（十二月一日から二日にかけては午前と午後各一回、計四回）から成るセミナーの内容をボーム自身の編集を経てまとめたものです。

これらのセミナーの経緯について、デヴィッド・ボーム（一九一七～一九九二年）とJ・クリシュナムルティ（一八九五～一九八六年）の業績と長年にわたる対話／対談を通じて深められてきた理解、ビジョン、英知、洞察、等々を正しく一般に伝え、特にボームの努力によって広く知られるようになった〝ダイアローグ〟のための適切な環境を整えるためにウエブサイト上に立ち上げられた「ボーム―クリシュナムルティ・プロジェクト」(http://bohmkrishnamurti.com/bohm-consciousness-seminars/) は、大略次のように述べています。

一九八六年二月にクリシュナムルティが他界してから数カ月後、ボームの友人で、オーハイに住んでいた数名の篤志家が、オークグローブ・スクールの構内で週末セミナーを開催する気はないか、ボームに訊ねました。彼は同意し、かくして年に一回セミナーが開催されることになり、それは結局、一九九二年にボーム自身が他界するまで続けられました。参加者数は最高五十名とされましたが、これは彼らができるだけ多くの質問をし、対話に参加することが重要だとボームが感じたからです。より多くの参加者を受け容れるため、年に二回セミナーが開催されたこともあります。ただし、一九九一年には、ボームが病気になったため取りやめられました。

これらのセミナーは、いわゆる〝ボーム式ダイアローグ〟に関するものだと誤って報道されたことがあります。しかしながら、ボーム式ダイアローグがセミナー全体を通して議論され、実際にある年には実践されたことがあるものの、セミナーの根本的主題はあくまでも「思考と意識の性質」でした。そして、実を言うと、ボームが再三にわたり説明したように、いわゆるボーム式ダイアローグは、それが適切に実施されるためには「思考と思考過程」についての十分な理解と、それらへの洞察を必要とします。ここに、ほとんどのボーム式ダイアローグ・グループに見受けられる大きな過誤があります。亡くなる前年の一九九一年に、ボームは近しい知人にこう言いました。「もしもわたしがボーム式ダイアローグ過程の成り行きをあらかじめ知っていたら、わたしはそれをすべて止めていたことでしょう。もう手遅れかもしれませんが。わたしの名を冠したダイアローグについての由々しい誤解があるのです。」

しかしながら、一連のセミナーを実施していく間にボームが開発した概念で、歴史的な意義を持っていると思われる一つの概念があります。そしてすべてのセミナーの真に創造的な所産だったのは、この概念でした。なぜなら、セミナー全部を通してボームが〝思考の自己知覚〟(proprioception of thought) として科学的に確認し、慎重に発展させていったものは、クリシュナムルティが〝瞑想〟

(meditation) と呼んでいたものと同じものだったからです。そして一九九二年のセミナーの最後のセッションの中で、〝思考の自己知覚〟状態に入ることは可能であると、彼自身が実際にその中にあったと言明することによって、証明したのです。それから、彼とクリシュナムルティが、一九六五年の最初のダイアローグ以来ずっと経験してきたことを述べることによって、彼は思考の自己知覚と瞑想を連結させました。

一九八九年に開催された連続セミナーの一つは、『思考の自己知覚』という題で私家版として刊行されています。

以上は、一九九〇年十一月三十日（金）の夕方に開催されたセッション（「本書の「第1回セッション」）のビデオを紹介するにあたっての解説で、Bohm Cosciousness Seminars で検索すれば出てきますので、興味のある方はご覧になってください。

なお、解説文中にある「ボーム式ダイアローグ・グループ」がどういうものかよくわかりませんが、そのほとんどに大きな過誤が見受けられるとすると、それらが開催されることによって、かえってボームの言う〝電気化学スモッグ〟を増やしてしまいかねないことを彼は恐れたのだと思います。本書中〔三〇三〜三〇四頁〕でボームは次のように述べています。

システム全体があまりにも調子を乱しているときに一般に起こることは、知覚に干渉してあなたを眠り込ませる、首尾一貫していない思考が及ぼすあらゆる種類の化学的影響で、それがいっぱいにさせられるということです。脳が、わたしが〝電気化学スモッグ〟と呼んでいるものでいっぱいにさせられる、と言うことができるでしょう。そして、それが存在しているときには、わたしたちは真理を持つことができないのです。

これが至る所で起こっている、とボームは指摘しています。例えば、築地―豊洲を舞台として繰り広げられている狂乱劇の登場人物たちはすでにかなり電気化学スモッグによって脳が冒されていると見なしていいでしょう。そしてこのスモッグは猛スピードで循環しているので、それを観ているわたしたち観客の脳にもたちまちのうちに達するのです。ですから、いよいよ現実のものになりつつある〝統合型リゾート〟(IR: Integrated Resort)や東京五輪、さらには開催が期待されている大阪万博といった大がかりなイベントは、下手をすれば大量のスモッグ発生源になりかねないので、そうならないよう、関係者は細心の注意を払う必要があるでしょう。特にIRの場合は、経済的には良いことずくめだそうですが、唯一ギャンブル依存症者の出現だけは阻止できません。しかし、スポークスマンの一人によれば、それはなんとかなるそうです。なぜなら、カジノで大金が得られる［IRを大型客船に喩えるなら、カジノはその強力なエンジン役を果たす］ので、その一部を依存症者対策に充てればいいからです。つまり〝毒をもって毒を制する〟つもりのようです。これは首尾一貫していない思考の一例と見なしていいでしょう。

こうした事態は氷山のほんの一角で、いまや世界中に電気化学スモッグが充満しているとボームは言っているのです。言い換えれば、〝思考パンデミック〟とでも言うべき事態が世界中に広まりつつあるということです。それに対処するためには、思考に自分がしていることに気づかせ、その暴走に歯止めをかけることがぜひとも必要です。そのためには、〝思考の自己知覚〟能力の育成を加速化しなければなりません。ボームは一九九二年に七十五歳で亡くなるぎりぎりまで、おそらくこのことの急務であることを訴え続け、そのためにセミナーを開催し、ダイアローグの必要性を指摘し続けたのだと思います。

なお、わが国でボームの名が広く一般に知られるきっかけとなった『ダイアローグ』（金井真弓訳、英治出版、二〇〇七年）をお読みになった方は、この本と本書の内容がかなり重複していることに気づかれたことと思います。ボームはもちろんそれを承知の上で、『ダイアローグ』で述べられていることを、いわば〝おさらい〟し、五十人のセミナー参加者とQ&A形式で話を進めて、〝思考の自己知覚〟など、まだあまり良く理解されていないように思われるものを突き止めて、それらをより良く理解し合うようにしたのだと思います。

なお、〝知覚〟(perception) 一般については、デヴィッド・ボーム著『創造性について——新しい知覚術を求めて』（コスモス・ライブラリー、二〇一三年）をお読みいただくと問題の所在がより明確になると思います。また「監訳者あとがき」でも、渡仲幸利著「小林秀雄の人生観」に関連して、知覚の重要性に言及しておきましたので、参考にしていただければ幸いです。そしてボームとクリシュナムルティの関係については、あとがきの最後にボームのインタビューを掲載してありますので、ご一読ください。

そして「第5章　芸術、対話、暗在秩序」というインタビューで、ボームが自分の人生観、世界観、宇宙観、科学観全般についてわかりやすく語っていますので、参考にしていただければ幸いです。ボームのスケールの大きさがよくわかると思います。

そのボームがクリシュナムルティと長年にわたり交流を続け、最後に〝思考の自己知覚〟とクリシュナムルティの〝瞑想〟を直結させたことは、非常に意義深い出来事だと思います。そしてこの背景にはボーム自身の包括的な、透徹した人間―世界―宇宙観があります。そこで、やや古いですが、ボームとクリシュナムルティの対話およびクリシュナムルティの講話を収録した『真理の種子――クリシュナムルティ対話集』（めるくまーる社、一九八四年）の訳者あとがきで取り上げた資料（ReVISION誌第六巻一号（一九八三年春）に収録された、同誌編集者の一人でニュージャージーのラトガーズ大学哲学教授、ルネ・ウェーバー女史との対話）と別のインタビューの概要をご紹介させていただきます。

❀

かなり長いこの対話の冒頭で、二人は全体性（wholeness）と、相対的に独立した副全体（sub-whole）について考察している。ウェーバーは、私は個人（individual）であり、そしてあなたは個人であると主張することには、何らかの正当化の根拠があるのか、それともそれは純然たる幻想、東洋が〈マーヤ〉と呼ぶものなのか、と訊ねる。これに対してボームは次のように答えている。明らかに肉体は、ある個性（individuality）を持っている。それは、それ自体の自己照合的秩序を持った一個の相対的副全体であるが、しかしそれはまた、存在するために環境に大きく依存している。どの人も他人とはある程度の差違——彼自身の背景、観念、傾向——を持っている。それゆえ、相対的な意味では、われわれは何らかの個性を持っている。しかし問題はそれがどれほど深いか、何がそのすべての根底であるかにある。

ウェーバーは、これについて、ボームの考えに従って、大洋は一つだ、という意味でその根底は結びついていると想定する。するとそこで問題になることは、ある一つの小滴はそれ自身であって、表面の上の次の小滴ではないという紛れもない実感があるのかということである。

これに対してボームは、「確かに、それは表面にはあります。誰もが自分自身の関心や背景、そしてあらゆるものについての彼自身の特別のまとめ方を持っており、それはそれなりの価値があるかもしれません。」と答えている。全体と部分、または全体と副全体について討論するためには、なによりもまず、全体と部分の（収斂したものとしての）部分性（partiality）ではなく、全体と部分の（総体としての）全体性（wholeness）を、部分がより高いユニティに向かって全体を豊かにするのを助けるような、そういうものとして把握しなければならないのである。

誰もが何らかのユニークな可能性を持っている。しかしそのエネルギーは各人の素質から来るのではない。それは全体から、根本的には〝洞察〟(insight) から来るのだ。

ではなぜ、全体から来るエネルギーが、異なった個々人の中で異なった様相を呈するのだろう？　ボームによれば、多様性を導入し、多様性のユニティを達成することによって、全体は豊富にされるのだ。ウェーバーはそこで次のように言う。「副全体の相対的役割が始まるのはそこにおいてなのですね。内蔵秩序の中でわれわれは一つですが、しかし互いに交換可能ではないのです。ミツバチの巣の中のミツバチたちのように。」ボームはそれに対して言う。「そうです。各人は異なっています。ただし、自分がそう思いたがっているほどは違っていないのですが。現在の環境の中では、人々は自分が真に独自な存在でありうるということを悟っていません。各々の人は、その存在において独特の性格、独自の性質を持っているのですが、しかしその全体の意味は、他のすべての人々とともに、何かより偉大なものへと統合されることにあるのです。」

この議論をさらに掘り下げた後、ボームは次のような重要な洞察に至る。「この弁証法的議論の要点は、普遍的なものと個人的なものとの究極的アイデンティティです。個人は即普遍的であり、そして普遍的なものは即個人なのです。〝個人〟(individual) という言葉は、分割されていない (undivided) ことを意味していいます。ですからわれわれは、いままでごくわずかの個人しか存在しなかった、と言いうるでしょう。それ以外の人々は、dividual と呼んだほうがいいのです。個性は、それが全体性から展開 (unfold) する場合にのみ可能なのです。」

では、真の個性と自己中心性はどこがどう違うのだろう? ボームによれば、自己中心性は、幻想であり思い違いである自己イメージに集中している。それゆえ、それは泡のようなものである。これに対して、真の個性は、あなたが真の存在——全体から、その特定の仕方でその特定の瞬間のために全体から展開するところの——を持っていることを意味する。したがって、全体に根ざしていないかぎり、真の個性を持つことはできない。それ以外のものは利己主義なのである。真の個人は、自己中心的になりえない——これが重要な点なのだ、とボームは強調する。自己中心的な人間はすべて、分割されていなければならない。なぜなら、自己中心的になるためには、彼は自分自身と全体との間に区別を立てなければならないからである。別の言い方をすれば、彼は彼自身を理解すらしなかったということですね、とウェーバーは指摘する。それだけでなく、彼は自分自身を断片化し、彼の個性をこなごなにしているのだ、とボームは指摘する。これに対して真の個人には、固定したものは何一つない。彼は、永遠に彼の可能性を展開しているのであり、そして、クリシュナムルティが好んで使う言い方をすれば、「あるがままの自分をより一層深く開示させながら、たえず開花し続ける。」のです。

ウェーバーは、以上の議論の印象をまとめて、「宗教的な記述に近いように思われます、つまり、わたしたちは絶えず何か無限なるものに根ざしているという言い方は、神秘家たちの発言とあまり違わないようですね。」と言う。

別のインタビューの中で、ボームは次のように述べている。個人の受けた教育が専門的であればあるほど、彼（ボーム）の理論を理解する見込みが少ない。物理学者は、いままさに袋小路に踏み込んでいる。彼はいくつかの物事を発見するかもしれないが、しかしそれらはあまり深化することはないだろう。彼らは、結果を生むことにばかりこだわってきたのだ。物理学の真の素材は思考の性質である（傍点訳者）。思考は変化し続ける。絶対的または最終的思考というものはない。それゆえ、真実在《リアリティ》は思考ではありえず、何かもっと深く、もっと根源的なものでなければならない。

この問題を物理学者が追求するのを妨げているのは何なのですか、という質問に対して、ポームは次のように答えている。科学においては、われわれは、首尾一貫した、適合する方法を見いだそうと努めている。新しいものは何であれ、初めは思考を絶している。人々の考え方は固定している。『屋根の上のバイオリン弾き』の中で、テヴィエは、非ユダヤ人への彼の娘の結婚を合理化することができなかった。なぜなら、彼は考えられないこと——ユダヤ人は特別の選民ではない——を考えねばならなかっただろうからだ。だから代りに彼は言った、「私の娘は死んだ。」と。

われわれの意識は閉塞物に囚われている。ニュートン以前には、人々は、落下する地上の物体と、月のように一見したところ異なった法則に従う天界の物体との間の区別を受け入れていた。ニュートンはいっさいを疑うことによって、重力に思い至ったのである。

天才は、閉塞物を解消するエネルギー——考えられないことを考えるエネルギー——から成る。しかしわれわれは皆、一定の領域内に閉塞物を持っている。例えば、アインシュタインは非局所性の可能性に思い至ることはできなかった。

閉塞しないためには、われわれの精神は、観念を自在に組み合わせることができなければならない。一つの問題は、意識のプール——われわれに対する社会的指図の元になってきた諸々の信念——である。これらの強力な観念は意識にのぼらず、そして普通われわれが知覚できるよりも速く現われ出る。

では、これらの閉塞物や偏見を見つけるにはどうしたらいいのかという質問に対して、ポームは次のように答えてインタビューを締めくくっている。より高いエネルギー状態にある精神はこの過程を知覚できる。これらの開塞物についての基本的観念は、クリシュナムルティから来ているとして、ボームは、クリシュナムルティの次の言葉を引用している。

思考はそれ自身を変容させ、それ自身を秩序正しくさせることはできない。なぜなら、思考は物質(matter)だから——思考は事物(thing)なのだ。物質が物質を知ることはできない。何が物質を超越しているのだろうか? その究極の根源はおそらく、精神の究極の根源と同じ未知なるものなのだ。

変容をもたらすのは洞察である。われわれは、意識の全体への洞察を体験することができる。

最後に、クリシュナムルティの日常生活の様子を克明に綴った『キッチン日記——J・クリシュナムルティとの1001回のランチ』(マイケル・クローネン著、コスモス・ライブラリー、二〇一六年)の中で、本書の謝辞を書いたボームの妻サラルが、ランチ集会のときに乞われて話した回想を転載しておきます。

デヴィッドとサラルがアーリヤ・ヴィハーラ〔カリフォルニアのオーハイにあるクリシュナムルティの拠点〕でわれわれと共に過ごすためにやって来たとき、それは教職員と私自身の双方にとって、一つ以上の点で大きな飛躍となった。アーリヤ・ヴィハーラで私が彼らのために用意した夕食はある種の文化的行事になった。どの教職員もデヴィッドおよびアーリヤ・ヴィハーラの住人と共にディナーに合流し、そして普通は食事中に始まり、その後は居間の中で続いた対話に参加することを歓迎された。多数の教師がくつろいだ雰囲気の中でデヴィッドと会話する機会を楽しみ、それによってクリシュナムルティによって提起された質問についての新鮮な見方を得るだけでなく、彼ら自身の見解を表明することもできた。デヴィッドと一緒のこれらの夕べは発見と打ち解けた笑いに満ちていた。

一九八〇年三月のある晩、ディナーが終わって居間に退いた後、新任の女教師が、クリシュナムルティとデヴィッドのように性質も気質も背景も異なっている二人の人間がいかにして最初に出会ったのかをしきりに知りたがった。

「あなたとクリシュナムルティが互いに知り合うというようなことが、どうして起こったのですか？」と彼女は訊ねた。

彼は、時々そうしたように、彼らの両方に関わっている質問に答えることをサラルに一任した。

「一九五七年、」と彼女は話し始めた。「デーブがブリストル大学で仕事をしていたときのことです。ある晩、地元の公共図書館にいたとき、私は *The First and Last Freedom*（旧訳『自我の終焉』／新訳『最初で最後の自由』）という題の本を見つけました。読み進めていくうちに、私は〝観察者と観察されるもの〟について語っているいくつかの箇所を見つけました。それは私にデーブが量子力学の分野で携っている仕事を思い出させたのです。そこで私は彼にその本を見せ、そして彼がその本を読んでいくうちに、ますます興味をそそられていきました。著者について何も知らなかったので、結局私たちはクリシュナムルティについての情報を入手するため、出版社に手紙を書き送りました。彼らは私たちに住所を教えてくれ、そのため私たちは彼についてより多く知ることができました。当時ロンドンにあった事務所に連絡すると、彼が話すことになっていた講話の日時と場所を知らせてくれました。こうして私たちは一九六〇年に初めて彼の講話を聴いたのです。」

「そして個人的には彼とどのようにして会われたのですか?」

「彼の講話を聴いた後、デーブは大いに彼と個人的に話してみたくなりました。そこで再びロンドンの事務所に手紙を書いて、私的な会見を手配してもらうことができるかどうか問い合わせました。すると早速返事が来て、これこれの時間にこれこれの場所でクリシュナムルティ氏に会うことができるかどうか、私たちの都合を訊ねてきました。彼はロンドンのホテルに宿泊しており、そこで私たちは彼の部屋に訪ねて行ったのです。彼は非常に友好的で、私たちがくつろいでいられるよう、気遣ってくれました。しばらくの間はやや堅苦しい感じだったのですが、デーブが彼の仕事について話し始めると、クリシュナムルティは非常に開放的になり、また注意深くなりました。一心不乱に耳を傾け、何の腹蔵も妨げもなしにデーブにいろいろな質問をしました。デーブが観察者と観察されるものについて話し始めると、クリシュナムルティはますます興奮していき、『そうです、そうです、そのとおりです。』と言って、とうとうデーブを抱きしめました。」話の終りの部分を述べながら、彼女は笑い始めた。

照明の行き届いた居間のソファアとアームチェアにゆったりと坐っていたわれわれ十名は、彼女が保守的で静かな教授と、彼よりも二十歳年上のエネルギッシュなクリシュナムルティとの出会いについての思い出話をしていたとき、思わず彼女と一緒に笑い出してしまった。デヴィッドもまた屈託なく笑い出し、彼特有の仕草の一つなのだが、片手で後頭部を勢いよく叩いた。

その後、ボーム夫妻がザーネンでの講話に定期的に出席するようになるにつれて、彼らの間には友情と協力が育まれていった。スイスの山々の素晴らしい自然美の中で二人は長い散歩をしながら、人類が直面しているとてつもなく大きな問題と挑戦について語り合った。一九六八年に新しい国際的財団――クリシュナムルティ・ファンデーション・トラスト――が英国に設立されたとき、クリシュナムルティはデヴィッドに理事の一人になってくれるように懇請した。その後、デヴィッドとサラルはブロックウッド・パークの新しい学校の仕事に深く関わるようになった。

が、翌年の一九八一年に、ボームはロンドンで重篤な心臓発作を起こし、三重のバイパス手術を受け、手術後の数日間、生死の境をさまよいました。クリシュナムルティは手術の前後にボームを見舞い、死に対する彼の強い不安感を静めようとしました。当然のことながら、死と直面することは彼にとっても強烈な経験だったのです。しかしこの試練から徐々に回復し、一九八六年のクリシュナムルティの死後、一九九二年に亡くなるまで、本書に収録されたセミナーへと続く一連のセミナーに着手し始めたのです。

著者・訳者プロフィール

■著者プロフィール

デヴィッド・ボーム（David Bohm）

一九一七年、ペンシルベニア州ウィルクスバリで、ハンガリー系の父サミュエル・ボームとリトアニア系の母のユダヤ系家庭に生まれた。ペンシルバニア州立大学、カリフォルニア工科大学、カリフォルニア大学で学ぶ。一九四三年に博士号を取得、一九六一年以来、ロンドン大学の理論物理学科の主任を務める。ニューサイエンスの理論的バックボーンとして多くの共鳴者を得、特に量子力学から探究された全体性の動的描像は、注目を集めた。

晩年にかけて「対話」に関心を持つようになり、On Dialogue（邦訳『ダイアローグ』（英治出版）を書いた。他にOn Creativity（邦訳『創造性について』（コスモス・ライブラリー）、Fragmentation and Wholeness（邦訳『断片と全体』工作舎）、Wholeness and the Implicate Order（邦訳『全体性と内蔵秩序』青土社）、Quantum Theory（邦訳『量子論』みすず書房）がある。

また、J・クリシュナムルティ著『生の全体性』（平河出版社）で精神分析医デヴィッド・シャインバーグを交えての討論に参加し、同じくクリシュナムルティ著『真理の種子』（めるくまーる社）と『時間の終焉――J・クリシュナムルティ&デヴィッド・ボーム対談集』（コスモス・ライブラリー）ではクリシュナムルティと対談している。

一九九二年に逝去。

■訳者プロフィール

大野純一（おおの・じゅんいち）

翻訳家。主な訳書に、クリシュナムルティ『生と覚醒のコメンタリー・1〜4』『英知の教育』、ケン・ウィルバー『万物の歴史』（以上、春秋社）、『クリシュナムルティの瞑想録』『楽園の蛇』『生の全体性』（平河出版社）などがある。

ボームの思考論——知覚を清め、洞察力を培う
Thought as a System

2016年11月25日　第1刷発行

発行所　㈲コスモス・ライブラリー
発行者　大野純一
〒113-0033　東京都文京区本郷3-23-5　ハイシティ本郷204
電話：03-3813-8726　Fax：03-5684-8705
郵便振替：00110-1-112214
E-mail：kosmos-aeon@tcn-catv.ne.jp
http://www.kosmos-lby.com/
装幀　瀬川　潔
発売所　㈱星雲社
〒112-0005　東京都文京区水道1-3-30
電話：03-3868-3275　Fax：03-3868-6588
印刷／製本　モリモト印刷㈱
ISBN978-4-434-22758-5 C0011
定価はカバー等に表示してあります。

「コスモス・ライブラリー」のめざすもの

古代ギリシャのピュタゴラス学派にとって〈コスモス Kosmos〉とは、現代人が思い浮かべるようなたんなる物理的宇宙（cosmos）ではなく、物質から心および神にまで至る存在の全領域が豊かに織り込まれた〈全体〉を意味していた。が、物質還元主義の科学とそれが生み出した技術と対応した産業主義の急速な発達とともに、もっぱら五官に隷属するものだけが重視され、人間のかけがえのない一半を形づくる精神界は悲惨なまでに忘却されようとしている。しかし、自然の無限の浄化力と無尽蔵の資源という、ありえない仮定の上に営まれてきた産業主義は、いま社会主義経済も自由主義経済もともに、当然ながら深刻な環境破壊と精神・心の荒廃というつけを負わされ、それを克服する本当の意味で「持続可能な」社会のビジョンを提示できぬまま、立ちすくんでいるかに見える。

環境問題だけをとっても、真の解決には、科学技術的な取組みだけではなく、それを内面から支える新たな環境倫理の確立が急務であり、それには、環境・自然と人間との深い一体感、環境を破壊することは自分自身を破壊することにほかならないことを、観念ではなく実感として把握しうる精神性、真の宗教性、さらに言えば〈霊性〉が不可欠である。が、そうした深い内面的変容は、これまでごく限られた宗教者、覚者、賢者たちにおいて実現されるにとどまり、また文化や宗教の枠に阻まれて、人類全体の進路を決める大きな潮流をなすには至っていない。

「コスモス・ライブラリー」の創設には、東西・新旧の知恵の書の紹介を通じて、失われた〈コスモス〉の自覚を回復したい、様々な英知の合流した大きな潮流の形成に寄与したいという切実な願いがこめられている。そのような思いの実現は、いうまでもなく心ある読者の幅広い支援なしにはありえない。来るべき世紀に向け、破壊と暗黒ではなく、英知と洞察と深い慈愛に満ちた世界が実現されることを願って、「コスモス・ライブラリー」は読者とともに歩み続けたい。